U0570089

紹興大典

史部

光緒諸暨縣志

6

中華書局

諸暨縣志卷五十一

文徵

會稽章學誠氏輯永清縣文徵分奏議紀實論說詩賦金石爲五類案郡縣志例金石應編爲專門而前言往行多雜見於序跋書牋則章氏之例未盡善焉吾邑僻居浙東奏議之涉於縣事者不概見若駱太僕方璽請嚴究冒領國帑二疏則已見人物志歷代大吏奏疏之有係於吾邑者亦備載田賦各志餘無別可紀焉茲編仿章氏永清縣志而變通其例曰紀實曰論說曰書牋曰序跋曰詩詞而以駢文銘贊附焉又別鄉先輩暨當代名人紀述投贈之作爲內外曰某類內編曰某類外編其有類可歸者則別存於各志不復錄

紀實內編

上海圖書館藏 四明習藏

記

宋周恪誠夫南城祠堂記

禮士庶人無廟祭於寢有大宗小宗焉凡爲人子別爲後世祖長適子繼之爲大宗歷百世不遷庶子之適繼庶子爲小宗五世而遷復一世而一遷之仍不得祭祖明有大宗也我家始祖自祥符來遷是士祖降而大宗迄而小宗爲盛逮吾輩凡六遷既無大宗之子以定祭既遷之小宗又惓惓不忍廢其祀事於是每歲元日寒食自始祖高祖以下各詣先塋祭之家建祠堂設龕按古尊高祖居西上曾祖次之祖次之禰又次之旁親以昭穆列兩序主人朝夕謁出入必面冠必筮昏必告生子必見新必薦凡有事必白朔望俗節必奠分至忌日必祭粢盛有田奠薦有器祭前三日齋戒一日正席設器皿省牲具膳厥明夙興設饌主人盛服入門立

阼階下北面主婦立西階下北面餘屬立左右皆再拜參神乃降主人盥洗升上香執事者實爵主人灌於茅俯伏興再拜復位乃進饌主人升主婦從之執事者奉饌主人主婦先後授奠畢復位乃初獻主人升詣高祖考妣主前執事者斟酒主人奠酒祭酒俯伏興祝以故再拜詣曾祖主前禮如之詣祖禰主前禮亦如之高祖之小宗其適子孫行禮亦如之主婦亞獻如初禮惟不宣祝長子終獻如亞禮乃侑食主人主婦升益酒正箸再拜復位乃闔門乃啟門乃受胙乃辭神主人以下皆再拜徹而退退而餕是禮也我高祖作之曾大父述之俾世世子孫永有遵行儀式法度雖不能盡合於古制其尊祖敬宗合族之意亦庶幾矣惟務守之以來仁讓斯不負先人啟後之詒謀也

元胡渭景呂寓軒記

或問寓曰寓者寄也問何寄曰寄者我之所寄也人間世者我之所以寄所寄也彼其初何有於我哉我已贅矣況我之所謂身乎是何造物之是拘拘也我之大患爲有身倘愁其五臟矜其血氣而弊弊焉以穅秕塵垢爲事孰若歸精神於無何有之鄉放形骸於逍遥之域哉蓬蓬而起大虛者風也我泠然御之而行不特吾身如寄吾所御之風亦寄也鵬之摶蜨之栩濠上之魚痀瘻之蜩情吾情而思吾思樂吾樂而適吾適夢吾夢而覺吾覺庸詎知吾所寓耶非不寓耶庸詎知吾所不寓之所寓耶雖然天地之間凡麗於形者皆寓也不特身世寓也微而山川亦寓也遠而日月星辰亦寓也雖大如天地亦寓也彼睢睢盱盱暖暖姝姝欲以術數智力恃聲勢留富貴者以寓爲實也非知道者也敢問仲庠此軒之寓直欲與南華分半席乎先生不答乃援琴而歌曰世役役乎

夔憐蚿兮過眼兮誰愚賢非忘形兮非忘世踏實地兮安吾天仁爲宅兮義爲路心鄒魯兮迹邱園軒何軒兮寓何寓袖白雲兮枕清泉

明王鉦葵軒泌南農舍記

吾家居泌水之南七世矣山可樵水可漁可牧可耕不邇喧囂不隣强梗不尙險健故士之端謹者樂居焉邑東郭史氏之良曰公仁者買田築室於泌南之宣鳴去吾家二里許題其室曰泌南農舍常過予請曰溫本青州張氏其後子孫蕃衍或居南之越城遷剡至唐中宗神龍閒有祖諱萬和者葬親於諸暨遂家焉自是支流益盛其居於剡者曰珏芝居諸暨者曰廬墓曰梅演曰石磴曰超越曰陶朱曰獨山上居皆吾張也溫自七世祖由超越遷居東郭浣東張氏祖諱彥璋以史氏孤無子因後之而仍其姓溫性樸

野且不樂喧鬧不嗜市里賈衒之事放誕者不樂與之遊强梗者不樂與之交險健者不能與之辨惟依山林之勝以耕以耨暇則取書之易通者觀焉冀於此終身願爲記之余惟四民之中莫勞於農故井田之制二畝半在田春夏居之以耕耨二畝半在邑秋冬居之以享祀公仁之農舍將遺子若孫入吾鄉樸原之俗歟抑如井田春夏資以治生而東郭於以敦孝養歟然予有說焉公仁之嚴君年高而康强公仁冢子也東郭之享祀不能無藉於泌南也信矣泌南一歲沾手塗足之勞必於肅霜滌場之餘羔羊朋酒之饗雝雝怡怡於東郭一堂之上亦不知其勞矣視彼軒輊公私朘削蠶蠧以暫隆忽替若蜉蝣蛾蠓之過日其賢不肖何如也公仁喜曰可以記矣遂書

陳洪綬章侯買書記

綬秀才也敢讀中祕書乎即黃金散盡禮不當僭收皇帝所藏之書辛巳上元之鐙市見吳草廬先生外集一本上有文淵閣圖書爲小兒所售愛之而不敢市謀之張弘之弘之曰此書魏璫時所盜出者千萬本市之不爲罪綬思曰皇帝敕天下讀孝經豈無漢唐皇帝頒賜郡國及外夷之宸思乎第不睹盛事爾乃市之庶幾通性命之學期忠孝廉節不得爲功名貨賄所蠹壞此固皇帝作忠用人之盛心又伏見敕以周程張朱配享於十哲之後是不唯二祖十一宗所未發之睿知也不知邈宋之諸君亦講中庸性命之學乎夫秀才僭收之即得罪由得以顧學良臣學良士學良民之情脫秀才不收小兒持以易菓餳而爲收退紙者所恩或婦女翦作襪材則又不若爲秀才僭收之以學爲良臣爲良士爲良民之爲愈也況此書綬不收當今之世鮮有秀才能收之者嗟夫

章侯陳氏祠堂記

凡爲君臣父子兄弟朋友之間雖殫力畢志捐軀盡命僅職分之當然而然無所誇耀於天下後世其爲立石書功用以勸勉鼓舞天下後世非以誇耀者也陳氏家廟始於萬歷七年己卯秋九月其地在化龍橋之陰創議者爲某某以秩七公祭祀之餘財墓木折於風雪者貨之而爲家廟於此地某年爲門臺其姓氏某大父某公爲之記四十餘年崩壞頽敗某某等鳩工修葺之堂廣而爲衆主所雜祔非禮也分爲三間中奉某代某公主皆正祭東西二間爲維六公兄弟各支之主所祔如祔廟也者詳在條約此亦亡於禮者之禮也其動也中堊其壁石築其階遷其守嗣之方於土穀祠之後移其鎮水之橋於兒詩之東禁芻牧事樹植門非祭祀不啟堂非朔望不入亦云成家廟也命某爲記是共爲子孫之職

而已矣有何誇耀之謂哉某等亦知共爲子孫之職而已矣有何誇耀而欲記之哉某等蓋深謀遠慮亦用以勸勉鼓舞於吾宗者也若子孫亦可待勸勉爲哉嗟乎今則待勸勉矣何者當崩壞頽敗時松栢則既斧矣牛羊蟻聚農器縱横薪草溲糞穢積庭戶甚有墮其墻垣而侵其祭田者父兄子弟數千餘人獨吾親也與哉忍相毀傷戕賊孰肯共爲子孫之職而申其戒春祀秋嘗父子兄弟數千餘人獨吾親也與哉相視咨嗟悲嘆孰肯共爲子孫之職而任其事得某某奮起而爲之記之將自某等三人而廣之數千人也一世而廣之十世百世也云爾然吾何以知其能廣哉以鳩工而踊躍趨事者之衆也凡貲其經費之人與執事同功别有記

祔廟碑記

祔廟之設於此以爲無以奉其主櫝者之地也天下有徇情違禮

使人思慕感悅反逾於遵禮奪情者今爲祔廟於此者是也然情之所至禮亦宜之況禮緣情生則爲祔廟於此者未必不爲禮也議之則不受某竊有感焉夫陳死代遠之主尚不忍其散失而屋之委之於始祖之旁神靈影響昭穆一堂魚菜酒糈春秋二享此生人而致情於死者也若生人而致情於生人豈無大過焉者乎乃有挾長老以侮卑幼者矣恃貨賄以暴貧窶者矣矜勢力以陵僝弱者矣誓讎深怒存沒而生毒者矣爭奪錢財骨肉而相殺傷者矣取田宅之方員饘食之者矣計逐之者矣且有受人之愛惠而反操戈相向不於其身於其後人者矣生人尚不肯致情於生人使之不敢甯居流轉散失不能如其主之共存於廟視彼爲祔廟者何如哉某願吾之仲叔季弟幼子童孫顧瞻祔廟乞以是言相勸執事之人若叔祖某若叔某若兄某仁人也凡爲祔廟主之

子孫者必有感於斯三人凡爲人之子孫者亦必有感於斯三人也家法如此吾何敢避僭僭記

國朝余縉浣公越城固圉殲寇記

今

上御極之十有三載海宇清晏萬國咸甯

當宁爲曲徙計改建藩封甚盛典也滇黔告變閩粵效尤浙之三衢首當豨突既而甌括叛亂流氛日熾遂蔓於越屬暨嵊新三邑奸民互相煽訌七月初旬連陷諸邑賊即窺伺郡城十二日賊至古博嶺官軍以衆寡不敵引次班竹菴十三日辰時戰於菴側官軍復小卻賊乘勢攻常禧門蟻集如蝟郡守許公宏勳慷慨登陴引民兵擊卻之日晡賊復從城南渡河攻稽山門呼聲動地時東南隅守具甚薄乘城者咸股栗公介馬疾馳至則援巨礮擊之中

賊皆糜碎賊魚貫攀堞以登公命善射者於陴隙伺之多應弦而斃由是賊勢漸沮自晨迄暮自昏達曙雖百道進攻隨機策應殺傷數百計其內薄先登爲拒石摧壓者不與焉黎明賊飢就食村落食已復環城譟呼鋒刃耀日其生力者益至公令兵民休番蓐食以待之賊終日喧擾不息薄暮自遠門山渡河攻吳市門公謂賊驕且憊可以出戰於是部署士馬潛啟筦鑰約以礮聲爲號突出截殺賊方輕官軍嬰城自守多拋戈甲裸而揮羽者有踞門嘲笑者門啟衆馳出疾擊斬獲數百級溺河死者不可勝數賊奔還稽山時觀者踴躍勇氣百倍是夕賊尙作飛橋運攻具而氣已盡奪矣比明甯郡援師始至入自西門飯於演武場賊尙未知也飯畢公令啟常禧門出師襲殺賊敗奔牛角灣再奔鵝溼殺溺死者亡算生擒數十人又追至河山橋賊欲扼橋以拒我師乘勝蹂之

又追至亭山賊又據高圖鬬已而會城兵大至賊遂驚潰蓋公已先期請濟師夾擊也是役也斬獲以千百計賊膽已墜然詢諸所獲賊諜則云所咋者尤在稽山之巨礟吴市之襲擊云先是郡兵六百餘人奉臺檄調援三衢營伍遂虚比賊附城城中兵不滿百樓櫓麤具士無固心公單騎呼於市市人持錐挺從之者頃刻萬計咸曰我公呼我可不殫力殺賊以報乃德乎由是垣堞無隙地蓋前此臺符屢下趣郡集民城守公曰小民各有生計無事而錮之城守是坐困也第令有急呼之可耳民懷公德故一呼罔不應者公知城内賊閒甚緐附城之夕必舉火爲内應下令凡衢巷俱家懸鐙炬固守栅欄賊知有備終不敢發蓋内應絶而外寇之勢自孤矣稽山一門素稱僻陋稍不戒全城虀沸矣公納紳士議秉燭塞之并撤春波橋以遏其衝已而賊果犯門熾薪爇火終不能

尅蓋先事綢繆之力也至於擐甲登陴身當矢石目不交睫者三晝夜奪門出戰殲縛渠魁公之膽智絶人令聞風者罔不欵服也嗣此嘗深入大嵐巨寇鷩遁入海勦撫剿寇援將憤其負固欲盡屠之公力主招徠保全者億萬戶迄今言及咸感泣而公歷時十餘載未嘗自述其功故日月姓名多不可詳考誠庶量深遠矣僕從圍城中目擊公之宣力固圉決機應變歷歷如此遂忘不敏約書之爲記

馮至森齋溪埭山水記

暨陽北五十里有奇爲溪埭俞氏聚族於茲埭北有山曰三台山山自石牛隖北來初北伏而起起爲象鼻再北斷而起起爲萬階高寒秀拔上出雲霄殆不可得而升也階少北翥而南爲飛鳳爲龍頭松檜篙篁朝陽注射眞若五彩九苞耀人心目鳳翼而東南

向揞笏垂紳正氣巖巖如國家有大事大臣聚議者卽三台也台東西肩各一峰西峰南下如遊絲之裊晴空然止而不出其東峰析而北爲道林諸山直入蕭邑界南下一枝特爲俞氏開基而峰南北門析而東如疊錦如層霞如風飄襟帶如雨映虹文絜絜縷縷統曰長山長山之北曰朱隝爲俞氏分族長山之南曰葛隝有俞氏之先塋在焉少東曰茶隝又東曰皇墳隝有靜室而皇墳無所考或曰同隊宋謝后或治陵於此長山東盡特起南横西向曰獨鹿山以其與長山離立而無所依附也又曰獨山獨山之東航烏山南來木杓山北去壁立萬仞而獨山木杓中間大橋丁橋街衢津筏紛紜四集又大溪從檗浦南來北入便堰東會於浣紗疊鎖重關不勝名狀接獨山南行長隄里許虬枝千樹雜莳古樟竹箭佳氣鬱葱隄西上有村曰柳塔塔西上有橋曰進龍橋亭於橋

之北祠漢關侯橋西上有隄視前隄稍窄樹竹樹如前隄旭旦斜陽煙霞稠疊秋鴻春燕羽翮參差無限詩情畫意兩隄均未得名名其東曰金隄西曰珠隄珠隄西上北爲里社南爲路亭社之西土阜一名曰青鎖亭之西土阜一名曰紫蘿負紫蘿青鎖而中爲宗祠西挹恩帛峰之平岡平岡黄嶺也恩帛峰萬階分析而東者也煙居以鱗次祠北雞犬桑麻蓋三百餘家機杼誦絃自孝子世則公至於今兹蓋三百有餘年矣萬階諺稱萬家嶺下故張氏居也張鉅族而居積甚豪有池曰百鵝每蓄鵝盈百鄰里之需鵝者籠之去而以其乳償如數即止不以大小苛其豪舉類如此今張氏無子遺者而百鵝池芬人齒頰至於今不廢飛鳳之下黄隝蔣隝竹籬茅舍常三五家如古避秦人行徑支節信步春秋佳日爲宜逮西南危峰插漢爲妝候山迤邐東行行當村居之南忽斷而

低兩峰如髻髻末有名每雨後雲移密林浮翠正如美人新妝嫣然百媚爲之名曰綠鬟鬟北高峰魁梧奇偉冠冕巍峩爲之名曰朱幘幘形似之而其位在丙午之交色宜從朱曰朱幘幘斷而再起北逼里門曰門前山倨傲鮮腆不可馴擾宜更名曰拜山攝其氣也幘東行稍靄而北爲天馬峰幘東行稍南仍靄而北有岡書一名之曰錦屏屏之東再起一峰長者爲余言峰宜建塔以益壯巽宮則宜名之文筆而屏之北蜿蜒東去近北少昂與獨鹿山相比近曰青山而形家以青山爲蛇山故因以獨鹿爲龜山從龜蛇四望西則萬階恩帛北則三台長山南則綠鬟朱幘天馬錦屏文筆諸峰環列棊布星羅金碧千章琳琅萬个紙花薪火利甲諸全昔人謂牆垣門闥嚴密如城故村人總號之曰城山而恩帛峰北麓土穀神祠亦以城山得名溪自西南來板橋楓樹亭元鴎護莊

諸泉會於村之南讓莊有香火廟廟左右夜有鐙下上山隴阡陌閒迹之無所得而村西北有深溪出西峰之下與萬階之水竝會於村南東流入大溪埭上行人雜沓東北入郡城省會西南入蕭邑富春金華地當孔道故不以山著以溪著曰溪埭云

屠倬孟昭修眞州官廨記

余莅眞州之半年得以暇日規畫棟宇之頹陊而翦伐其榛蕪廓然秩秩然以甯厥居蓋增於前者十一二而仍其舊者十八九也於時庚子季冬之月方迎二親就養堂適告新遂名之曰奉爵稱壽之堂堂之南榮古木垂蔭清風泠然皆設重門門之外曰五雲廳事爲治事之所志外吏之所由出也考邑志有曰江寒草堂曰來鶴亭者今廢乃葺西頭屋三楹以延賓燕翰林掌院桂公爲余仍舊名書之水雲依簷林濤激籟竹柏之懷用相娛慰顧亭之阯卒

不可復因題其阿曰仙鶴寮茲禽高潔引吭雲表將鳴琴以招之鶴不可來余則息影於斯焉夫息其心則神知生息其體則筋骸弛爰傍廢圃爲屋用以習射俾佽飛蹶張者居之而余時至講習焉曰習射之圃筆墨泉海性情所寄讀書一寸作字數方斯爲宦學曰琳琅閣曰濡墨廊於是思慮之所抒筋骸之所用氣舒以和神清以恬外物牽引而不吾擾已新闢之楹曰湘靈館先是郭西二里許奇礓兀立吾師中丞阮公以湘靈峰名之而郭君麐卽以名吾居且爲詩勸余移石置其中查君初揆沈君欽韓復和之以堅其說余應之曰名可假移石其已也吾當留此於荒江斷岸叢篁灌木間以與邑中父老歲時遊觀不能邪許百夫牽挽登頓以勞吾民也西南隅有隙地修竹貞蔞含徵戛吹面勢爲亭洞其四壁曰就竹亭繚以曲籬障以短垣白石珞珞細草芊芊梅杏桃梨

海榴辛夷各一二本牡丹薔薇芍藥蘭菊萱草之植天彩揚曦袂風襲馥曰雜花小徑而山桃尤繁可三四十本別爲一圃是曰桃蹊前令之手植也覽其景物清淑水木明瑟蠉飛肖翹各遂其生而無有夭閼所謂思不周賞情乏圖狀者矣若夫眞州濱大江洲渚綿屬風帆接天煙樹綺望南眺句容京口羣山起伏隱見於波濤之外署故有隤樓吾將復搆之以盡攬其勝而力有未逮則姑寄其名曰南岸青山樓以待城郭川涂之克修井邑桑麻之胥被則茲樓亦庶幾其樂與有成乎昔廬陵作眞州東園記誇物力之豐美推賓僚之勝賞江山風月不減曩昔而余且仰愧前徽俯慚茲土則斯記之作又烏可以示來許耶

墓誌

宋姚舜明廷輝文安縣開國男黃君墓誌銘

公諱彥字子實其先浦陽人五季亂由豫章遷越之剡自剡而諸暨孝義大父衛尉少卿諱振父正議大夫諱舜卿公自幼嶄然具頭角既長力學尚友慶越流輩時左轄陸公佃以全經名家講道汶上公不遠千里師之熙甯丙辰進士調宣州宣城尉廉平愛民無纖芥顧望移常州宜興丞秋淹害稼州檄從事同公按視從事懼損漕計不敢告以實公力據㧞者十八九而邑之彫瘵獲甦再調興化錄事參軍常與文衡同官以郡守子請公正色闢之俄丁內艱服除授監開封府尉氏縣稅改知處州麗水縣寬嚴相濟俱以循良稱入爲都水監丞行大官令出判陝西路德安軍時陶公節夫經知五路雅知公材剡章於朝充經制五路邊事陶移秦鳳遂授主管秦鳳路經略安撫都總管司機宜文字凡籌畫大利病必咨議後行漕司督內地輸粟入邊轉致一斛率八十緡民不堪

命公力丐奏罷陶初有難色公毅然不可奪已而命下如所請未幾被召審察除開封府司刑漕事一歲三遷累官至大中大夫封文安縣開國男食邑三百戶年六十挂冠歸公持身樂易重然諾居考妣憂廬墓者六年喜賙人之急拓祖父母仁壽莊田區處均給賴之者衆自退休雍容里閈凡二十餘載賓客過從賦詩見志一時恬退之適莫不尙之以建炎二年十一月廿八日卒神識不亂享年八十有一平時著述雅有典則有文集十卷行世元配張氏封令人繼配申屠氏封碩人子男五長克恭國學進士池州守次克寬通判衢州次師僖頴州簽判次克敏閤門舍人次克義宣義郎女二長適承事郎宗子博士臧言次適奉直大夫通判廬州軍士慕容彥博孫男十二宗尹宗說宗旦宗望宗孟宗鍔宗諒宗荀宗臣宗丙宗向宗諳諸孤以十二月廿三日癸酉奉公喪於槩

浦鄉南安嶺之原合葬夫人之封門人曾峴狀公行述來請銘於予予與公家姻也義不可辭銘曰爲士也莊爲吏也貞抗章遄歸眉壽而康蘭玉盈砌青紫侍旁人得其偏公得其全知止好隨其根則然勒銘幽室億萬斯年

元申屠澂敬仲黃仲恂墓誌銘

嗚呼仲恂黃氏之望也而竟以是殞其身乎仲恂副宗家隸長糧之役久矣廉明集事公私便之夫何郡佐恣虛誣以分匿夏税執傔從三人封章以聞仲恂謂族父燧同事吳璛曰事急矣非奮越往剖冤不得白三家破矣吾雖有諸父諸弟義難顧望當勇往赴難而得身免幸焉乃與從弟梗季弟樞背道疾行控通政司下於刑部反覆詰難拷掠備嘗終以不親執役爲坐罰罪仲恂作色大讙曰吾無愧祖宗矣死不悔也踰旬竟不起而梗字仲忠者又病

死半途均賴樞函骨歸里焉嗚呼痛哉仲恂諱彬暨陽花亭人宋衞尉少卿振公十三世孫也曾大父諱聖壽大父諱元亨號南谷以好義聞父諱玉母氏張仲恂得於家學不墜祖風喜讀書精卜筮敦信好禮友弟睦族尤剛正不阿人有善必揚之有過必面折能改則止死喪患難必力相之賓至詼諧醉呼必盡歡乃聽去噫仲恂人傑也而竟溘然長逝耶仲恂生於元順帝至元元年乙亥九月二日卒於明洪武二十五年壬申二月八日享年五十有八配樓氏子三霖雨霽女一適周南孫女一是年五月六日葬孝義鄉之原去家三里而近噫仲恂知幾明哲而當患難之際奮然長往犯廷跽閽轉禍爲福使三家之指數千安全無恙不失有生之樂者伊誰之力歟天嗇其年而仲恂固所願也甯非鐵中錚錚人中佼佼卓然揭日月者而謂不宜表之以敦末俗以樹風聲耶霖

介其季殳樞泣請銘銘曰義以立心不私其心濟其蹇屯令名常存予銘此碣敬告後人

國朝郭毓又春陳月泉墓誌銘

吾友陳月泉既亡之明年其子念慈哭而告曰先君窀穸既卜吉矣將以某月日葬於會稽敢以銘爲請嗚呼予陋儒烏足以銘月泉然以月泉之窮於世也久人徒知其辭翰之工而品行之正交友之誠恐知之未必盡也則又曷敢以不文辭始余少時讀書家塾塾師駱棣鄂先生嘗稱月泉之材詩文宏麗爲近世罕有余心慕焉時遊燕趙未歸居久之有少年客拜先生於庭容儀修整冠服甚都同學咸驚異之余竊意此必先生所稱之月泉也先生呼出揖序輩齒并得其詩數十篇讀之狂喜以爲交月泉晚月泉亦不以少故輕余兩人相得歡甚當是時里中無稱詩者偶爲之其

父兄必以妨舉業痛責其子弟故爲亦不專獨楊君統甫與余從月泉學詩統甫居稍遠蹤迹不常聚以郵筒相往來余居近月泉何其至與談藝徹晝夜不倦或旬日不面必往尋之度阡越陌折芰焚枯一時讀書進業之樂所資益於月泉者爲不可忘也乾隆十有三年今相國金壇于公奉命視學吾浙以古學造士月泉與山陰劉鳴玉會稽陶元藻同以詩賦受知于公深加獎擢余與統甫亦同補博士弟子十有七年大司馬長洲彭公來主科試月泉試復第一將拔以充貢會當事者意有所屬薦甚力竟舍去士論惜之自是久不得志於場屋而文益奇名益著諸公重其才束帛之聘無虛日歷遊閩豫吳楚者幾二十年癸巳春客吳門爲今少司寇光山胡公校定家集既竣事重遊福州時同邑中丞余公撫閩與締姻好留之掌教建甯府書院所至人士翕從爲經人師乃

於乾隆三十九年八月十五日以疾卒於客館嗚呼其可哀也已月泉之少也頗以意氣自豪其邁往不屑之志謂功名可立致年既壯學益粹純而恂恂如不及不肯與人較絜短長以故人愈敬而愛之然剛介特立之操不爲利誘不爲勢奪則始終如一日故其詩云莫嗟窮賤老差免負恩羞可以得其志之所存矣月泉既没統甫雖舉於鄉又不克成進士余至不材行年已逾壯碌碌無所成就迴思曩者同學數人風晨雨夜花月分題相與期待遠大不可一世而今迺如此雖欲冥情自遣其可得耶月泉諱芝圖姓陳氏初名法乾乾隆戊子以功令更今名其先世爲河南之闓鄉縣人宋建炎中十九世祖諱壽者官翰林扈蹕而南居諸暨之楓橋里高祖永新曾祖如漢祖士賡父文韜邑庠生母傅太君娶湯孺人早世繼謝孺人賢而知書子男五人伯慈仲慈叔慈念慈幼

慈皆材能而念慈尤英異女一人適會稽趙艮曾其卒也享年五十有九以乾隆四十年三月二十五日丙寅葬於會稽下竈火鑪圈之原銘曰其學也勤行益力不以其名以其實爲善有後報必食託於文字無終極天之蒼蒼其正色

葉敬去病滄州州判錢君墓誌銘

君諱衡字謙牧姓錢氏諸暨汀藻里人高祖立菴公及見君生有司遵故事上於朝以七葉衍祥表其閭君生十八而孤不以治生廢學未幾爲諸生有名以嘉慶十二年舉於鄉益自淬礪顧累試春官輒不利僅以教習覺羅官學滿歲爲知縣揀發北河効用遇險工無風雨晝夜坐胡牀指揮程督積勞致疾强力不休秋汛安瀾始乞假歸比痊再赴工次借補滄州州判勤果如前大吏多君能欲以不次擢之以內艱歸再起署天津縣事未赴卒於保定寓

舍年四十有九道光戊子六月初九日也敬少歲知君名旣壯客淮陰遇君於山陰葛千戶所千戶愛禮文士爲張讌奏樂飲方酣千戶子雲飛應兵部試歸自京師君詢輦下近事益歡爵屢釂次日敬視君水次君俯首出舲喟然曰曩者錢平舟爲舉子北上高帆大舸鳴鉦鼓棹鄰舟辟易訝爲顯貴人今且委身爲下吏乃託命舴艋君無笑其陋平舟君自號也越七年見君京師偕哭其姊壻張君之喪踰月而君凶聞至矣君內揣其才足以致用甚欲有所樹立而摧挫偃蹇屈身簿領年力盛强亡以猝病豈非命歟君歿十有五年東南海氛惡葛千戶前卒其子以鎮將居憂當道奏起之壘衰視事遂死行閒諺稱漢將併命除是三鎮者也追念淮陰酒坐存者惟敬困頓窮山俯仰今昔因君之子索銘爲太息而書之不獨爲君悲也君配章孺人子四伯仲季曰懋昭懋廷懋勳

俱以文學著聲叔懋英早卒女三適趙王茅皆士族孫十三人長次茲爲諸生矣以道光丙申葬君西山下大寺山之原銘曰宦既不達年復不長鬱斯偉志永閟元堂君則已矣子孫其逢

行狀

明胡澄清伯明故進士趙東里行狀

洪武壬戌冬十月諸全趙艮能與弟艮顯遣伻諛幣稽顙致辭於澄曰孤家自度江而籍於暨已十世矣前元繼統未敢有仕者也先君諱仁字仁原生於大德壬寅八月三日藏晦七十年而筮仕於皇朝陳情乞老又十年於茲矣不幸於是月十一日見背屬纊時命孤曰噫胡清伯與我同經兩同校藝且同水陸之勞交與既深必能知我也我死當以狀請孤不敢違敬以狀請嗚呼公其先我殁耶天其不使國家之有耆舊耶公少澄二歲我將屬銘於公

乃屬狀於我耶顧我匪名人義不當以朽拙辭公之先涿郡人宋藝祖之十五世孫也建炎中有諱伯和者卒其子師祖扈駕至越而遷於暨傳二世與瑁遷今之福泉山瑁之子諱孟臨卽公之高祖父也曾祖父諱由堅祖父諱學尊父諱順溢皆以仁厚起家五世同居長幼凡若干人庭無閒言順溢配山陰吳孺人生德與公公幼聰慧年十三通經書大旨暨長讀濂洛諸書手不釋卷每有契悟則默坐點頭作文以理爲主不求甚工嘗厭六朝文體險怪益事平順常語門生陳式曰聖人之心寄在六經然亦不可泥文字而求聖人之心珠藏於匱匱固非珠也又曰詩賦可以策才而不可以觀德文章可以正藝而不可以盡道君子爲己之學在求諸實行而已公之學術其務內有如此者天性孝友父母飲食必躬進市肴厠牏必親滌以事出而晚歸雖已寢必立俟覺而後定

之在庭闈閑未嘗疾言遽色至正癸巳父母相繼以壽考終倣古道行事寢苫將五年不越閾人或餽以葷則拜賜而不食賻以幣則拜賜而不受州伯覃懷王公政學政江陰包公英聞而賢之時加慰問己亥張寇作亂縱火焚掠舉家避難於蕭山兄與從兄鼎俱被擄公之室駱孺人最賢慧憊憊不能食公謂孺人曰賊性貪暴欲人何爲不過質此以脇錢耳孺人曰貧無以爲計盍以妾之簪珥往贖之公遣人密遺於兄且諭以感動之語兄乃泣謂賊曰鼎有老母倚門待哺願以我金贖鼎死賊果義而兩釋之兄嫂竟死於避難之地公扶櫬歸葬如喪考妣撫遺孤愛而能勞然公之生也頃丁叔世兵燹相尋故蓄積不裕歲時月旦惟以魚菜與客對飯而不嫌於嗇舍南有老梅一樹枝幹樛盤隆冬放花雪月交暎清香襲人下結小齋左帶浣江寒水漣漪清氣可挹因扁曰冰

西梅屋坐臥其中而吟詠之積梅之詩至百律號歲寒集觀其一
氣以通天地塞孤名不讓古今清未許俗人知受用聲調直待子
青時則其涵養之深抱負之大概可見矣與里人屠性友善性舉
進士因勸公出不應蓋公迺宋後不肯仕元故也洎我皇上御極
求賢輔治悉心推訪經明行修名實相副之士洪武四年辛亥七
月浙江行中書省劄付府縣正官以禮敦請應試擢用維時知縣
田公賦知府唐公亞中素聞公賢薦名於省公始出而校於有司
中式予與有名焉又偕計上京會試復中式行將廷對即上書以
衰老辭予釋褐後亦以督饋告休公歸而隱於朱湖之東自稱東
里子嘗致書於一二同志曰莫景侵尋更復何事將寄興於湖山
瀦畸中批風抹月以殁吾齒女能從吾遊乎作賓松亭於龜山之
巔追尋仙跡命爲十題日與賡和脩然不知老之將至也享年八

十有一嗚呼公之德予不得而盡知也知者不敢隱不知者不敢諼如有遺㲉焉太史之筆尙能傳而名之所著有東里文集十卷詩集七卷賓松亭存稿二卷十景賡音三卷燕遊稿一卷竝歲寒集共二十五卷云

傳

元楊維楨鐵厓鐵笛道人傳

鐵笛道人者會稽人祖關西出也初號梅花道人會稽有鐵厓山其高百丈上有綠蕚梅花數百植層樓出梅花積書數萬卷是道人所居也泰定間以春秋經學擢進士第仕赤城令轉錢清海鹽皆不信其素志輒棄官將妻子遊天目山放於宛陵毘陵間雲中雲間山水最清遠又自九龍山涉太湖南瀰大小雷之澤訪縹緲七十峰東抵海登小金山脫烏巾冠鐵葉冠服褐毛寬博手持鐵

笛一枝自稱鐵笛道人鐵笛得洞庭湖中冶人緱氏子嘗掘地得古莫耶無所用鎔爲鐵葉筒之長二尺有九寸竅其九進於道人道人吹之竅皆應律奇聲絶人世江上老漁狎道人時時唱清江欸乃道人爲作迴波引和之仍自歌曰小江秋大江秋美人不來生遠愁吹笛海西流又歌曰東飛烏西飛烏美人手弄雙明珠九見烏生雛城中貴富人聞道人名多載酒道人所幸聞笛道人爲一弄畢便卧遣客去卽客不去卧吹笛自如也嘗對客云笛有君山古弄海可卷蛟龍可呼非釣天大人不發也晚年同年夫有以遺佚白於上用元纁物色道人於五湖之閒道人終不一起道人性疏豁與人交無疑二雖病凶危坐不披文則弄札翰或理音樂素不善弈晝謂弈損閒心晝爲人役見卽屏去至名山川必登高遐眺想見古人風節曠邁非常人所能測也與永嘉李孝光茅山

張伯雨錫山倪鎭崑山顧瑛爲詩文友碧桃叟釋臻知歸叟釋現清容叟釋信爲方外友及其文有驚世者有三史統論五千言太平綱目二十策歷代史鉞二百卷詩有瓊臺曲洞庭雜吟五十卷藏於鐵厓山云贊曰有美人兮冠鐵葉之巻巻服兔褐之躚躚雷浦之濱兮鐵厓之巔噏陰呼陽兮履坤戴乾萬竅不作兮全籟於天其漆園之傲吏兮緱山之遊仙也耶案文言鐵厓山高百丈則非今全堂之小山可知辨見山水志據此可補其遺

明張辰彥暉王元章傳

王冕字元章一字元肅紹興諸暨人也父業農冕雖田家子幼卽嗜書及長長七尺餘儀觀甚偉深經術嘗一試進士舉不第卽焚所爲文讀古兵法通經世大略有澄清天下之志恆著高檐帽披綠蓑衣履長齒屐佩木劍行歌市或騎黃牛持漢書以讀人皆以

爲狂生同里王公止善甚愛重之爲拜其母王後爲江浙檢校君往見衣履不完足指踐地王公遺革履一兩諷使就吏祿君笑而不言置其履去歸會稽教授生徒倚壁支土釜自爨以爲養人餽遺之不受也時高郵申屠駉任紹興理官過武林問交於王公公曰越多奇士他非所敢知吾里有王元章者志行魁偉不諧於俗公欲與語非求見不可駉至郎遣吏自通君曰我不識申屠公或由王先生耳謝不見吏請不已君叱曰我處士甯干官府事毋擾乃公爲也駉既重王公言且奇其爲人趨進禮益恭君始見之駉退白於大尹宋子章具書幣造其廬以請君爲之强起入黌舍講授歲餘會他僚佐稍失禮以書謝申屠公東遊吳會吳人雅聞君名及見所寫梅花竹石士大夫奔走造請縑素山積君援筆立就萬花千榦成於俄頃畫竟郎自題其上墨瀋淋漓皆假圖以見意

其爲詩雄渾豪放如其爲人久之游金陵諸當事皆敬禮之北走薊往邊塞歷觀險隘往往見於歌詩還京師主祕書卿達公兼善家朝貴爭欲薦之君畫梅一幀張壁間題云冰花箇箇圓如玉羌笛吹他不下來見者皆咋舌縮項不敢復與語至正戊子南歸謂予曰黃河將北流天下且大亂吾當棲遯以遂己志於是入九里山買地一區築室讀書其中服古冠服製小舟名之曰浮萍軒放槳鑑湖之曲好事者多載酒從之歲己亥君方晝卧適寇入君大呼我王元章也寇大驚素重其名舁至天章寺大帥置君上坐再拜請事君曰今四海鼎沸爾不能進安生民而恣行虜掠亡無日矣果能爲義誰敢不服如爲不義誰則非敵我越秉義之國不可以犯吾甯教汝與吾父兄子弟相賊殺乎如不聽我速殺我不更與若言也大帥再拜願受教君終不言明日疾遂不起數日而卒

帥具棺殮葬於山陰蘭亭之側署曰王先生之墓

張烈婦傳

烈婦姓莊氏諱淑貞其先汴人也父克明兩浙都轉運鹽使司任滿詣京留淑貞事母湯居越城淑貞自幼貞謹且讀書年二十歸諸暨張英既歸郎白英曰妾家落矣父存亡未卜獨有老母妾尙有簪珥可鬻以充養幸得相迎而來英諾而從之淑貞禮嚴於尊長情備於母氏英族屬皆喜而稱之曰佳婦會至正己亥歲兵交境上家燬時舅姑俱歿英尋以事逮金陵將行謂淑貞曰吾生死未可知顧若輩未有闔廬蔽風雨地邊兵出歿如鬼爾母年衰兒女幼我將何以處爾哉淑貞泣曰君第往妾於家事所當爲爲之否者捽之危欲敗節死之誓不汙辱以玷君乃與其母攜三兒一女築居靈泉先塋側教子讀書晝則理家夜則蓐食備不虞稍閒

便紉綴織紝辛苦百至而未嘗見憂色以感其母明年英遇事釋歸淑貞出平日所懇龜謁卜占之繇大相慰慶以自幸焉是時邊陲稍靜俄而敵兵倉卒來掠淑貞手扶其母御裾兒女與顛出門走山谷遲久待英不至兵勢逼甚力又困乏乃囑母與兒先行獨稍後而兵則鼓脣作聲驅擄女婦累百壯者呼幼者泣少者號烈婦度不免遇輒大罵曰狗奴爾能殺我幸也我不以潔白之身受若汙辱而畔我夫子焉兵料終不可强且怒其言以刀斫殺之時年四十是乙巳三月初二日也後一年余過其地與英談烈婦事皆剴切如右及指示烈婦死處荒林老木閒凜然清風徹層雲也烈婦以孝而爲女以禮而爲婦者既如彼又嘗許其夫子以死守死別是其本心之德具而自信不疑久矣一旦卒然遇暴而發之自然中節不知與順賊苟生者何如也烈婦之事固可信信其事

而後爲之傳豈溢美也哉

國朝石作硯爐餘章柴桑傳

章陶字栽旵號柴桑邑之三都人先是有耆宿見其家才德盈門勝衣冠者知重經術題儒林第而去至今稱其家爲儒林第柴桑孝友天至饜飫經史父靜公有隱德守青氈終其身煦煦下人顧不可干以非禮有所屈必求伸而後已陶事之菽水盡歡所愛愛之所憎憎之及卒哀毀如禮三年未嘗啟齒家貧兄弟五人次早卒長子女四人三子女四人四卽柴桑一子季一子食指二十口陶多病病每患瘵季弟病嘗二十餘年不起佃田數十又半屬傭工力作計所入不能具半歲糧輒貸夏米食之夏米者邀人之急夏貸秋償責出倍息之利人不敢貸貸亦不過數斗陶口重食廣貸每二十餘石坐此頓踣而葬喪疾病嫁娶往來之需尚不在此

數歲以爲常或勸分炊使諸子各自爲生一子可以自全有餘自可分之無爲與之俱斃也陶曰余兄弟多不永年相繼殂所未亡者余與長兄耳皆苦力支撐致有今日而又皆羸弱多病無能朝夕自存乃言此乎未幾長兄亦卒顧其時方銳意遵紫陽綱目例黜魏帝昭烈修季漢書陶蓋夙長太史氏之學其於名教之事又嗜同性命謂三國志賴裴松之註備一朝史古今恨事至是居斗室書千餘卷名人眞蹟圖畫石刻略具古硯幾方無絃琴一張卧榻一席日夕其中理家事接賓朋暇則禿筆取曹氏父子逆迹搜剔不遺餘力而於其時不忠所事者法五代史雜臣傳治之曰漢魏臣曰魏晉臣用以愧其既死淮南三叛則爲一一雪其冤嘗曰總欲與賊操爲敵不欲輕易放過去每日率書四紙必楷書不苟下一筆操筆亦不復記憶他事日常炊不給家人慮失時從索米

甚急蓋是時斗粟尺布無不取辦陶手境於此特苦而陶亦安之曰姑待書不就終不輟筆後遂頻見之不爲怪如是約十年書成既而病亦作心素韙邑中貞烈事嘗留心採輯考核得數十人曰此幽芳也何可聽其湮沒天壤於是復取而傳之或人綴一傳或合數人皆悉得其神情傳寫如生向患怯症辨飲食之溫寒藥之峻補遂精其術遠近之不能延醫者多丐其方至踵相接不能購藥者急則出錢購之無錢則出物使質錢購之冥契陰陽家言業厝其祖於縣西粟塔頭葬父於會稽三江人以爲能求吉土者往往詣之爲走數十里或百里不以勞頓辭然終以此益其疾致大漸卒之日遠近哀之有哭之失聲者初爲文好爲佶屈之辭人多疵之余長陶十歲見之遂定交也後經經緯史自成一家言求碑版記述者無虛日所著幽芳集已敘之行世餘則季漢書九十卷

史記評選八卷古文雜著二卷時藝存稿一卷羲經闡註尙書切要葩經摘旨俱家藏待梓妻丁氏早年卽世不再娶子沂孫大椿

論曰柴桑亦嘗以抗直忤人矣顧或嗤其抑强植弱卒以自累愚莫甚焉嗚呼柴桑而不愚誰爲其愚哉季漢書者取千百年已朽之骨裁以大義彼豈有預於已哉而乃篤於天顯撫孤弱宜其極貧病之遭以至於死而不稍自變計焉雖然忠武侯何如人也盡瘁終身管幼安憤世當膝榻穿卽幽芳諸淑媛迹其所爲度亦當世所共訕笑以爲大愚吁以今觀之然耶否耶知此乃可以得吾柴桑

章陶

柴桑俞颺侯傳

君諱賡字颺侯姓俞氏邑之花山里人也幼穎好學一時子弟皆莫能及逮長益自沈潛務記覽爲詞章斯須不怠歷試不遇而處

之如故丁卯歲督學谷公應泰至取補博士弟子谷公淹雅才也著有明紀事本末世稱其宏博敘事詳核而載遜國諸臣周旋患難特表千秋孤忠令百世下讀其傳莫不垂淚校士浙東西所取皆一時俊彥君其一也嗣是屢入鄉闈不售退而讀書如故居花山之麓山峻立數百仞其上喬木鬱葱多佳色南則浦陽江會洩溪過之江外曠野清空一色當春夏時晨起蒼蘚盈階落花滿徑門無剝啄松影參差禽聲上下汲山泉拾松枝煮茗啜之朗誦詩書不覺其思入神從容步山徑偃息於巖壑間聽松聲泉流涓涓下漱齒濯足歸食笋蕨蔬食俯就窗間經書吟咏而尋繹之會心特遠也復啜茗一杯出步江邊邂逅田友野老問桑麻說秔稻量晴校雨談論一餉退而倚依衡門下則夕陽在山紫綠萬狀牛背笛聲兩兩來歸而月映前庭矣因諷誦至鼓一中乃寢蓋學之絕

境也然知此者蓋少想其奚落時事悠游讀書實具世外遠致所著有四書講義一集燬於火不傳贊曰學者誦四子經尚矣自漢唐來注疏不下數千百家言人人殊永樂中大全最有名觀其兢兢取朱子小註或問語類疏解之知所尊矣第襲取輯釋之陋後人且譏其割裂剝雜失朱子之意而況下此者乎故發明聖人微言朱子著矣外是余不敢言之也然務此白首功亦勤矣志亦何可泯焉嗚呼此其學者歟

屠孟昭潛園漫士傳

潛園漫士者姓名嘗挂於朝籍中歲潛伏不出不欲以爵里名氏著稱於時遂自號曰潛園又聞古有漫郎有漫士者心慕之更襲稱曰漫士漫士之言曰予少而不羈遊於酒人狎於豪士頡頏於儒林奔走於俗吏既而厭之年未四十一旦棄去將逃空虛懼稱

怪民或游公卿又恥殘客然性素通脱略善檢約漫浪歲月未或非宜此漫士之所自許而人或以爲否也然其生平可得而言之矣漫士二十領鄉薦則愧謝曰吾學未成漫應舉漫得之未可以試

明廷伏山中讀書五六年所爲文章偏宕奇肆不應格同學者笑之此漫之見端也少久之以太公命北上遂中第學於太史氏方其對策

殿上諸王監試者耳其名且知工畫郎

殿上索畫日方中文數千言立就潑墨瀋揮灑滿几席意甚豪迨散館復試

殿上索畫者如故坐是汙其卷列二等改外酣嬉淋漓豈亦豪雖然何其漫耶其牧民也無他長煦煦嫗嫗與父老作家人語然期

年之閒蠶織興汙萊闢獄訟平豪強戢關市減稅盜賊屏迹不知其然弦歌而已大吏賢其政亟移首劇將擢之漫士恥其奔走伺候也檄下卽謝病大吏又怪其贛久持不許會邑民走籲攀留者二千人大吏迫之起乃強起還其舊治於是漫留者且三年治聞中外宰相薦之督撫薦之將大用而太公殁漫士乃歸歸且病矣漫士故漫浪雖病猶好漫遊聞佳山水輒往愛賓客無親疏雅俗悉與談名理或不省故難之置弗校里中有園宅可五六畝中多泉石花木亭樹之勝傾貲購之卽所名潛園者也日與詩人逸客縱飲歌嘯其閒結爲吟社不問生產有以死生急難乏絕告者稱已力周之不足丐他人助之不以爲己德嘗取太史公游俠傳讀之愧已之不若也漫士喜人譽譽之得其當則喜不得其當面輒汗又喜人毀毀之得其當改不旋踵不得其當面亦汗然毀譽恆

兩忘不越日雖毀者亦忘之與親暱如故矣以是人每樂近之既而大病家亦大匱棄其圖僦人半宅傭書授經奉母以居客有勸之仕者漫士為書答之其言曰夫古今文章之士於功名利祿之塗失其所守而變易其操可勝道哉觀夫昌黎謝表自侈封禪萊公晚節乃陳天書二公豈不卓然千古偉人哉然且不免可不懼乎且夫鶴具沖霄之姿羈於藩籠則徒供玩好之具騏驥有軼羣之材雜於駑駘斯不免鹽車之困純鉤非不剛有時而折乳泉非不清有時而淆此錢宣靖所為急流而勇退陶彭澤所嘗乞食而無悔者也若某者抱幽憂之疾厭奔走之役既自審其材之不中繩墨器之不適方圓已脫復進退無據希榮干進即不為殷深源之誤清談王介甫之急功利保無昌黎萊公之失乎其漫言如此

道光初元

天子闢門籲俊海內有連茹彙征之慶

特詔除袁州再

命守九江漫士涕泗感奮躍然有出山意然終以病且母老辭歸是遂益閉關謝賓客飭子弟勿關白家事日課金經一卷焚香晏坐而已漫士少喜談兵嘗輯古今攻守戰陣韜略之策爲一書至是悔之以爲苟傳之得其人可以生人不得其人可以殺人遂焚之又嘗爲理學之書亦悔之曰此宋元以來儒者之所已言也吾見有竊其近似以爲名高者甚恥之并焚其稿所存裁雜文與詩歌若干卷其俯視一切不啻土苴而糟粕之也漫士既逃禪不落斷滅相頻年示疾聞義必赴利濟之懷殷然在抱至於死生榮辱得喪之故略不繫懷嘗言鳶飛魚躍水流花開是天地自然化機日月薄蝕山川崩竭是天地自然氣數顏子之何以天盜蹠之何

以壽原憲之何以貧趙孟之何以富造物其有心其無心耶伊周之得位乘時孔孟之吾道不行同爲聖人而所遭之異如此天命果一定不一定耶馮道終始五代歷事十數君而富貴壽考極人臣之榮温公退居洛下十五年再入相裁一年而死賢愚不同所遭之異又如此時耶命耶理耶數耶其皆不可知耶不怨不尤不歆不羨不思倖得不求苟免如是而已又言人之善惡不齊積久而化如一微塵不可見也斯須而翳積日而厚矣善相仍而自忘其善惡相因而自忘其惡一隙之塵積而至寸可不慎歟故其所爲集録一書於善惡勸懲三致意焉然則漫士其果漫耶其不果漫耶吾無以測之矣或曰吾觀其人爲儒而不醕學佛而不佞蹈宦海而不溺廁名流而不狂其屬文汗漫無涯涘其涉世散漫不修邊幅殆李白所謂歘寄歷落可笑人者非歟

姚燮復莊周虛谷傳

按狀君姓周氏諱桂字鷟芳一字虛谷先世爲餘姚人既遷暨遂分隸暨籍考諱祖瀬庠貢生候選同知妣曹氏謝氏誥封宜人君以援例封朝議大夫君少穎慧時金華張寄軒同郡王穀塍宗炎兩先生負學行重名君從之遊名譽日隆顧不幸秋風敗之丙戌其伯兄未菴先生栻成進士作宰津淀邀君襄案牘如羹之調如樂之和一劑以平人稱盛治僉云君之佐佑實多也既而興陟岵思辭兄星馳返里入門即大聲呼母持母衣相對泣泣有間母慰曰汝歸乎今歲除矣好晚食安息吾得見汝何他冀自是恆瞻依敦孺慕禮母年八十始壽終君之問寢視藥衣不解帶者已數月矣竝跰覓吉隧躬穸之母既喪君不復萌出世想嘗語人曰吾家稱有訾侮甬臧獲內外以數千指計母在母爲政已

失天吾不紀綱之豪銖規事小隳先業事大剝通籍服職亦不過稱量以均赴吾心力所能及出處豈兩途耶於是給月費以養黨之耆老者傾篋金以拯俗之溺女者開廩粟以活飢民之垂斃者以此見君之內飭而外厚吾聞德之能踐經者才每不足以濟變君又不然往歲辛丑西夷犯甬東越氓多乘機鹵掠爲生大吏以兵治君曰是非失撫之飢民耶奈何不思安輯而網罟之迨戊申民復變如前宰王者廣爲禽縶君因力請盡釋焉至邇年戊午粵賊竄永康我邑有脣齒慮上官知君幹略檄君募士防堵君奮然曰此卽吾報國衞民日也輸產籌策師古法變通之而卒致圍之固然因此以勞悴深君病矣抑君家世負重望夙以公正傳有興訟獄者必先質之而後往愬於庭君承先志一如其先人之所爲戶內趾恆錯君反覆引諭之必釁解然後已日凡數事罔不以公

明遵君言而其持躬則又莊重凝謐無苟於笑言至有以杜文正相愉者大抵終君之生平其處已也惟恐其不慎其待人也惟恐其不周其應務也惟恐其茶力而有虧違心而有隙使君尚在竟其抱負以處此囏危擾亂之秋焉知謀畫所及不足以供鄉邑長城之倚而乃大敗決裂以一至於斯也嗚呼是有望於繼起者之纘先緒矣君之逝享年五十有九配曹氏晉封恭人

郭壁復亭玉屏山人傳

國初時吾暨有陳章侯者以好奇走四方以書畫雄睨一世以逸民終越二百年而繼之者曰玉屏山人山人紫巖鄉人也去章侯之鄉數十里有山皆石望之如屏山人家其下即又不常居鄉之人不知山人也少讀書不屑爲經生業獨好畫操其業數十年進於神解家可足衣食棄之橐筆游游則北之燕南浮江淮進閩嶺

以西倦而寓於杭所至喜其山川瑰奇城郭人物都麗一一見之於畫畫則奄有諸家長爲古聖賢像爲飛仙應眞爲奇女子爲鬼物爲珍禽異獸喬柯幽卉峻厓邃壑駭浪頹波清雄俶詭不名一體亦能東管貌世上人飢輒爲人役然不可數得也郭生曰昔韋侯擅畫獨毖山水今山人殆兼之矣山人偉儀觀發聲鞺鞳郎之若巨公貴人而中泊然無所慕悅與人氣誼相許久要不渝客久交游雜不爲矯矯立異然至狹斜摴蒱跕屣之會必託故避之人習山人久亦不相强性好潔所居掃地爇香几案可鑑人筆硯玩好庋閣有度雖逆旅亦然初客燕無所遇歸越守楊鶴書者廉吏也獨奇山人謂高誼可入獨行傳胡乃以藝事掩逢人譽之不絕口之閩客梁中丞章鉅中丞耳山人久則大喜命諸子兄事之後中丞子來浙治軍孔棘山人以身左右爲策山川要害畫便宜數

事蓋山人急友朋又如此嘗從中丞游東甌雁蕩擕橫絹寫其谿山自爲記潑墨書之歸以示客曰昔謝康樂闢北山身謫死不終吾納之袖中不庸愈乎返浙大宗伯奕湘公方以帝冑爲駐防將軍慕山人名奉尺一加幣山人衣大布以客禮見酒酣樂作將軍手絹素敦請至再山人則離席握管瞋目若思將軍肅躬侍少頃揮灑立就氣咄咄逼坐人一時薦紳士無不慕山人願納交然山人惡囂愈益厭棄之人伺山人匱或有餽遺非其義不取卽取亦隨手散去至老死不名一錢楊庭欽越守公子也方需次居吳山祝氏墅招山人與俱墅夷曠纍石爲山構木爲亭高可望西子湖潔樓三楹舍山人恣其意所爲山人大安之遂不復遠遊庚申二月粵寇陷杭州山人先期去葺紫巖舊廬待客客數十輩踉蹌至山人廬不足則僦於人日往來諸客時其緩急蓋山人還山自茲

始然訖不得閒矣明年九月賊陷諸暨踞其城客稍稍去紫巖去城六十里得無恙又明年而難作初暨人包立生集義民殺賊賊死者數萬憤甚合五大隊攻之環數十里而壘則及山人廬山人守其廬不去賊至爲好語誘之山人大罵狂賊當死烈丈夫寍共賊曹生活耶賊怒刃山人以去時

今皇帝紀元之歲壬戌二月也嗚呼章侯當明鼎革佯狂髡髮世傳其高義今觀山人晚節不屈將毋同或曰章侯好醇酒婦人而山人癖潔不近內中年納妾卒無子章侯有子傳其家學迹稍殊焉方山人居吳山楊君燕客郭生與其友馮生皆在爵行無算起陟亭皋是時彗星見女牛分芒燭天睒睒恐人賊陷大江南北且及浙山人上高阜據盤陁坐笑謂客曰吾老矣公等識之行將及也今寇亂大定楊君客死山人墓宿草而摭其遺事者乃昔時座

上少年也可哀哉山人馮其姓名懋字樂初以字行嘗以家紫巖易紫曰芝自號芝巖云東埭郭生曰山人長余且四十年戊午秋識之虎林拳然如舊故共昕夕帀月時時觀山人毫素磅礴助余文思而吾友馮生者山人同宗也竝余誦徹宵卷袠繙亂燼落几不掃晨興見几案整比無纖壒驗之累日意溷山人欲辭去則笑曰無然吾樂與諸君周旋耳山人遺世峻潔人也顧好余輩狂瞀若此余不解畫嘗以意品山人畫則適適然驚相顧以爲親其甘苦亦異哉

論說內編

論

明駱方璽武懿西施論

嘗謂味之孅者洞庭之鱒東海之鮰和之孅者陽濮之藎招搖之

桂衣之媺者吳之纖羅蜀之文錦珍玩之媺者南粵之珠貝交州之象犀色之媺者鄭之閭陬衛之曼姬士君子之媺者忠臣之烈節報國之丹忱至若色超千古而更完士君子之心者子鄉之西施其人乎夫西施何爲而至吳也越之君臣郊迎而再拜之剖肝晰膽以爲不如此內離之策則越不得一日安枕范少伯之忠忱出妻捍國亦苦矣雖然少伯能割愛而美人戀戀桑梓不欲行奈何郎行矣而驕蹇不前無可當君王意者奈何郎當意矣而歡會之餘沈機漏洩又奈何粵稽當日情事始猶幽姿羞澀少伯以數語激之而忠悃勃發慨然許諾輦來於吳而朝歌夜絃身吳心越機緘愈密而忠義愈明未幾而相國委棄於秋風元子淒號於夜月姑蘇付之烈焰甬東蒙以尺羅人皆罪西子之祟吳而不知其忠越也人皆知臥薪嘗膽生聚教訓足以沼吳而不知在旁在牀

厲垣伏莽陰以佐越也昔樂毅之復燕也田單之復齊也率以百戰得之申胥之復楚也亦以七日痛哭乃西子之復越無積骸灑血之慘無齎恣涕洟之勞而於色笑衾裯之際陽施陰設從容布置卒無有出其彀中者遂使句踐以臣妾之身報讐雪恥狎主齊盟天王致胙伊誰之力與即謂西子之功並三仁而四之豈驕語哉語云兵以正合以奇勝至若西子不戰而屈人之兵則又奇之奇者也

陳章侯畫論

今人不師古人恃數句舉業餖飣或細小浮名便揮筆作畫筆墨不暇責也形似亦不可而比擬哀哉欲以微名供人指點又譏評彼老成人此老蓮所最不滿於名流者也然今人作家學宋者失之匠何也不帶唐流也學元者失之野不遡宋源也如以唐之韻

蓮宋之板宋之理行元之格則大成矣眉公先生曰宋人不能單刀直入不如元畫之疎非定論也如大年北苑巨然晉卿龍眠襄然諸君子亦謂之密耶此元人王黃倪吳高趙之祖古人祖述立法無不嚴謹卽如倪老數筆筆都有部署法律大小李將軍營邱白駒諸公雖千門萬戶千山萬水都有韻致人自不死心觀之學之耳孰謂宋不如元哉若宋之可恨馬遠夏圭眞畫家之敗羣也老蓮願名流學古人博覽宋畫以至於元願作家法宋人乞帶唐人果深心此道得其正脈將諸大家辨其此筆出某人此意出某人高曾不亂會串如列然後落筆便能橫行天下也老蓮五十四歲矣吾鄉並無一人中與畫學拭目俟之

說

駱問禮纘亭族叔字汝誠說

吾叔氏爲博士弟子員名意客字之曰汝誠舊矣而復自顔其讀書之室曰正菴蓋有取於大學之義云一日問其説於族子問禮禮愕然曰字之有説非古也而有之蓋緣其取義之深且遠有未易明者爾若所謂誠與正則三尺童子如覩日月也而何以説爲雖然於古則無説於今則亦不可不辨自近世大儒爲致良知之説以爲格致誠正非有二義世之學者一以生知自任謂學惟在誠而讀書窮理反爲天理之蔽相率而入於禪以爲能一貫得大學本旨不知誠正固不可緩然講之不明而見之未至其視不誠者閒豈能寸楊氏誠於爲我墨氏誠於兼愛卒不得爲正也使其見道之審豈至以一偏自是孔門之徒由死於悝求聚於季詎曰不誠而竟不得其所盍非於物尚有未格於知尚有未至之明驗與而世儒方日嘵嘵然則叔氏之誠將謂學惟在是而專致其力

耶抑將謂自修雖以爲首而致知之功卒不可廢必務所以先之者耶昔韓文公原道而不及格致與孟子論天下國家而推本於身同義説者猶非之乃斷斷然謂誠正之先更無別事而欲以窮大學之旨也其然乎哉叔氏端謹篤實艮可謂得誠正之義者而好古博物郎博士弟子業有專攻不以奪其所志自天文地理以至小説稗官世所視爲外技者莫不求精其説而尤不恥下問於字説且以及禮可風其槪其所謂正菴者雖花石爛然而圖史充棟非淺淺趨時向者其以爲問艮有獨見然與顧格物致知要有本末先後乃足以屈世儒之説而有補於誠正叔氏固以嚌其味矣

書牋内編

明駱象賢溪園與振鐸達尊書

僕潦倒邱園第以門戶縈懷無能拔乎流俗如臨山軍器已派圖頭里中徵索倍而又倍矣邑之小人誘之以利重科正統七年里甲不得不以公論言之幸而免者戶計二千何敢邀譽於鄉黨也願借齒牙賜之一言庶使殘喘安寢同役咸被其賜矣兒輩當卒應氏諸子拜前請命馮至曰溪園集有與魏冢宰論徭役書是否卽係其人案冢宰無振鐸之稱此係與邑司訓書

駱纘亭簡陳毅中大令書

竊惟名宦鄉賢二祠係國家風化重典不當祀而祀與當祀而不祀皆非至當本縣鄉賢祠有越大夫范蠡夫范蠡雖仕越非越人也越絕書曰范蠡其先居楚也生於宛橐高誘呂氏春秋註曰楚宛三戶人素王妙論曰南陽人列仙傳曰徐人註吳越春秋與史記

者大率據之其非暨產明矣緣本縣山有名陶朱者井有名鴟夷者巖有名范蠡而湖亦有名五湖者好事君子遂以爲眞而祀之不知范之出處甚顯去越始自號鴟夷子皮居陶始自稱朱公暨安得以名其山川名之必有別說非眞其故里也夫非其鄉之賢而祀於其鄉則不惟祀者爲虛而享其祀者必有不屑雖曰重之適以褻之耳若名宦則鑿鑿不可磨而又非暨所得專美此鄉賢祠所當議出者也本縣名宦其原已入祠與見履崇要者非所當議外嘗念嘉靖年閒知縣徐諱履祥者直隸蘇州府長洲縣人由進士在任精明廉正卓冠一時其尤著者則是時民俗尙利好爭不知好學因爲加意凡民閭子弟質有可進者皆勸之學與在庠諸生一體作養飭館延師授餼備用仍復其家雜役眞若父兄之於子弟漢蜀之文翁不過是也以故一時興起風俗爲之少變垂

至於今雖所成就者落落有數而向微本宦則雖後之作興者未嘗之人而風漓俗俚又將有不止如今日者近見本縣小民感德之私雖勝而仰德之見未真生祠禱典趨新附熱而於本宦反寥寥焉即蒼顏黃髮者口不絕頌而青衿突弁之輩漸不能道其衣冠動履之常矣失今不爲表揚後復何知此名宦祠所當議入者也顧譾陋之衷存之俱非一日而不敢遽露恭遇臺下政教鼎新大小廢舉動協人心正典禮以隆教化百歲一時也冒昧陳瀆惟照原之

答樓子清書

拙作一時塞責殊非得意安得揄揚盛德然若尊意所改又覺未穩伯夷賢聖謂門下不知誠所不敢謂千百世無人而門下獨與之同亦所未敢改幽人爲先生無妨然謂先生勝幽人則不可生

草中原是先生覺幽人二字於詩意爲近故敢改入郎門下意謂幽人乃抱道而不偶者也據門下所處謂之偶乎據今日而言幽人也他日得志自爲達人顯人且門下以伯夷自居若生之意則雖不敢許門下爲伯夷而所望尤有不止於伯夷者語意頗活獨雄獨字誠過亦字太無力嘗作頗陳仲子亦人所難能孟子所以不取蓋欲示天下以中道是正隘伯夷之意或者問管仲之知禮則孔子小其器既而疑管仲之不仁則許其功萬章之徒視仲子太過故孟子以中道抑之若有議其不然則孟子又當有說矣豈以乞墦投璧之世有挺挺若此者而忍少之哉故愚取之然獨雄其志耳非謂千古之所獨也凡人自取不欲太高許人不欲太過盍學賢人而未至不可以一節而自足褒之不在譽貶之不在毀此作文大概王荆公不欲改錢公輔母墓誌而歐陽公自謂銘尹

師魯不薄與范文正欣然改德爲風者同意然據生一時鄙見如此耳非敢執爲確論也故復錄呈而附此求正倘有高見幸勿吝教蓋天下事貴相正不貴相諛觀門下每事侃侃非喜諛者故敢以古道相望惟照亮之不備

再與樓子湑書

反覆來教具悉至意作詩無害序中正發此義不知兄何以興安知有言不爲無言之論兄之所至何敢妄擬但詩爲尊號而作則當以伯夷擬兄然直許兄爲伯夷又所不敢若言獨尤不敢也豈四海之廣千百世之遠更無似兄者耶凡人以古人自名有至而名之者有慕而名之者意兄亦慕伯夷者謂之有伯夷之志則可若雅操直同於伯夷則百年之後當必有議之者所未敢也取舍之極誠所難定然聖賢之評品則又有不可執一論者昨曾及之

一管仲也或小其器或許其仁仁者非器小也卽以伯夷言之既許其聖又病其隘隘者得爲聖耶野子路矣又曰升堂不仁宰我矣曾在管仲之前然則孔孟亦漫無可否者矣況昨鄙本爲尊號而發非以定人物之權衡也若兄質弟曰予何如人則弟敢以是對耶若兄則既謂不敢以伯夷自居矣何以自號耶既謂伯夷爲千古時中之聖矣何不以孔子自號而獨取彼耶凡人自許不欲太過立志則不可不高昔曰志則雖以聖人自許何不可者雖行或不掩亦孔子所取狂者也若曰操與聖同則誰敢耶伯夷畢竟屬隱逸一邊兄不偶時則當以伯夷爲師所重者廉也他日得志又當有不止爲伯夷者此弟所以有取於幽人也不意不當兄意正爲泥幽人在終於淪落一邊耳不知幽顯以遇言遇則隨時非有道者所諱也而兄以爲諱何耶幽顯在道論雖正而不可施之

稱謂聞有稱回憲爲顯人卓操與檜爲幽人者乎古有吏而隱者在泮宮郎不可謂幽然則顯人乎許人過不失爲近厚然不若當之爲尤懿也今許兄有伯夷之志與許兄獨有伯夷之操者孰爲當乎凡皆弟所不能自解者若贊伯夷二作則詞意皆工而遜國一聯尤警蓋古之賢聖美之何嫌其過但謂其爲中道則孟子何區別之若是耶兄之見必有過於孟子者然非愚之所及也夫不有所同何足爲聖孟子亦嘗言之矣曰是則同曰其趨一也然畢竟有不同者在而兄或未之察也夫與其以聖人自名而復曰不敢不若以慕聖自許之爲愈也與其諱聖人之偏而推之於中道不若學人而不泥其偏之爲愈也鄙見如斯唯高明裁之

國朝趙裕與呂大山書

某白大山足下士積學攻苦甘窮巷菜羹行古誼偃蹇歲月志未

嘗稍稍適與夫飽濃液寄意奮翅指天畫地取青紫如拾芥者其所得孰多以某觀於足下抑何古道之不伸於今也某自束髮受書即已聞足下名師友閒年十二始學爲文聞足下名尤甚及足下初見某文時某年十六矣望古人之門牆而不得入反側之餘面赤耳熱而足下顧以某學不隨時趨而志復可尚以爲學古人而無難遂幷以妹妻某是足下與某相知爲深然某竊獨怪足下年踰齔齒通習經傳於諸子百家能深究其底藴讀張子訂頑而歎孔孟後修治之學警切莫此爲甚有異母弟數人偶讀陶靖節四海皆兄弟之語而不覺流涕其評論古今文章爭是非得失於毫芒者遽能剖抉其所以然天姿超悟至性純篤宿老見者無不相慶爲國瑞呂氏自有宋以來如秦國公頤浩祕閣公撫少卿公升其節行皆彪炳史册越數百年而生足下以其天姿至性成其

德行事業庶幾纘前人之緒而光大之吾暨人於是有厚望矣顧年十六郎得痼疾夭竟何如方今浙中文弊日甚暨邑爲尤足下而不至於疾或疾而不至於甚雖不得大顯於世天其或者使足下由經生以掇取一科養其疾而不仕於古今文章爭是非得失於毫芒者一一剖抉其所以然口講指畫登高而呼由近以達遠一唱而百和穎異子弟所在多有得其門者或寡矣闢戶而招啟扉而示行步趨走歷歷如畫何至東塗西抹相率以詭道取青紫如今日者哉足下年今五十餘矣家日益貧其疾或日一發或月數發稍閒疾一編不輟文甫脫稿馳傳輒徧別裁僞體經指授者高占科第次亦庠於郡邑且饑焉然人皆以足下不苟毁譽造盧而請往往有八九至不得一面而卒不怨者謂足下爲今之古人不幸而至於疾甚故也有志乎古者思足下而不得見則私淑諸

君子缺以下

諸暨縣志卷五十一終

文徵

序跋內編

投贈序

明陳章侯爲劉侯壽序

月日盟弟某某爲劉令懸弧之辰屬綴爲辭以爲壽君侯之壽豈以歲月之深長爲壽耶夫以歲月之深長爲壽者凡夫之生若君侯則壽之史册壽之鐘鼎壽之歌頌斯爲大年今日者不過小年耳何則觀君侯從陳節度來也挾弓持矢率鐵騎千人箕張而至無一人敢取笠以覆芻糧者時越郡怔忡節度雖弢鋒刃肝膽手摩而躬撫之如郡縣官等小民尚墐戶驚寤君侯則力達大家與都鄙之隱氣息交通商賈又初集越中無賴事椎埋者數十百人

戎服佩刀習北人語言號從軍健兒星布四處白晝奪貨物於市郡縣官不敢問君侯乃手縛數十人鞭笞交下榜其長鬚大腹者於通衢市肆始靖帖夏閒城中變起君侯不暇裹甲第帶矢兩房左手揮干牛刀右手挽鐵胎弓乘惡馬當大道立指揮斬捕諸將聞劉將軍且至氣力亦大奮斬木揭竿之徒皆鳥獸散凡無辜而縛至者輒放去後城中僞言風生盜起塞路選鐵臂熊腰捉生數十人早夜俱臥起暴露於古寺之外風雨不少休鬼蜮且潛蹤若嵊縣之役君侯第擒其渠帥放赦脅從有挾仇讎而持其短長者重刑之以絶萌芽邑人至今有劉侯活我之稱諸暨之役君侯下令有敢妄殺一人者連隊斬之以故君侯所部卒非帛面操梃之夫不妄發一矢暨人亦有劉侯活我之稱第以道家之言推之好生之人必獲上壽君侯之鮐背鶴髮固不待言然而煇史冊勒鐘

鼎傳歌頌吾請以曹彬耶律楚材望君侯敢以是爲壽

著作序

宋馬純子約陶朱新錄自序

樸樕翁單父人也建炎初避地南渡既而宦游不偶以非材棄遂僑寄陶朱山下藜羹不糝晏然自得雖不足以語遯世無悶之道其山澤之癯乎因搜今昔見聞裒綴成帙目曰陶朱新錄凡譏訕誖謾悉不錄焉紹興壬戌孟夏序

明駱纘亭支離集序

翁都參好吟日積成集以支離自命一旦余得而讀之顧曰君顧支離乎都參笑曰我不支離誰支離耶幼守先公訓粗習章句自謂可以不負諸博士弟子意圖尺寸而卒以蔭入官吏顧先公遺訓粗習政事自謂可以不負諸同列意圖尺寸而十餘年中兩遭

罪逐顧歸山以來囊空甑網骨肉無情茲其寄之吟詠覩夫溫柔敦厚之旨恐徑庭矣卽欲自白於人曰我非支離人信之耶予於是俯仰張目沈思少頃若怒若笑拍案而起曰君果支離乎若亦謂君支離矣尊先公門生故舊徧朝野君不能援附以穩步於青雲之衢而獨負其耿耿以取顛躓內籍世業宦遊中外者有年豈不足以謀生而落魄不能慮衣食顧圖史筆硯則日習不廢每得句不惟識者驚賞而抱膝自快卽三公萬鎰不以易也揆以世情盍免支離顧古人謂詩能窮人亦有謂窮而後工者則君所以有是集蓋得於支離者爲多宜君之以是自命也言未訖都參躍起撫集而歎曰支離支離然則窮我者爾成我者亦爾耶余大笑都參亦笑因呼童子酌酒感慨悲歌者久之夫予結髮沐榮靖公教愛讀公知白堂稿知所興起因得與都參君交今幾三十年矣不

偶於世頗與君似中閒唱和不一而足予語俚無足言者君句皆在集中每讀一篇必爲憮然嗚呼君性骨鯁面詰人過不頋公卿而淪落如不才者獨始終不棠忤色且過許不以爲庸人吾何得此於君哉世有知言者將刻是集附知白稿後則明其所以支離者宜莫如予也因筆之卷端都參君名餘忠字孝成别號東白滎靖公冢子初官太僕旣調復移光祿歷南京左軍都督府都事致政云

南溟存稿序

諺有之生前富貴身後文章信哉言乎方人之履豐據要咳唾生風貧賤者奚足與比肩而一旦淹忽無可稱數清脩之士落魄不偶與木石無異而數世之後有得其片紙隻字如獲圭璧者逮至叔世風流日異卽所著述未必足傳而勢可炙手則門生故吏爭

相板刷不日流播海內而貧賤之夫信有著龜之談金石之響以之覆瓿人且嫌之逮遇有識者鑑別而桐焦爨下多不及出則雖文章又不能不藉於富貴良可嘆矣南溟鄭公平生刻勵尚行作字倔晉詩文思追唐漢嘗爲諸生已名動遠近而逮後官止一令誰有爲其文字謀者叔器逢陽緝所存藳若干卷問以示諸好事而宅相樓子之望昆玉捐貲壽諸梓余自束髮卽辱公知愛喜公盛美之有傳而樓子昆玉能留心於世情之所不急殆亦非淺淺者因爲之序而且有感焉公詩文固登作者之堂字法尤爲入室而遺傳卽今已不爲多艮有好事者及此時鐫摩其一二庶與是集共垂久遠而得隴因可望蜀是集既成安知無繼此而成其美者小子不佞謹拭目云

永思集序

事親之道生則敬而養死則哀而思哀思之動也形諸聲則爲哭泣之慘言詞之慽甚至有三年不言者見諸身則爲擗踊衰麻苫塊之節斂葬饗祀繼述之儀甚而跬步之不敢忘終身之不敢易非更僕能悉伯風樓先生以風木之恨觸景遇物必見諸詩不踰年累至成帙命曰永思集余偶讀之酸鼻測目不欲終卷嗚呼先生可謂深於哀思者矣昔黃直丁母憂絶不作詩而梅聖俞盛陵之句或者譏其太早晉孫綽不云乎敢冒諒闇之譏用申罔極之痛是或一道也察於此可以識先生之心矣先生之詩畧不求工惟直寫其天性眞所謂焦以殺者然此特形諸聲者耳其見於身而措諸事又必有進於此者嗚呼此人子之所不厭爲而亦人子之所不忍言也

三和梅花詩序

前野公既次溪園公遺藁梅花百詠爲集矣復次馮學士絶句韻百餘首又次其韻集古今詩爲集句亦百餘首夫馮學士倡和梅花百絶天目僧隨以一韻爲百律酬之一時之奇也自後步其響者無慮數十家然押韻未必分題而分者未必次韻獨我溪園公以僧韻押學士題而復增其所未備然未聞有次學士韻者也前野公始次其韻而又次以集句且各補其未備幷前詠爲三體奇之又奇矣或曰公於梅詩可謂癖矣從子問禮曰公之癖豈一梅詩而已耶公多兄弟少出繼姑氏頗富及壯自歸曰以財而棄吾親耶起家爲邑令不滿考解綬曰以官而棄吾志耶此其癖之大者若其小者酒量不甚淵而對客引滿則終日不知倦碁力不甚精而索耦較局則雅俗不爲擇爲文不經思慼叩順應未嘗留滯而惟於此集則苦心竭思手自易藁者再四嗟乎人多癖於富公

獨癖於貧人多癖於貴公獨癖於賤人或癖於玩物公獨癖於適癖於文詞而尤癖於是集豈其貧賤之癖與梅之精神風致固有相感而不能已者耶夫梅之用登於鼎鼐非枯寂者也而其歲寒冰雪之致則於山林修遁之士尤爲相入公解綬時人多愕之公曰余伯仲五人下者矢志成家上者銳情用世率皆乘化惟吾與叔氏在而余尤羸子適志而已他復何求自是十餘年始詠是集今且逾古稀矣明視聰聽齒髮若壯每清旦夙興子姓森立風月襲人霜雪香霏持是集對景朗吟飄飄然眞羅浮之仙而禮時擊缶階側亦思步拜下風不復奔走塵俗而未能然則公之有是癖也其得失爲何如哉夫君子之用情未有癖而不爲累者惟山林修遁之士則不惟不爲累而適足以彰其曠達之致陶靖節癖於菊林和靖癖於梅東籬南山清淺橫斜之句萬口膾炙而至今視二者

物爲兩家私種蘇子瞻謂劉阮之徒所以全其眞而名後世乃當事者荒惑敗亂之具然則公惟癖於大故能不累於小而百世之下膾炙遺藁與是集者安知不以梅爲予家私物耶公伯壻義門鄭子廷棟明府元鹿公子也耽奇尚適世濟其休將梓是集而禮爲之序嗟乎是集也其品格之高下傳播之遠邇豈家庭所當自詫顧公所以玩適是集其曠達之致有非偶然恐覽者未必盡得也聊識其槪云

陳老蓮重修陳氏族譜序

吾家自翰林公作譜始則有典膳公修之曾祖封方伯公廣之吾兄某修之而廣之凡疑似依附者悉去之吾兄某不肯擅其美命綬同刻屬僭序焉善哉蘇文公言曰觀吾之譜孝弟之心可油然而生矣昔翰林公作時吾家僅百餘人作後百年閒幾千人矣何

以獨典膳公一人爲之修修後三十年間幾二千人矣何以獨封方伯公一人爲之修修後三四十年幾五六千人矣何以獨我兄某一人爲之修又何以人愈衆修愈急而修之之任若是其難耶吾知之矣封方伯公典膳公之孫也兄某方伯公之曾孫也祖孫繼述出於一家於以徵其孝弟所開基者耳當知譜之聚散實係孝弟之存亡

避亂草自序

弗遲自五月之役逃命至鷲峰寺從鷲峰至雲門結茅薄隝患難中猶不失故吾筆墨灑落得詩一百五十三首殘落者强半陶去病祁奕遠奕慶頗惜之屬朱子轂兒子鶩子集之原不成聲因無工拙人忘憎喜有何去留成帙除夕自酌而歌曰五月六月間其知得生者歟五月至十二月間其知死而復生者與知攜子高士

老僧晨夕相倡酬者與此一百五十三首非稽中散視日影之琴聲者與過此以往知有今日者與知無今日者與

日課詩自序

予多作詩稿多失去長公來髯常惜之癸亥遊天津得數百首歸來餘其十之二三長公梓而存之戒予後作毋失予曰詩苦不佳品復無稱今以長公命故勉遺其穢後當覆諸甕瓿耳長公曰是將慢我予謝曰古人不德厚爵而死知己予敢不重君愛而固埋其瑜乎請存其稿以佞君之痂癖故有是脫稿若打油餕丁之語來髯不得辭點鐵之勞也何者惜予之詩得無惜予之醜哉

國朝石燼餘幽芳集序

煉石補天之說與斷鼇足塞淫水諸神奇事竝傳自皇古或以類於誌怪之書而莫之肯信說者謂此乃隱語依類指事婦以夫爲

天女媧氏蓋古之代終而幹制義之事一嫠婦之材而有德者也假之以爲稱石其堅貞之喻以從憂患中出故曰煉不然石非補天之物又豈眞有一清而上浮者賴其補苴乎如其說而理亦未盡茲所謂天當即民義之繫於天常者容有缺焉則一節之虧即爲全節之傷猶之一器苟有所缺不問其缺於何處敗壞者已在此器惟有以彌之而其器乃全倫之爲理也亦然一節之植固天常之所賴以完補天之義以是詮之其理乃盡而說之誕亦有所不足訂矣吾友章裁良恬退少欲胷中不介一物惟於古今節義之事嗜同性命又長於太史氏之學問嘗取邑中貞女節婦之事訂之無區貧富無問顯晦惟事之核義之當者錄之於篇得若而人人綴一傳名曰幽芳集進退予奪法戒凛然與傳列女同旨第列女傳淑慝茲存義兼勸懲茲則採芳行之可佩者錄之有勸無

懲要勸之理著而懲之法亦具其有功於師氏之教也多矣且以理之無不通而義之無不函也一節之植固全節由之以完一理之昭亦全理由之而著試取其書讀之於其潔白之守得孝子事親之道焉於其專一之矢得忠臣事君之道焉於其急難之求信誓之伸得兄弟朋友之道焉故每一貞節之傳隱然有一孝子忠臣悌弟信友萃其中爲人子者以爲子鵠爲人臣者以爲臣鵠爲人兄弟朋友者以爲兄弟朋友之鵠幽芳之名亦特假之見意原不第幽芳之播然其人傳其事傳其里居姓氏無不傳不使與天地同敝者横没於野煙荒草閒至今猶得於鶴唳蘭笑時恍然遇之卽謂幽芳之是播也可先生之爲是集也其時已晚二豎侵之屬稿未就者列其事實條其義例屬其子沂甥逵一成之遲之亦復數年不敢卽成者誠重之也恐其久而散軼急謀諸梓沂來請

敘且曰此先君子之意也爲序之如此人知缺之不容或仍從而彌之旋見一無漏之天亦眞不患秋雨之逗也已

郭又春竹齋集序

乾隆壬寅之秋予客杭寓居姚園寺巷姚氏之雙清軒與鮑子以文相往來一日讀元人詩而鮑子適至因語之曰吾鄉楊鐵厓王山農詩文甲於元代而集鮮完本君家饒秘笈盍以其全者示我乎鮑子曰具有之王一而楊七皆足本也予欲見之夫何吝予躍然起曰此事懷之久矣君果以足本相假當謀之邑中合衆力爲重梓焉鮑子許諾且從而慫恿之是夕酒酣予濡筆作徵刻啟藁一通凡數百言方欲舉行爲友人牽率入閩事遂寢越十有六年爲嘉慶丁巳與王君桂公晤言及之君大喜曰不才亦懷之數年鮑氏本近已借錄藏篋中正欲待先生爲提唱耳卽持啟藁去鍥

而傳布之然同人應之者尙少踰年自客所歸有告者曰杜公刻竹齋集將竣事予心喜之而未遽信也今七月二十有二日旣人定矣有叩門送書者自城中來啟視之則煥然竹齋新刻也爲之狂喜時秋暑方盛篝鐙而疾讀之不自知蚊蠓之剌膚與沾汗之流足也杜公書來屬予覆校爲考定譌繆數十字題四詩於卷以復之近又力督爲序予告以山農先生之爲人與其詩有劉文成公序知之深論之當予何人敢復贅爲辭不獲命姑追述其刻書之緣起如此噫是役也雖發端於予而勞勞奔走力與願違今得山農後裔剞劂告備誠爲可幸矣然而萍蓬流轉之身無風敎唱和之實斯幸也適足以爲愧也杜公方切切焉爲鐵厓七集呼將伯吾知自今以往人皆感杜公之用心慕表章前哲之盛舉山鳴而鐘應磁引而鍼隨必能剋期集事予又將轉愧而爲幸且得藉

手以告成事於鮑子其爲幸更何如也

屠孟昭說詩類編序

昔山谷初見坡公呈其詩之類坡者坡不甚喜又見其弗類者乃大歎服後人執門戶之見於弗類已者輒詆之何所見之不廣也余少從朱徵君遊徵君詩學唐者也專主格律而余詩乃偭性靈徵君不以爲非繼交查郭二君二君又以其詩之不爲苟同也亟稱之二君往往過余論詩有合有不合此說詩圖所由作也劉金門宮保負宏博鉅麗之才不可一世若余詩之清刻峭厲樸野寒瘦正大弗相類乃宮保嘗與其門下士沈君欽韓張君埰極口稱余詩他日余謁宮保且曰君詩天骨開張空前絶後吾師蘀石齋後一人而已余詩固不足當此語卽宮保雖出蘀石翁門而其詩亦大弗類以是歎賢者固不可測也是卷大半皆論詩之作他凡

有涉於詩者以類存之始於查郭諸君中閒與覃溪先生及船山前輩論詩尤詳諸公持論精微各出己見不可强同也近日海內作者輩出其文采皆什伯勝余余詩自分不足比數而破除門戶之見不爲强同則已久矣子秉好爲詩録是卷畢因以語之卽以爲是集序

從政未信録序

甚矣人之易爲欺也雖然禮記之言誠意曰毋自欺既已欺人而復自欺可乎余官眞州五年平生師友及邑中士夫輒以歌詩見美余讀之泚然汗下跡其虛美之由豈孟子所謂欺以其方者非耶方余莅任才一月城市村落徧書官清民安四字於戶明年捕盜四出於宿遷沛縣銅山及山東濟寧直隸武清到輒獲盜於是始終五年盜不敢入境武清之役幾拒捕漕督許公適至停輿飭

中軍協捕及還語余曰數千里不分畛域緝捕之勤合屬未有如君者余愧謝焉節相百公莅江南語余曰余將出都聞中朝諸鉅公咸譽君余方以交通聲氣疑君特遣數人密訪境內翕然輿論如一今始信服故余以壬申夏臥病乞歸公下檄以兩漢循吏相獎勸堅留不得去余師阮公甄別吏才不少假借其序余詩則曰余雖抗顏今爲邑民知其循政親切不誣嗚呼余何由得此於數公哉欺人乎吏自欺耶讀卷中稱美之詞有愧於中因追憶許阮諸公之言益自呼負負也今且受

聖天子特達之知不幸以病廢負

恩尤重又不獨辜諸公期望而已噫服官五年時甚近措施未得百一僅能免過而已而諸君子過聽不察美之以歌詩其實無一敢自信也譽之者亦勉之耳意殊厚雖自愧仍錄存之爰竊取吾

斯未信之語以名其集不敢自欺以欺他人也此外邑中諸生見投之作甚夥徒累卷帙不更錄

弦韋贈處集

自夸毗之人多而言語之道喪師弟友朋之閒大率以富厚勢利爲稱美否則出奴入主黨同伐異忘己與人浸爲世患欲有一言之進乎道者幾比於負俗之累拂性之災故贈答一類詩家以爲支流以無關於美規而諛佞之詞多也然三百篇有酬答之詞蕭選多倡和之作未纚玉錯待切磋以奏功郢堊牙琴感知音而盡伎古之所貴今或賤之今之所棄古有取爾已余生十四五年及見先輩出而交天下豪傑之士游於京師官於江南一時鉅人長德畸士逸民莫不與之周旋而上下其議論得稍稍有以自立於時者皆此之爲也至於結交之道初不專於詩文而或一語以爲

介數篇以爲贄累幅以見其生平有投有贈有倡有和德人之言傳信斯在雖未知於古人何如而所謂夸毗之流則斷斷乎其無之也然則交有道之士聞有道之言以敕其躬以貽其子孫則是編其可貴也夫

耶溪漁隱題辭序

耶溪漁隱者志乎隱而託乎漁也志乎隱而未嘗終隱託乎漁而身不能逃之江湖之上乃發諸詠歌傳之圖畫以寄意焉視彼身雖不出而心慕市朝躬操綸竿掉舴艋而畢生不知江湖之樂者則有間矣余嘗三爲之圖一作詩兩倚聲爲樂府先後時地境遇感興不同和之者亦因余之感興而爲之辭然余之志乎隱而託乎漁者固二十年如一日也今則身果隱矣而已病不能漁方將學流水長者駕車戽水以救十千遊鱗之涸又力有未逮彼笭箵

網罩之屬且拉雜摧燒之矣存此卷者亦多生結習未忘乎詞另爲卷

潛園吟社序

乙亥冬予役京師明年閏夏以先大夫憂南還得城東北何氏小園以居居室不多無高深崇閎之觀而饒池石花木之勝閉關伏匿抱影呻吟幾蹈子美故紙之劾竊懷右軍誓墓之感爰名之曰潛園於時切切而悲冥冥而行凡園中一草木之榮悴一風雨之晦明皆吾撫膺結轖嗚咽而摧傷之具也茫乎若迷嗒然若喪我息機累年遂有終焉之志逮鼓祥琴賓客稍集觴詠閒作於是吟社興焉尋盟風雅所不敢當而占地殊美亦聊以釋吾煩憂陶我性情而已居三年貧不能留輒徙去賃周氏之半宅婦子偪處介乎竈甂雞栅之間宅隅數椽俯池一曲猶強顏而謂之曰園仍其

名而吟社如故或謂余以未老之身處逸自放殆非鄉黨之所許也然竟以未老之身衰病不足自振雖處逸自放又庸詎知非鄉黨之所許也因地而園擇人而社優游乎初服忘懷乎世事然則吾將終潛於此矣

葉去病姚春林搴香吟館詩序

吾友姚椿林死既與陳君荺亭哭諸其靈荺亭屬予搜其遺詩排纘而上之木且爲之序嗟乎予何忍序椿林詩哉椿林又豈樂以詩見哉顧其爲詩也温潤而縝密無獷悍之氣噍殺之音今之蔚然負聲望高擬古人者竊恐未有以相勝也而特工於骨肉友朋死生離合之作閒爲側豔之詞亦纏綿遒峭人或以陶潛閒情比之椿林既工詩顧既壯以還卽棄去恆閒歲不一作而操行則愈益純粹視友朋之過如其己身必剔去始快戊寅秋予至武陵屬

椿林以試事來集見則屏人語曰子先人之服未除乃遠出百里外甚非吾所以望子也子不自玆改行吾且與子絕而去歲之相見西湖也則又樂甚風晨月夕放蕩湖山亦用小詩相酬唱其歸也予偕過其家見其少長雍雍然中於禮度輒復感愧欷歔椿林以予爲將行也而然曰小別耳何須爾嗟乎又豈知其固爲永訣也哉而曩者之唱酬已爲其絕筆時也椿林尤工駢儷之文程君理堂嘗謂之曰子此事於前輩無所多讓勉爲之足成一家言椿林退然不自居也理堂年齒在椿林兄事之列雄談劇辨不肯多讓人而於椿林常深自抑下椿林死自傷無畏友云

酈滋德黃芝之諸暨詩存序

諸暨爲秦古縣夙著衣冠之氣麗則騷雅代有手筆自輶軒使廢葺錄未彰名山之藏喪於水火故家之遺委諸塵蠹豈非雖盛勿

傳莫爲之後哉宋以往無問津矣自南渡遞元事辭稱經者粲可指數而風雅不概見鐵厓流寓於淞江止齋久宦於淮右必先博聞曾無片楮之在子約善諷止及能仁之題或聲施當時多鄙鄉曲名留汗簡不自搜羅文獻殘缺職此之由爰及明代山農振藻於前纘亭揚鑣於後悔遲丹青復嫺吟詠叔京領鐸時耽篇章重以駱鄭多賢陳趙擅雅雖才異應劉質非鮑謝固以耕耘雅業指呈幽通擬之於前差爲蔚矣至於

昭代文教既洽聲華彌通浣公清遒雨六沆郁叔夜滔滔實惟壇坫月泉琅琅稱爲宿將莫菴工於言情春林長於結構亦皆傳音振逸鳴節竦韻初不閒以幽阻固無慚於大方至於登高能賦投閒而作者百家衆氏茲難僂指夫纂組六藝本才人之常振芳一隅斯天下同美焉所宜蒐求遺聞裒集新得自宋迄今成爲一編

體不限以宋唐詞務求其雋雅至於閨房之秀多尚婉媚忠孝之言無傷質直難容刪裁宜以異論矣而緇衣之徒方外之士松門未啟雲壑長陰流聞蓋鮮祇從割愛夫春花未墜則佩服彌芬秋露方晞則收攬已遠故宜缺略往古昭爛來今合諸所疏凡得如干人詩如干首釐爲十六卷詩餘一卷目曰詩存蓋其僅存可存者至於諸賢名貫爵里生平行狀並搜考簡策采訪舊聞該列厥美以爲獻徵至於摘句之風聲自主客品藻之談多而益善其或有文未見者錄所著於卷以俟補刊惜乎縱橫五百餘里上下一千年濡以時日廣其見聞卞氏不能無抱玉之泣滄海所以多遺珠之歎也若其大備則有來哲

跋

宋姚弘伯聲補注戰國策跋

右戰國策隋經籍志三十四卷劉向錄高誘注止二十一卷漢京兆尹延篤論一卷唐藝文志劉向所錄已闕二卷高誘注乃增十一卷延叔堅之論尚存今世所傳三十三卷崇文總目高誘注八篇今十篇第一第五闕前八卷後三十二三十三通有十篇武安君事在中山卷末不知所謂叔堅之論今他書時見一二舊本有未經曾南豐校定者舛誤尤不可讀南豐所校乃今所行都下建陽刻本皆祖南豐互有失得余頃於會稽得孫元忠所校於其族子慤殊爲疏略後再叩之復出一本有元忠跋幷標出錢劉諸公手校字比前本雖加詳然不能無疑焉如用埊悳字皆武后字恐唐人傳寫相承如此諸公校書改用此字殊所不解竇苹作唐史釋音釋武后字內埊字云古字見戰國策不知何所據云然埊乃古地字又埊字見亢倉子鶡冠子或有自來至於悳字亦豈出於

古歟幽州僧行均作切韻訓詁以此二字皆古文豈別有所見耶
孫舊云五百五十籤數字雖過之然間有謬誤似非元書也括蒼
所刊因舊無甚增損余萃諸本校定離次之總四百八十餘條太
史公所採九十餘條其事異者止五六條太史公用字每篇間有
異者或見於他書可以是正悉注於旁辨欒水之爲潰水案字之
爲語助與夫不題校人并題續注者皆余所益也正文遺逸如司
馬貞引馬犯謂周君徐廣引韓兵入西周李善引呂不韋言周三
十七王歐陽詢引蘇秦謂元戎以鐵爲矢史記正義竭石九門本
有宮室以居春秋後語武靈王游大陵夢處女鼓瑟之類略可見
者如此今本所無也至如張儀說惠王乃韓非初見秦厲憐王引
詩乃韓嬰外傳後人不可得而質矣先秦古書見於世者無幾而
余居窮鄉無書可檢閱訪春秋後語數年方得之然不爲無補尚

覬博採者得定本無劉公之遺恨

宋王厚之順伯石鼓文跋

右石鼓文周宣王之獵碣也唐自貞觀以來蘇勖李嗣眞張懷瓘竇臮竇蒙徐浩咸以爲史籀筆蹟虞世南歐陽詢褚遂良皆有墨妙之稱杜甫八分小篆歌敘歷代書亦廁之倉頡李斯之間其後韋應物韓愈稱述爲尤詳至本朝歐陽修作集古錄始設三疑以韋韓之說爲無所考據後人因其疑而增廣之南渡之後有鄭樵者作釋音且爲之序乃摘丞（烝）殹也二字以爲見於秦斤秦權而指以爲秦鼓僞劉詞臣馬定國以宇文泰嘗蒐岐陽而指以爲後周物嗚呼二子固不足爲石鼓重輕然近人稍有惑其說者故予不得不辨集古之一疑曰漢桓靈碑大書深刻磨滅十八九自宣王至今爲尤遠鼓文細而刻淺理豈得存予謂碑刻之存亡係石

質之美惡摹拓之多寡水火風雨之及與不及不可以年祀久近論也且如詛楚文刻於秦惠文王時去宣王爲未遠而文細刻淺過於石鼓遠甚由始出於近歲戕害所不及至無一字磨滅者顏眞卿千祿字刻於大歷九年顯暴於世工人以爲衣食業摹拓爲多至開成四年纔六十六載而遽已訛闕由是言之年祀久近不足推其存亡無可疑者二疑以謂自漢以來博古之士略而不道三疑以謂隋世藏書最多獨無此刻予謂金石遺文湮於瓦礫歷代湮沒而後世始顯者爲多三代彝器或得於近歲其制度精妙有馬融鄭玄所不知者又詛楚文筆蹟高妙世人無復異論而歷秦漢以來數千百年湮沈泉壤近歲始出於人間不可謂不稱於前人不錄於隋氏而指爲近世僞物也予意此鼓之刻雖載於傳記而經歷代亂離散落草莽至唐之初文物稍盛好事者始加採

錄乃復顯於世及觀蘇勛敘記尤喜予言之爲得也則夫隋世之不錄又無足疑者況唐之文籍視今爲甚備而學者不敢爲臆說自貞觀以來諸公之說若出一人固不特起於韋韓也而韋應物又以爲文王時鼓宣王時刻言之如是之詳當時無一人非之傳記必有可考者矣小篆之作本於大篆丞殹二字見於秦器固無害況丞字從山取山高奉丞之義著在說文字體宜然非始於秦也唐初去宇文周爲甚近事語尚在於長老耳使文帝鐫功勒成以告萬世豈細事哉宜時人共知之況蘇勛之祖邳公綽用事於周文物號令悉出其手豈得其賢子孫乃不知其祖之所作者乎嗚呼三代石刻存於世者壇山吉日癸巳刻與此耳而吉日癸巳無所考據獨此鼓昔人稱說如是之詳觀其字畫奇古足以追想三代遺風而學者因可以知篆隸之所自出好異者又附會異說

而訛皆之亦已甚矣其鼓有十因其石之自然粗具鼓形字刻於其旁石質堅頑類今人爲碓磑者其初散在陳倉野中韓吏部爲博士時請於祭酒欲以數槖駝輿致太學不從鄭餘慶始遷之鳳翔孔子廟經五代之亂又復散失本朝司馬池知鳳翔復輦至於府學之門廡下而亡其一皇祐四年向傳師搜訪而足之大觀中歸於京師詔以金塡其文以示貴重且絶摹拓之患初致之辟廱後移入於保和殿靖康之末保和珍異北去或傳濟河遇大風重不可致者棄之中流今其存亡特未可知則拓本留於世者宜與法書並藏詎可輕議也哉紹興已卯歲予得此本於上庠喜而不寐手自裝治成帙因取薛尚功鄭樵二音參校同異并考覈字書而是正之書於帙之後其不知者姑兩存之以俟博洽君子而質焉此文載古文苑篇末所云此本卽指古文苑也

詛楚文跋

詛楚文有三皆出於近世初得告巫咸文於鳳翔東坡鳳翔八觀詩嘗紀其事舊在府廨徽皇歸御府次得告大沈久湫文於渭時蔡挺帥平涼攜之以歸在南京蔡氏最後得高亞駞文於洛在洛陽劉忱家其辭則一惟質於神者隨號而異述秦穆公與楚成王相好及熊相倍十八世詛盟之罪以史記世家年表考之秦自穆公十八世至惠文王與楚懷王同時從横爭霸此詛爲懷王也懷王十一年蘇秦（戰國策作李兌）約從山東六國共攻秦楚懷王爲從長至函谷關秦出兵擊之皆引而歸齊獨後今文曰熊相率諸侯之兵以臨加我是也後五年秦使張儀以商於之地六百里欺楚使絕齊懷王信之既與齊絕使一將軍西受封地秦倍約不與文又曰述取我邊城新郢及鄔長親我不敢曰可是也懷王忿張儀之詐

發兵攻秦文又曰今又悉興其衆以偪我邊境是也是歲秦遣庶長章拒文又曰禮使介老將之以自救是也此文之作乃秦惠文王之後十二年楚懷王之十六年也明年春庶長章擊楚於丹陽虜其將屈匄又攻楚漢中取地六百里乃旣詛之後史楚王無名相者或以相與商聲相近遂以熊相爲威王熊商考秦惠文王之立雖在楚威王二年然終威王之世秦楚未嘗以兵相加也或以楚自成至頃襄王十八世遂以爲頃襄王橫秦人之文自不應數楚之世況頃襄王立乃秦昭王九年歷惠文武王至昭王是時楚已微弱非秦所畏不應有詛也或謂姓書以熊相爲芊姓如熊相禖熊相祈熊相宜僚皆芊姓列國類不名其君故特稱其姓然亦未安相疑懷王名世家作槐年表作魏傳寫之誤巫咸在解州鹽池西南久湫在安定郡即朝那湫也亞駞即呼沱河顧野王考其

地在靈邱竹書紀年穆公十一年取靈邱故亞馳自穆公以來爲秦境也時邵鼛徧走羣望想不止三所今見於世者止此耳著諸石章或沈或瘞石麤可礪圖其久而存也趙德甫金石錄云張芸叟黄魯直皆有釋文世必有存者偶未見之俟尋訪以校今昔之異同云文載古文苑

駱纘亭梅花百詠跋

溪園遺稿梅花百詠蓋賡上峰上人所酬馮學士韻也歷百餘歲幾絶響而我前野公復賡之其賡詠之意自敘詳矣嗟夫讀是集也不能無感焉夫祖宗之裕其孫子也貽之以德義功烈文章聲名與夫美田宅珍奇綺麗凡可以侈盛大而誇喬木者無所不至爲子孫者於其聲名之赫田宅之美珍奇綺麗之富則莫不攘臂爭竊愈久不懈至於德義功烈則漫不思紹若文章則雖德業之

士亦視爲餘事而不暇及焉豈不以德業者文章之根本德業未至則文章未可僞爲然與我溪園公垂裕後昆德義文章照人耳目梅花之詠春林之一葉耳是集也奕其美而傳其盛其詞旨之堂室與夫根本之陵阜固有非小子之所得而知者然回視夫襲虛名富田宅炫奇麗而自謂克紹夫前烈者相去之遠近則又不待智者而可辨矣以考德業又豈遠乎然則讀是集也信可興矣

余坤小頗書周贈君行狀後

狀言贈君家富好施予邑之窮無告者無業者癃不能事者咸賴焉歲饉則籍餓者而賑之以錢以粟以饘粥有差疫癘醫療死葬埋之旁郡邑之流亡轉徙來者無弗賓也居有廪行有贐行之數十年遠近無不私祝翁者余坤曰此有國者之憂也設食以哺入則乞者趨之遮途入而噢咻之未有不訶且怒者也古者爲民制

恆產使貧富常均又爲之設官以課其農商寬其賦役而卹其災傷疾厄又慮其淫而匱也爲之定昏嫁喪葬服食室廬器用之恆制使不得奢踰以耗其蓄凡以裕民財者使民自謀不能如是悉也而民遂漠然無所求於飽煖之外於此有人焉挈挈然從而施予之是執途人而哺之也豈理也哉孟子曰出入相友守望相助疾病相扶持其言同井如是而已不聞以財相贍也詩曰彼有不穫穉此有不斂穧彼有遺秉此有滯穗伊寡婦之利其所餘聽人自取之而已矣唯周禮大司農以鄉三物教萬民而賓興之其二曰六行孝友睦婣任恤解之者曰恤憂也振憂貧者也吾意當時待恤者蓋鮮其閒有者或偶罹疾病死亡非意之災旁觀代憂輒從而恤之其受者初不以爲殊絕可感之惠而與者亦不必有仁聞也上所以賓興之者特慮吾澤或有所未徧故能佐吾恤民則

禮之以爲是吾政之補助焉耳非眞有待於民之自恤也施予之興其在周之衰乎陳氏以厚施得衆而晏子待以舉火者數百家黔敖食餓者鬬子文亦稱恤民而無積至史遷傳游俠盛言朱家贍貧窮郭解好施自是而降以俠稱者比比也此人類皆閭巷匹夫其名所至能使方數千里之人爭欲爲之死是亦奇矣而究其實或皆以財致之未嘗有異術也且夫以財合衆者王者之大權也故曰人主者天下之勢利也今民乃決然絕意於人主之惠而專戚仰於好施之富人其權遂駸駸乎不在上而在下何哉曰此非民之咎也民之依君也猶犬馬之戀其主也非所豢而招之不應也此飢撻之而彼投芻糗焉則亦掉尾就之矣暍而就陰者得一木如廣廈焉不敢擇也嬰兒易乳而慕同知所甘也夫民固有不得已而後移而用之者也爲政者亦自反而已矣於民乎何尤

焉雖然此富而好施者固猶吾民也非與我爭黔首者也而民心嚮背之機已捷且危也如是嗚呼其可懼也哉

詩詞內編

五古

元楊鐵厓元夕與婦飲

問夜夜何其睠此鐙火夕月出屋東頭照見琴與冊老婦記節序淸夜羅酒席右鸞舞㚟㚟左瓊歌昔昔婦起勸我酒壽我歲千百仰唾天上蜍誓作酒中魄勸我飲此酒呼月爲酒客婦言自可聽爲之浮太白右詩見本集而鐵網珊瑚所載竹林陳氏雜帖中後有跋語云老婦日人言天孫思妃不如月娥守孤不知羿婦相棄以奔曷若織女相望以久之也錄呈子剛節判宗唐秋官一笑竹林先生見此煩繕一本到秋官牙仍要光和見教老鐵禎再拜共七十字坿此以見先生手迹之遺

王冕元章寓意十首次敬助韻

元龍湖海豪忘懷但高眠淵明辟世士素琴不張絃古意各有適
薄俗空媸妍所以武陵翁種桃竟忘年
白露下亭皋綠葉颯已槁弱質不自貴卻怨秋風早嗈嗈征雁鳴
遊子在遠道何如鹿皮翁忘年對芳草
森森廊廟具蕭艾成長松蠢蠢川澤靈蛭蚓為遊龍時明在除祓
世混姑相容忠義在草莽讒諂分提封擾擾路傍兒仰面慚征鴻
荆軻上秦殿酈生下齊城斯須屬鼎鋸何如衛叔卿脫身傲高乘
泰華鴻毛輕所謂達道人貴在機決明
青松歲寒物詎比蒲柳材冰霜雖剝蝕疏花應時開良工豈不偶
中心類寒灰卻憐靡蕪草徧滿黃金臺
聖賢不浪出處士匪懷居孔明是何人高臥南陽廬躬耕良自苦
待時故躊躕所為梁父吟豈比封禪書

蠻觸雜奔競蠅蚋紛爭喧鸞鳳巢枳棘鵾鵊集琅玕風雷久不作野露生微寒壯士萬里懷肯謝漂母餐古來王佐材多在耕釣閒后地生虛雷天驚漏秋雨女媧死已久此罅誰爲補紛紛讀書兒碌碌無可數古人今人心今人不如古

縹縹靑瑣郎翩翩袷綺衣媚媚紅樓春昏昏不知歸朝覩綠鬟潤暮驚白雲飛只有陶隱居頗頗知此機

太行本無險黃河諒非深堂堂大丈夫恥爲遊子吟俯仰宇宙閒盜無聖賢心何當五絃奏南風聽遺音

琴鶴二詩送賈治安同知

猗猗綠綺琴中祕雲和音一彈動鳴玉再彈鏘南金翩翩元鶴舞幽幽孤鳳吟嗟哉塵俗耳折楊聽哇淫渻源日凋靡誰識雅與南願更南風奏以慰斯民心

皎皎華表鶴古質淸且閒曠哉萬里懷皓月同蹁躚饑啄芝田春渴飲瑤池泉一鳴九皐遠夢繞璚華寒下視寰中人誰識橫江仙豈無王子喬相期青雲端

自感

父母生我時愛如掌上珠襁褓辟寒暑乳哺隨所須周歲會言語大小相引呼搖頭卻梨栗行行不須扶三年離懷抱已知親與疏相揖識進退應對無囁嚅五六漸精爽氣貌與衆殊八齡入小學一一隨範模宗族驚我異父母憫我孤賓客皆點頭指爲汗血駒長大懷剛腸明學循良圖石畫決自必不以迂腐拘願秉忠義心致君尙唐虞欲使天下民還湻洗囂虛聲詩勒金石以顯父母譽此志竟蕭條衣冠混泥塗蹭蹬三十秋靡靡如蠹魚歸耕無寸田歸牧無尺芻羈逆泛萍梗望雲空歎吁世俗鄙我微故舊嗤我愚

賴有父母慈倚門復倚閭我心苦悽戚我情痛鬱紆山林競蛇虺
道路喧豺貙荒林落日陰羞見反哺烏烏烏有如此吾生當何如

穎語次楊廉夫進士古聲韻

老穎冰滿頭不識宮妓口窮年豈無爲棄置如敝帚玉杯漸消磨
含默甘老醜余生重其功悵然懷永久昔在三代前勇鋭破繩紐
叔世去籀法十鼓迷入九元風變復變款識歸瓦缶春秋已獲麟
大義孰爲守紛紛雜雉翰崢嶸出其右班生狂不事張生顛欲走
空餘五色夢幻入歌奴手世乏昌黎才誰能傳其後削職管城封
寂寞中山冑所以胥吏徒刻覈嘲腐朽

感懷十首之五

太極本一氣胡爲兩儀分生生立名字萬彙遂紜紜洪荒不足徵
至精亦已淪蓩蕕茂佳景蔥蒨爭芬蒀芬蒀漫渚澤蒙蘢冒蘭蓀

霏霏白日晚颯颯秋霜繁華滋竟蕭條芳情欲何言

槲衣山中人短髮被襟領寸心雄萬夫片語重九鼎不作好顏色遂與世俗迴始旦旭日明默默有深省上愧飯牛戚下懷捫蝨猛慨慷復慨慷照鏡可憐影

浮生失故業窮歲無寧居朝行汧隴間暮止滄海隅凄其風雨交飢寒困泥塗寥寥太古懷目擊誰與俱齊君不好瑟嬴氏不愛儒舉世媚同塵出類爲疏迂何如歸去來且作耕田夫

紫霞結重蓋五城十二樓中有青眉仙翠織鱗花裘天漿飯玉屑恣樂無停休自謂能長生可與造化遊悲風一何來吹動人間秋瑣窗漱寒響深閨起離愁欲飛肘無羽延頸望元洲元洲不可到始悔違前修

志士惜白日愁多感夜長夜長固無奈況復重凄涼昔我同心友

漂流在他鄉他鄉名異俗所習諒非常道路阻且遠無由吐中腸
俯聞流水聲仰歎明月光振衣風泠泠矯首天茫茫

陳嘉績思繹送教諭兄赴京

愚拙不同途用舍常乖分亦知賢聖貴不及荷蕢民親耕南陽雲
苦爲口體勤及茲鶉火中臨歧送所親紛紛辭枝梅悠悠渡江雲
但恨兩白首不得從宵晨良材非隱器仲也多賤貧投簪早歸來
種菊今有人

送兄赴本縣教諭任用陶靖節擬古韻

江頭送行舟自折江上柳西風吹白髮不覺佇立久平生繾綣情
歡言在孝友雖非萬里別且盡杯中酒相看各暮年流光莫虛負
窮達分所宜豈忍生薄厚願言强加餐黽勉崇固有

明陳章侯端午溪橋懷兄玉田

日落室先夕四野餘微明隨意以躑躅偶止白河汀睠茲周帀樹果可少憩停路逢息肩人社酒猶未醒忽懷遠遊者何以慰客情瓢漿會骨肉兩度不共傾安得鬱結心如彼暮雲行

永楓菴小集點韻

秋天風氣肅草木殞寒玉羣賢公讌時杲日留巖谷江樹凄凄然寒蛩語幽獨君子上堂醻有懷乃躑躅錯觥睥睨閒古人隨意蹴我本豕鹿人不慰世閒欲

夢道闇祉叔過予永楓菴紀事

汪王兩道友期我居山麓道闇買黃山結茅種松菊愧予實重遷不能居山谷祉叔亦重遷守此數間屋道闇數招余余亦招祉叔嘯歌入黃山爲作畫幾幅空期有兩年情事悉短牘昨夢兩人過移榻牛頭宿山僧買村酒老僮割乾肉酌酒清溪邊各捧佛書讀

實事不得成一夢亦清福嗟此兩年期不如一夢速

山居

小亂入城好大亂入山便在昔用斯語於今則不然盜賊滿山時豈能此獨全父老爲我言此地久安眠萬山擁其後千山護其前灌木萬餘株清流繞其邊曲徑十餘里危石懸其巔不惟山水好而又有山田不惟山田好又有美竹焉有麻果如絲有栗果如拳有梅帀茅屋有蘭可成阡相見皆古人不分愚與賢亦少衣冠人豈復肯守錢其風不凋薄或可免顛連吾將攜婦子釀酒樂堯天諸子漸長大課讀兼課佃斫竹學織簾讀書功不捐無米拾橡栗聊以續炊煙探奇既有梅採藥將學仙佩此王者香一撫猗蘭篇

作飯行

山中日波波三頓鬻圖畫之指腕爲痛焉兒子猶悲思一頓飯

悲聲時出戶庭子聞之悽然若爲不聞也者啇綱思聞之以米見餉此毋望之福也猶不與兒子共享毋望之福哉乃作頓飯兒子便歡喜踴躍歌聲亦時出戶庭今小民苦官兵淫殺有日矣猶不感半古之事功否感賦

阿爺乞作飯阿孃莫作糜食糜非不慣三餐無乃疲逃生欲得生乃與死爲期乞作一頓飯飽死松柏陲爺怒咄小子爺苦汝蚩蚩糜非容易得汝爺心血爲父執祁長者憐爺生無資教爺作畫賣養活諸小兒爲爺招同好作爲絕妙辭爺故瘡徧體寒疾又不支冷雨打破窗霜風割瘦肌晨興便吮筆薄暮猶運思一筆違古人顏面無所施食事爲之廢遊盤爲之遲雖在憂患中諸畫實神奇不敢事苟且謂人以可欺欺人得錢財生平竊恥而畫故難急就盜費日與時博得錢數貫俾汝果腹嬉汝尚思富貴不謂甘如飴

凶年大軍後夫人而不疑術者更有說天官叶著寇冬盡春初際
米將盡公私貧人食妻子富人亦橫屍及蚤少食粥習啗榆樹皮
烏得復思飯患難猶嬌癡兒聞齧舌哭鼻涕一尺垂絕糧恆假借
借米主豈追假借即復允盜免厭且嗤飢餓憂愁中商君米見貽
兒子手加額人天路不遺是非爺心血作飯分一匙聽之雖可笑
然而大可悲乞食於其父艱難乃如斯輒作一頓飯兒便連手馳
吟詠入松竹飽飧釣陂池魯國越官吏江上逍遙師避敵甚餧虎
篋民若養貍時日曷喪語聲聞於天知民情即天意兵來皆安之

安貧篇示鹿頭羔羊

天旣命我貧我胡敢求富天能制我貧力難以富救性甚愛奢靡
生長在華胄幸讀數行書安貧理深究强制近自然豈得誇天授
每年貧有米殺羊修俎豆今年離亂中家人疾病後伏臘不能修

曳杖徒奔走僮僕出少銀解我雙眉皺藉口議損時殺羊力不就
但買一隻雞壺漿與片肉葵尾送冬夜椒盤迎春晝取之祭肉餘
教兒介眉壽我之安貧篇一日必三復試觀亂離時富翁遇强寇
婦女蒙垢多大刀絕其脰我逢强寇時無有不見宥汝必違我言
長大逐銅臭富翁爲前車作箴書座右

寄壽大先道人

青鬢曬紅友白頭披翠微新居事幽討故山夢漸稀所以師誕日
便忘此一歸佛屋秋水照僧坊秋林圍石鼎煮竹根蒲團話清暉
日來借米苦何暇補破衣破衣稍絮就來看霜葉飛

傅日炯中黄慰巽倩弟

蕭槭謝春駕潛居意頗紛尊罍繫懷抱燮燮驚所聞景邁莫與娛
搖筆延孤矚啟扉時緩步清魄隨遊雲遊雲停未散附翼東南飛

嗟子原於德蹇滯不可違嗜古守昔勤理生策亦微晤言臨執友
日夕懽王畿王畿歷芳節偃息誠無期顧因淹留久縶摩疾敢辭
青門翠欲深塘水初瀰瀰羈栖夢一室鬱陶揮自知自知風波遣
錯互匪余愆洗祓何足加第信須與緣人命惻老促幸睹繁華先
優游卽契道沉冥當暮年暮年吾與爾矜名徒外勞惟有巖阿心
適已解天弢攜手及寓目望衡徽共操請附遺物篇戀俗猶蠐螬

國朝余浣公甲寅春日自郡城返高湖道中口占

輕舠出郭門山翠如追襲寒塘畦麥香衣裙染深碧小徑通墅橋
繞籬蔬可摘白雲峰椒生巑岏隱怪石杖屨四五輩偶行或佇立
似指舟中人乘兹何所適到岸不數武溪流忽靜逸籃輿巖壑閒
萬象清且密草色有餘閒禽聲互喧寂澗瀨雜松濤叟叟谷中出
小憩蕪亭閒蘭葩暗相逼出沒帶深篁樵風漸已失一谿千百迴

每迴澄潭集竹氣黝以青谿流瀠且急雲根忽怒生齒齒峙山骨坐看猶不足奈此車驅疾行行鳥道紆峻嶺復堪陟俯瞰松筠平仰視雲霞卽逍遥散步行暫舒爾喘息亭午下山岬奇峯轉叢岌彌望十里間香雪猶飄積寒條存素華陽柯落殘質物理良不同悠然懷所惕縱目逮楓溪羣塵類城邑清流貫其中溶溶萬山液停車孔道周摩肩礙拱揖稠濁亟去諸遂窮羿夫力一水夾危巔其梁名曰櫟激湍如轟雷行人如辟易南眺白茅岡是爲山家脊日暮行轉遠薄怒搴洎壁到舍眼倍青披林湖更覲諸孫遶道迎懽呼候門入著膝誦塾書把袖出棗栗吾哀聊示勤夜闌未棲息生平好遊覽勝趣祇自挹每欲賦登高而忘攜不律兹行百里間佳境胥歷歷往來雖已頻應接每靡及或者山水情慰我幽尋癖援筆記所思聊以當篇什

余懋棅舟尹送楓溪弟北上

吾弟少遊燕，俠氣滿人口。縱橫結客場，肝膽傾屠狗。千金託片言，豪傑爲奔走。一朝侍老親，歸種門前柳。蕭然囊橐空，捉襟時見肘。日夕楓溪濱，漁竿不去手。憂來但賦詩，歌哭集杯酒。北望心懸懸，豈爲子與婦。宿諾未及踐，見人顏色忸。七年滯家園，幸得常聚首。過我卽聯牀，攻錯如良友。今秋別我行，心迹幸將剖。悠悠燕市中，酒徒仍在否。君負淩雲姿，豈合老林藪。高堂況食貧，且急謀升斗。但保歲寒心，勿恨離別久。

示六姪文儀

家世本力農，奮迹自吾祖。二十領賢書，棣萼連枝吐。嶽嶽惠文冠，直聲滿寰宇。餘慶鍾伯氏，同接南宮武。家門自此大，奕奕多簪組。吾父恥浮榮，立身守先矩。一經貽子孫，督課忘勞苦。伯兄挺異姿，夙擅文中虎訓我如嚴師激厲窮三古鬱鬱老公車未及登華膴諸兒讀遺書金石般環堵今秋戰棘闈季也奪幟舞慙予屢敗軍也復隨旗鼓早遇何足誇先志應須補國有未報恩家有將頹戶鋒鍔宜少韜修名勉自樹予本樗散姿祇合老場圃筋力況早衰餘勇那堪賈勉爾赴公車應勿愁羈旅奮興須及時上有
垂裳主

陳芝圖月泉山中詩

身後千載名生前一杯酒朱顏曉鏡姿素髮暮盈首相彼柳與蒲秋至忽衰朽低頭委巷中寂寞遂滋久完衣不挂身草木長誑口守此艮艱辛素絲惜貧婦西塞逢釣徒東郊值樵叟謂當葆我眞斯意豈相負

自題春曉讀書圖

荒圃接通津穿渠繞隈隩斗室如燕窠猶傳伯夷築石黛點蒼藤銅花鏤古木羣動感芳時豔景傷幽目江村春色曉檐宇涵空綠高柳搖曙星梅飈生淺燠宵夢有所營渺慮盤虛曲請看經生業幾輩脫簪服素髮上青頭如何長趑趄

春朝訪又春不值

有客眠雲阿繞舍數叢碧言念濠閒遊道遠頻傷臆春風引我來溪山吐佳色松岡發朝曦雪徑停餘溼瀏然一晌風冰潭泛清瑟盤迴有慕思茲山洵幽適獨憐著書人頻年事山屐丹翠容獨攀延望不可即

悼內二首

跰躃循步櫚病起秋將暮閨闥閉金鋪衣桁拋紈素斯人信永離

哭向空山去滄波蔽白茅青煙罨紅樹羅薦有餘温亂葉委新眉
亦知長夜眠今古莫能度如何茂顔人釵鈿隨風雨天地殊寥夐
迷魂不知路上下憑求索幽靈不我遇
仲冬始凜烈原草被青霜蕭殺曠無際跼顧重徬徨幽房罨陰靄
寒旭閉曦光飛塵漫簾箔羅綺委空牀密尋如有跡帷櫎時飄揚
寒冰始溓溓暮色浩蒼蒼惝恍靡所適萬慮擾中腸詎忘漆園語
斯事難親嘗生平苦滋久何以任永傷

題族叔武岡尉閣章先生幽篁清梵圖

鄭氏箋蟲魚習公有園池寸銅不盈掌柴桑片刻歸九山帶蘿水
家門翠一園蘭錡列故第正靄迴旁簃雲根洩瑶碧灌莽剔芳蘙
頻過大阮居蒔植乃忘疲百錢買寸卉保抱如嬰兒朝英滃繡旃
初旭移枳籬春風二三月好面紛施貢功名抗夙願草木詎相知

英雄不得路聊以慰前期送客虎溪道物外與遐思呼彼老顛丈蔭彼青士姿魚木亂幽泉欄花繞鉢飛乃知淸梵音遥勝赤棒威

郭又春章周禮詩

邑東泰南鄉民有章周禮家貧傭作四十有妻子辛勤數十年買田十五晦叶壬戌歲奇祲旱災古難弭四野盡如焚宗人飢欲死禮也心惻惻欲救苦無米凝思有薄田典質可爲此書券與富兒爲乞西江水得穀百廿石歸以告閭里我力不及遠惟伯叔兄弟有不舉火者各各具筐筥擔負載以還見之皆色喜忽聞碓臼喧爨烟從此起計口作淖糜命可苟延矣家食反不充作飯雜野薺妻兒甘如飴一德車同軌親親而仁民行遠必自邇人能共則效天下有平理縱不識一丁制行實奇士呼爲會打算（章勤農業田疇種植算無遺失里人以會打算呼之）此算妙無比我見多田翁倉庾富京坻鄰里鄉黨

中棄之如脫屣算欲遺子孫子孫習侈靡不及數十年泰極翻成否積錢不積德老死莫知悔此真不會算會者何至是若令見章君知其顙有泚我詩質言之以俟采風采

郭文炳明仲自輓詩

澗水咽不流山靈慘獨蔽久客今當歸寒風正颼颼送我歸故邱行行盡迢遞一閉泉下臺千載復千載白日不再臨流波竟長逝宿草還萋萋長松舊陰翳送者各有哀親戚重於溺死亦何足悲超然脫塵世復歸理固然達識豈凝滯所以柴桑翁自輓還自祭嗟嗟千載餘此道復相契

屠孟昭自諸暨入山陰登臥龍山看月

躭遊苦無厭一日一山行侵晨度北嶺薄暮抵南城朝嵐雲陰重夕風山氣清振衣歷危磴招邀得心朋長松鬱森列其上盤蒼鷹

孤亭翼然開合杳連峰冥鑪峰出當面咫尺雲氣縈雲氣積復散
華月澹還明忽照萬松頂化作蒼烟青是時雨初霽積潦亦已平
茫茫湖水白淼淼烟波輕茲遊豁襟抱久滯忘歸程遠夢落山外
月缺參旗橫

同家怡亭流山二兄璇源岷源二姪鑑湖夜泛

青山抱明月林深受月淺不如泛舟行清光逐流遠水氣涵虛明
玲瓏一舟滿光景聚寒色圓紋觸風散是時春未深隄柳亦短短
水竹相搖曳松陰復偃蹇風鐙照杯綠林煙越遥眄獨樹稍近村
寒葦帶城轉趣深魚鳥知觴急衣袖袒醉聽榜人歌雙槳歸路緩

三十初度自訟

古人重事親出入先孝弟汝無升斗養曾不問家計讀書交遊始
婚娶衣食備辛苦親獨嘗何事與汝事汝力不勝耕親則推食食

汝弱體惡寒親則解衣衣汝性劣好嬉親教汝識字辛苦親備嘗
有汝三十歲古人重立身不以窮達異抗懷慕唐虞力學務經濟
方其陋巷中原憲履可曳慷慨梁甫吟高歌動天地汝才中下資
闊略多遠志少慕陳同甫大言無顧忌又喜東方生諧詐弄狡獪
方其困蓬蒿任汝高論議倘假尺寸柄何以謝當世又聞古人學
學貫天人際爲已不爲人實至名乃至汝以干祿心僥倖求自試
一舉領鄉薦再上列上第又無專一心餘事誇多藝虛聲動王公
苟且博名位汝視環堵中白髮今幾輩窮年通一經於汝則猶未
汝生無弟兄門戶苦衰墜老親尤愛暱汝外惟汝妹汝妹已適人
汝身復在外今日堂上歡何人勸親醉汝妻病在牀親側誰與侍
愛婦親則勞瑣屑代中饋二子一尚小出門甫周晬兒嬉逃學歸
兒飢索餅餌一如汝幼時兩世足親累人生要忠孝豈獨苟富貴

翰林職清顯報稱知不易即今方伯外重以民社寄專城領大邑何以飾吏治汝年已三十勉旃行作吏後日不可知自訟益自愧

屠修伯秉自題柧菴詩三首

酌酒不滿觶厥量隘且劣削簡以著書定不如紙筆余性與俗違戇直故無匹稜角且未磨文采匪堪悅莊周甕天雞伯倫褌中蝨有時一浮白聊復試吾拙方今盛文史有巧不勝乞甘醴漏卮酣柔翰蠅頭密柧哉爾胡爲書空徒咄咄吾師古遺直清操久自律學勵奇柧勤器概不柧失更謂秉耽飲箴勸尤諄切三日戒周侯二升限陸訥感此長者言不種无功秫座右一字銘永以署吾室

與物忌太峻律已必用嚴微乎和與同厥辨秋毫纖破柧存簡易削柧守安恬所貴不劌正匪云殺其廉嗟彼鄉里愿勿煩鍼與砭頗聞名教中亦復殊酸鹹高冠何岌岌正論何炎炎至其用心處

已爲世所覘奇袤本所常益餔豈屬厭譎柧苟貽誚棄捐用何嫌
開卷不盈尺古趣積已厚平生顔光祿所得惟縱酒性雖耽吟詠
祇恐終覆瓿今世兔園册若若足綰綬陳李郎可作不啻臂生柳
如何斜川譽出自髯查口我才果奚似一室小於斗醉中偶自娛
豈敢期不朽閉戶擁百城世業操柧守聊侍病維摩十指聞獅吼

姚復莊過姚公步謁祖留别魯齋兄及族人詩六首

平江衍一山高原勢一束樾蔭横天梯照人有清緣商水分宋支
我祖定始築五馬趨連塘六壟結雄局綿世二十傳世訓守耕讀
一村千餘家一姓無異族亟亟謀稻桑在在立鄉塾清門雖庶人
飲之太素樸似我跅弛身得毋宗黨辱溪水多淪漣懼爲出山濁
族人聞我至衣冠盡來趨上自祖父行下及子弟俱疏野爲繁節
循禮彬彬如天性出肺腑自有眞悦愉轉笑酬世人恭敬多浮虚

柴門堆野藿，喔喔雞方雛。童子識行輩，一揖當庭除。相愛亦知昵，繞坐牽我裾。藹然孝弟氣，釀之成黃虞。相對杯酒深，此意吾難抒。秩秩大小宗，祧禰歸一經。獻享制無越，吾族有康成。西階奏笙祝，爵帛高在楹。且氣極齋潔，虛堂生清明。分序廁羣從，僂隨長者行。杯棬遺澤留，惕惕懼難承。入世三十年，始瞻我祖靈。當喜分種枝，亦有新條榮。氣召神不閡，呼吸通儀形。末孫自遠來，鑒此庶受馨。紺雲鬱萬莽，結岫如雞冠。十二將軍峰，浣水南與環。列祖六七塋，靈魄妥其間。祭無親子孫，遙遙踰百年。大父丹峰公，少孤心力殫。每嗟支水存，不識崑崙源。半生苦探訪，稍稍聞緒端。搜荊得遺墓，既得心始歡。自高祖大嗣公遷鎮海，生曾祖禹文公兄弟二人，禹父兄弟行六人，皆不知祖所自出。嗣是先大父丹峰公尚少，既長，欲緝家乘，而大地輒躬索其譜考證之，竟得之暨陽之姚公步並於大墳金鉤諸山，得尉二公以下遺墓無一失者，遂議歸族人年例費，使永遠祭埽之，至今猶然。遂使命脈存，不憂中斷

殘逡巡松柏下再拜淚汍瀾
絡繹雞豚筵豈徒尚豪誼感此親愛心何能遂辭醉玉臺（山名）大杪
横菡萏照筵琴靜氣流萬篁夜燈轉幽邃續讌宵不疲論文曉無
寐吾宗多鳳鸞毛羽各妍媚（謂雲帆、勉菴諸族姪）執禮環座前敬若子弟對
以爾珍重心滋我謭陋媿相益何他辭立身有眞際勿墮門閭聲
勉爲廟堂器

亦知難竟留未忍捨之歸依依拜諸父惻惻情遲迴上壽不過百
白髮多哀頹頗愁他年來益我懷舊思日出江已潮津鼓隱相催
太息微賤躬行與桑梓違尋常有離別動輒致吾哀況在一體親
甚之襟抱推華嶺滌浮翳浩蕩雙眸開當以孤舟心照此千仞臺

趙機白魚畫石奉餞徐綺城司訓歸明州
靑州貢怪石孔聖書不删渾沌從兹破磊磈各自完所以東海雲

常生衣袖間濫觴及畫史點化秀與頑五嶽起方寸崢嶸不可攀噴浸無元氣胡以成波瀾綺老眞石丈林谷常吐吞屐幾千兩著書過萬卷攤前緝四明志後宦五洩山足陌錢不顧腰折米猶慳念昔覯憫多曠懷良獨難七分盡人道三分帶佛緣不誠乃無物語直透根源嘗語機曰吾輩立身處境須七分來是人氣三分來是佛意又云不誠無物行將歸舊廬棄此苜蓿盤讀罷哨徧詞約略見一斑追恨過從少無由開歡顏臨別我當拜有此石一拳寫之摺疊扇清風生其顛二百八十峰故鄉足雲煙願保韞玉軀曼壽無歲年

壽僑眉生京邸苦寒自遣

十二讀史傳慷慨思龍門二十登文壇力埽千人軍意氣惜儕輩見者生畏嗔不理家人產遑問雞與豚不樂對生客安知敵與尊盧雉未曾識菽麥幾莫分清談卻阿堵堅坐祛俗氛幕天而席地

渾噩全其真惟有見異書如披希世珍把玩不去手相對忘晨昏
嗜奇已成癖所學艮不醕人事歷輱軻旅況易艱辛卽今被飢驅
詎染元規塵黃粱縱未熟於我如浮雲

夜夢段氏外孫作此遺之

汝祖吾老友軒軒最閎達汝父我嬌甥亭亭頗雋拔哀哉結褵後
延明未造闥一朝患河魚遽被玉樓札呱泣汝初孩彌留竟拋割
汝祖迫桑榆衰年復奄忽姑婦兩煢嫠寄命汝一髮我時徒步回
頓足起悲怛嗚呼天何酷移災到門閾汝今甫十齡汝母二十八
念汝尚癡騃未忘雜亂聒去年在我旁童蒙笑未豁顧獨知畏懼
俯首受觵撻今年送汝歸汝母轉臲卼生計危米鹽餘憂及衣襪
祖母更仁慈無言但蹙額我口方激勸我心愈鬱勃愧非喬木枝
況遭斧斤伐汝類脫鞲鷹雖狂胡忍喝昨夢汝來前使我目頻刮

背書劇從容作字亦秀發毋乃汝祖靈與汝相提掇願汝效艮駒
和鸞赴鏘戛勿爲泛駕馬跅弛貽顛蹶汝叔學問醇汝兄規模闊
努力博庭歡用以慰吾渴待吾行束裝爲汝縛脩[illegible]

酈黃芝陳烈婦詩

豆田白露稀啅啅飛黃雀石上種蓮花根株兩不著解一妾爲君家
婦君家長溪邊西子浣紗處楊柳今如煙解二與君溪頭住君家多
迷誤自從入門後赫赫逢君怒解三君怒亦何爲職作尚不遑朝朝
掩明鏡夜夜對秋霜解四老姥貴玉食大姑驕羅綺願言溪上風勿
吹井中水解五飛蓬自顛倒不知孤麻尊菟絲如浮雲死纏青松根
解六妾爲君家婦有若胡與越自從十年來含情那可說解七回思母
生妾掌上耀明珠碧玉作耳璫黃金爲躑躅解八立志比貞幹持心
擬白日卻羞河漢女皎皎弄瑤瑟解九十七爲君婦未知春與秋春

秋豈不佳怪哉鳴鵂鶹十解濯心不用波濯影詎須杲多謝白馬郎采采祇言好十一解日月自孔明乖離當余躬綢繆奏苦調結念懸高穹十二解百憂并一時雞鳴鐙前立繐戸寂無人磨刀水鳴咽十三解鴻雁聲嗷嗷飛鳴爲哀酸庭前留碧血應長紫琅玕十四解

寄葉去病先生

名山毓靈秀閒氣生五溲文章得妙理元精鬱盤結横竪八九峰崩剝元黃血津看龍劍飛海或巨鼇擘跛鼈絶迤邐神鷹故飄瞥析今萬緒理論古片言決清入玉壺冰潔出瑤臺雪鮫室星辰冷雲根波濤熱細或鏤毫芒堅亦并金鐵百王羅心胸十色互虹蜺黃河黑河齋太室少室凸風雲盡端倪日月試探擷美人久凝睇小儒驚撟舌佚蕩邁神駿洗刷趄駑劣伊余枳棘材豈爲鵷鸞悅宋苗長則虛羊鶴舞云鶴莊言洴澼絖孟笑徒餔啜以兹懼蹭蹬

而不離言說詎知黏壁枯未免望洋哇病恐千人指肘疑六丁扣長風嘶未能殘錫曉仍齕春去鴻雁悲秋至鬚眉切有如璧失手艮琢已辭玦或亦瓶落井修綆庶可挈煙霞耽供養泉石恣搜抉似近大魚風輒迷石菌鐍顛倒及寤寐慷慨念明哲虛杯羞廣筵孤吟望寥泬寄詩慚寸莛何足當一吷蒹葭倘垂采還期齒牙發

七古

元陳敢楊佛子行注敢楊廉夫師

楊佛子越之諸暨人生宋光宗紹熙朝幼知事母母病危佛子刲股肉進母母食病立愈母歿廬墓側恆有馴烏集墓樹隨佛子往返佛子素患癭癭大如盎道逢異人以掌訣移之背郡縣上孝感狀將表其閭佛子辭遂止年九十歲安陽韓性既爲佛子作傳同里陳敢復作楊佛子行

諸暨縣北楓橋溪楓橋溪水上接顏烏栖其下一百二十里合萬和水萬和孝子廬父墓墓上生芝黄楊生佛子與萬和孝子齊六歲懷母果二十爲母嘗百藥藥弗醫叶啖母以肉將身刲母病食肉起其神若刀圭母死返九土常作嬰兒啼倚廬宿苫塊棄隔妾與妻嗟哉佛子孝行絶人人不識感鬼神頰上生瘤大如罇何人戲手瘤上捫明朝怪事駭妻子頰下削贅無留根背上一掌印爭來看奇痕墳頭不拱白兔馴更遣送迎烏成羣傍人竹弓不敢彈豈比八九雛生秦縣官上申聞旌戸復其身佛子走告兔稱主臣主臣嗟哉佛子誰媲稱今之人有刃股乳詭孝子以爲名規免徭征以希其旌嗟哉佛子誰媲稱

楊鐵厓自題鐵笛道人像

道人煉鐵如煉雪丹鐵火花飛列缺神焦鬼爛愁鏌鋣精魂夜語

吳鉤血居然躍冶作龍吟三尺笛成如竹截道人天聲悶天竅媧皇上天補天裂淮南張渥八中傑愛畫道人吹怒鐵道人與笛同死生直上方壺觀日月

王元章送暨陽同知

我生山野毛髮古不是多時舊巢許松根坐臥忘歲年足迹何曾入官府雨晴忽覺草樹肥春來春去都不知耕田鑿井亦足樂短歌長嘯隨所之溪谷無塵人事少縱有飢寒能自保花村月夜犬不驚可是太平風俗好昨日柳花如雪飛今日作詩何所思我詩似質樸君政從可推錦衣翩翩馬如練拜恩應到黃金殿他年阜蓋下蓬萊更與君侯作佳傳

過山家

松風吹涼日將晏山家蒸藜作午飯阿翁引孫牽犢歸破衣垂鶉

不遮骭句鎌插腰背負薪白頭半岸烏葛巾喜渠胸次無經綸白石爛煮空山春見我忘機笑古怪不學當時野樵拜自言無處著隱居僅得門前溪一派好山兩岸如芙蕖溪水可濯亦可漁白日力作夜讀書鄰家鄙我迂而愚破甑無粟妻子閟更采黃精作朝頓近來草廬無臥龍世上英雄君莫問

村田樂題祭社圖

春風吹晴杏花雨東村西村鳴社鼓長旂翻翻導前路樂舞于于成隊伍冠帶郎君顏貌古插竹簪花相媚嫵可是平生慣塵土不學時人添面具髦髦童兒亦覷縷騎牛老翁忘傴僂桑柘影斜山日暮醉飽歸來同笑語田家之樂樂如許正是太平無事處孰知異世多官府村落荒涼無此舉大家役役如征戍小家戚戚驅兒女白日康莊行猰貐黔黎盡作逃亡戶雲林叢社能識取撫綏盜

信嶺厓苦按圖閲景自悽楚誰是龔黄誰卓魯

飯牛圖

君不見百里奚飯牛而牛肥胸中經緯無人知又不見老甯戚時不來兮長歎息偶爾君臣稱際會霸道相高非盛德何如牧兒原野閒埋名隱姓閒盤桓清晨唱歌出日暮唱歌還隨時勤力作世故豈能干不知長安塵土暗不知滄海風波翻三峽之險徒自險蜀道之難空自難富貴無所求貧賤得自安但願歲年豐草滿牛可餐青山緑水足行樂吟風弄月無機關不問世上騎馬官鐵網珊瑚

王元章自跋畫梅後曰飯牛翁即煮石道者蓋自謂也

題墨梅

君不見漢家功臣上麒麟氣貌豈是尋常人又不見唐家諸將圖淩煙長劍大羽聯貂蟬龍章終匪塵俗狀虎頭乃是封侯相我生

山野無能爲學劍學書空放蕩老來晦迹巖穴居夢寐未形安可模昨日冷颼動髭鬚拄杖下山聞鷓鴣烏巾半岸衣露肘忘機忽落丹青手器識可同莘野夫孤高差擬磻溪叟山翁野老爭道眞松篁節操梅精神吟風笑月意自在只欠鹿豕來相親江北江南競傳寫祝君歎其才盡下我來對面不識我何者是眞何者假祝君放筆一大笑不須攬鏡亦自肖相攜且買數斗酒坐對青山浛傾倒明朝酒醒呼鶴歸白雲滿地芝草肥玉簫吹來雨霏霏琪花亂颭春風衣祝君許我老更奇我老自覺頭垂[一作如]絲贈君白雪梅花枝

明駱象賢溪園送俞用和赴試

贈君蒼玉玦聽我白苧歌鵬程九萬借風力知君赤手鞭鯨鼉驪駒興發鏘鳴珂一尊出祖江之沱浥以浣溪水洗此金叵羅流霞

瀲灩爲君酌不妨酩酊朱顏酡

陳章侯壽樓母童令人

飛香走紅旋暖風文鴛幺鳳聲隆隆夫人六十春芙蓉嚼玉咀金
白石童賦詩柏梁夫君工郎君天下稱雕龍當今天子裂黃封瓊
樓雨露來濛濛金盤鯉魚壽筵中滿堂賓客袍如葱齊唱蓬萊珊
瑚宮夫人笑飲眞珠紅

壽宗甫叔五十

我叔有園題嘉石鬟流黛嶼凝空碧老桂凌秋發道心疏篁壓露
留吟屐崑山厲石老僧禪石渠祕錄梁臺客臥遊山海畫滿牀屏
絕奢華衣大帛叔心恬靜畏狂呶視我酒徒如吐核叔學淵湛尙
古人接我侗子當避席經年止酒不讌賓爲我高樓浮大白書如
積稿不惜人我常借之常不惜我畫奴隸天下工我畫天下差有

敵詩雖不工無餖飣不輕與人金不易感叔愛我如惠連長歌飛白不辭役時花絕磴古聖賢叔每索我無塞責叔今五十懸弧辰親朋餽酒數十百作詩作畫爲叔觴叔應醻我玻璃甌莫惜新廚烹百雁莫惜金盤膾元鯽集我同心五六人懸詩懸畫黃花側[illegible]詠一回酒一觴霜月冷冷始歸息

傳中黃夢老母命詠紅雲詩

飛影一點蘆葉秋飄搖散漫大火流不知天地孰剛柔迎風送雨何悠悠香重花醉在簾鉤血染竹邑蒼梧愁美人奇服炯雙眸扶風曉帳絲管留金鸛玉勸滾塵遊赤龍帶桂飛湖頭忽驚十二絳鳳樓內有眞士招丹邱

陳檄仲琳西施行

吳王宮裏春繁縟豔女妖姬競芬馥尚有佳人絕古今春至無言

自幽谷幽谷佳人不自憐朝朝搗紗苧蘿邊東家女兒長並肩柴門相望無愚賢鳥飛不下游魚潛嗟物有識居人先天生尤物意所專世無豔質終蒿藜立妻髮黑鬒且妍叓祖雞皮三少年壓弧箕服龍流涎一笑頓裂西周縑歲星在月天道還昨日越女今吳嫣浣紗溪畔羅車輧妝罷新聲度采蓮吳宮此日無嬙娟美人起舞王自紘酒浪搖春不得厭臥薪之主抱冰眠吳宮臂枕夜漏淹種謀螽晝月在檐哭國者斮孽卿權禮先一飯胡爲痁大舟忍徙姑蘇煙越之君子盈六千六千之甲非無敵吳王宮中寇先入未有男戎勝女戎奪君之叓益君疾吳宮之寇越忠臣館娃一旦化灰塵鹿上蘇臺吳爲沼美人不復處春韡扁舟一棹鴟夷子千載風流在煙水爲問沈江事有無祇今苧浦月滿湖

國朝馮夢祖蒼源烏烏行先君未厝時作

慈烏未育母先哅展翼旋覆斂距嗉沕濛既懼霾霧侵蜿蜒又防
螫蛇蠹一朝脫殼鷇出爭往返翾翾不住顧渴噓醴泉飢啜蜻眷
戀朝暮奮翥赴著毫纔萌分寸長洩糞惡殼茹先吐養得毛健羽
翩豐沖霄數習頻頻蔎摩空願乘黃鵠風啄喂虞落白鷴斂長大
羣起誡勿離鷹鸇矰弋囑莫誤斯須皆賴姁乳恩不怖轟雷不怖
雨翺翔海嶼及天涯翩翻瞬息等雲鷺有日毋老罷與疲同倦飛聊
報劬勞還反哺哺久噎咽忽焉瘐啞啞啼嗚嗚唈訴更恨寥廓天
地閒寞前骸骨猶離墓

余浣公贈傅存古

傅子圖煙號存古超然流俗誰比數頻年奔走不期名到處經營
異商賈有時患難徇人危事平不訴前荼苦家無擔石喜交遊麾
擲黃金如糞土布衣韋帶非尋常門庭冠蓋成鄒魯落落生涯方

寸心柔亦不茹剛不吐壬辰之歲予北征京邸逢君時夏五聽君雄論忘客愁有時浩歌仿樂府歸來買棹共晨昏談笑中宵達亭午中道艱危非一端恃君兀兀如秦虎任城以南幾覆舟君能裸濟何孔武他人辟易逡巡時義形君色未嘗沮已秋辭家作選人君送遠行及江滸一樽慷慨說平生劍氣橫空壓吳楚別來復念故人貧攜襆迢迢顧荒圃一官瓠落至親疏君獨慇懃若歌舞往來規誨如一朝勉茹氷蘖忘環堵世風儇薄幾堪儔望君嶙峋誰作伍論君貌不能踰中人君心直欲藐千古吾作此歌非譽君欲以君心勵末弩

趙式雨鷗西子行

江南春色能幾許催春風雪送春雨春去春來不瞬開滄海桑田變無數君不見吳王宮君不見姑蘇臺姑蘇臺上西施女自昔三

家村裏來楊柳輕腰猶卻舞桃花顏面尚羞開捧心別有天然豔那得君王無留戀對影還疑共一身照鏡卻嫌分兩面今年歡笑復明年忽見城頭起烽煙鐵騎突入盤蛇門夾道奔馳到宮前紛紛傳說越兵來猶抱西施宮裏眠一聲驚折何恩遽干戈滿眼撲飛絮幾點吳山落照中婉轉蛾眉馬上去相思空自誤襄王煙樹蒼茫無覓處

傳學沆太沖白門行諸暨多以方國安爲邑人故太沖有此詩其實國安非暨産也詳見列傳

金甌摧破黃虬死樓船截住錢塘水國事都憑閫內侯人心猶望劉盆子爛羊當日本人奴驍捷能提丈二殳慷慨自矜食肉相麤疏不辨射遼書十載從軍到疏勒鶻入鴉羣誰敢敵磧裏擒生功最多壁門已列雙雙戟移軍南護石頭城洶洶淮揚四鎮兵纔見上公賜鐵券俄聞杯酒勸長庚貔貅十萬空咆勃退走三吳正窮

僻西塞山前戰血紅北關門上陣雲黑越中本是報仇鄉誤作王侯割據場水郭萬家森虎衛海門千騎護龍驤大軍北促西陵渡窮鳥孤飛無息處破巢完卵事應難殘骸撐距仙霞路　淒涼此語百餘年遺事茫茫入斷編江頭故壘空雲木城外行宮幾亂蟬人生蕞道封侯好幾家白骨填秋草故國誰聞猛士歌游魂不上田橫島蕭蕭瓦礫對蓬門破屋難尋累葉孫落日牛羊成陣下杜鵑啼殺白門村

遊五洩

閬峰突兀撐青空蜿蜒東走如鸞龍兒孫羅列天柱聳朱霞倒捲蓬萊宮噴雲泄霧足光怪奇花異石紛青紅巉巖洞穴斲鬼斧疑有蛟蜃蟠其中垂天瀑布三百丈世惟廬岳餘難同我來正逢秋杪節森森陰壑生清風赤葉踏翻嘷猨谷老樹偃斷棲鶴峰捫蘿

直覷毛髮凛十洲雲路迷西東平生倦眼快一試勝攜長劍登崆峒夜深雲臥共禪榻星月皎皎穿梧桐

陳老蓮明妃出塞圖歌

漢皇當年重顔色妙選麗人充宮掖巫山有女貌如花傾國傾城推第一悤悤催上七香車帶雨一枝濃李花銅鐶雙獸生未識回望故里空咨嗟畫工最恨毛延壽無端美玉生塵垢永巷長年望翠華淚珠終日彈羅袖紫髯碧眼帽崑崙更請烏孫續舊婚敕賜畫圖成覆水明珠一斛隨灰塵蕭蕭馬上黄沙雨此去關山知幾許夢裏分明入漢宮覺來依舊非鄉土鐵撥新翻出塞歌一挑一抹淚滂沱白狼河北音書斷元菟城南雨雪多畫圖省識春風面布袖蒿簪羨鄉縣定知挂壁有魂來青冢悲風生素練

姚文翰元楚夜遊十里梅園歌

梅園十里清且幽，凍雲凝結橫不流。楓橋纔過數里遠，衣袂暗覺香風浮。鷺聲嘷破春初暖，凍解冰澌橋欲斷。短笠橫跨禿尾驢，一步一躓行緩緩。須臾忽過紫陽宮，千樹萬樹難爲容。嶺分南北氣候別，半含半放開不同。瓊枝碧樹紛相糾，海藏倒翻珠千鍾。清香一氣通蒼昊，塵垢滌盡生平胸。龐眉老叟向予說，夜來尤覺光玲瓏。我聞此言心清越，凌空直自排天闕。金篦快刮天目翳，頃刻擎出天心月。璘璘擲下萬琉璃，遥山殘雪皆欲活。身貯冰壺人不知，幾倩瓊瑶換予骨。長夜沈沈動清嘯，老鶴驚飛雲外叫。我欲控之朝玉京，手撚鐵笛歌水調。歌水調，震山谷，口角涎沫成珠玉。拍手大笑趙師雄，羅浮祇圖一夢熟。

馮森齋公子黄謠

公子黄，黄公子，何鬱鬱，久居此。自乙酉冬入獄，今已三十五年。公子之翁名進士，

宰苧蘿絶薏苡二解哲而明元亦史謝荆棘歸桑梓人方出我已止昔者非今日是三解痛乎哉千人指侯何辜叢金矢錢名標程銘李世傑等相繼赴京控於都院永貴衙門蒙縲絏褫青紫到遂窮知禍始四解不肖兒不可恃盜吾印與吏市竟酷征沒恩旨臣無狀罪應死五解是案吏立决者若而人自縊獄中者某遠戍者二十餘人臣匪虎匪兕臣爲長蛇封豕臣死臣兒若不死死骨不腐猶切齒六解黃令名汝亮能文有政迹其子與門者比搆成此獄

東洿里

龐氏娥曹氏娥深閨弱質能若何霹靂一聲天地裂奮身入江操干戈南齊書載東洿里屠家女子稱同科父則瞽疾母沈痾親戚畏懼方之他女子奉親移苧蘿晝薪夜績春蹉跎親在青山猶晝蛾親歿烏雲不挽螺荒墳日久終應破貞心日久終不磨歎息行

人江上過歲訪夷光及旋波

屠孟昭與家心梅夜話卽送歸澤泉兼示范小湖

我家暨陽好山水複嶂層巒在屋裏移居飽看錢塘山頗亦渡江能往還錢塘看山有徒侶西鄰小范劇豪舉甬江歸去招不得江心擊楫苦相憶此時相從日惟汝夜深月黑聽說虎腥風獵獵不見人山中習見虎亦馴我羈錢塘爾在越我思故園心兀兀躭遊爾我俱少年伏臘雞豚歲時闕今來錢塘勿肯住明朝送爾渡江去還須招得小范來同看錢塘山一回

題浣江村店壁

句無城外秋水闊句無城頭雨初歇浣江不見浣紗人片石城南紫苔活深林晝嘑山鷓鴣划船拍岸呼賣魚十八女兒坐船尾腳踏雙槳如飛鳧三三兩兩出橋去都向鴟夷廟邊住

自題琴隝舊廬山水畫壁

終朝仰屋不見山臥遊卻在青山閒虛廊粉壁親手畫只恐小兒塗抹壞莓苔黏向石根青簷溜飛來松頂挂硉兀鬱律一丈高放筆祇覺南山隘朝看壁閒雨腳垂暮看壁閒雲亂飛故鄉自足好山水若耶雲門何日歸

周植培因太湖載書圖歌

華陽山人鐵笛仙龍吟一聲五百年遺文散落在人世天祿定本惟殘編（四庫止收鐵厓東維子集）網羅缺失非易事一管窺豹難求全家兒攜示一幅圖圖寫太湖浪拍天中有一人天上坐瑯函滿壓珍珠船云是漱白名玉書瓣香私爇鄉先賢殘縑寸璧勤蒐訪欲求全書付剞劂西泠讐校事已竟更訪吳門百宋廛（黃蕘圃齋名）吳門叔度富多文與君宿結翰墨緣鐵龍鐵史草玄閣擕手持贈不稍慳得此

不啻連城璧歸舟一葉鷺脰邊君家生活故大好黄標紫標都萬千不使阿堵敗人意獨尋故紙精搜研具區淼淼洞庭青鐵老舊遊渺雲煙君也此遊遥結契代祀雖遠情纏緜菰蘆夜月艤舟宿鐵笛一聲破客眠

郭鳳沼澹門題陳曼生小盤谷校書圖次韻曼生名子駿道光己亥舉人

千厓木落朔風酸澹門居士今袁安側身四望愁羽翰身世菲薄難控摶僦屋賣書紛多端高門懸簿何足觀開圖髣髴見林巒此中有洞如猗玕一鐙斗酒結古歡起視北斗光闌干羨君意氣何桓桓泰山毫末一例看寒暑不問裘與紈脈望朝飢蠹欲乾六經賦頌及申韓一一揣摩不漫汗清廟一倡再三歎妙道從不廢研鑽酒酣注琵爲君彈西山松柏修丸丸卿雲鬱起驂虬鸞左顧鮮卑右邯鄲絶代異語纂不難請君齎素摘鉛丹劉略班 藝眼界寬

人間腥腐未可餐

壽僑子家贈馬仰園孝廉

君成童我弱冠坐踞竈觚爲君爨我卅九君卅三轅塵合沓還相見君來訪我城南斜手撚一枝幽蘭花芬芳悱惻滿懷抱使我動色先咨嗟修蛇齩人不可縛朱游麟麟折其角指硯香君也寂靜如枯禪熟視無覩其天全向我肅拜稱弟子逢人卽訊心般拳不圖短髮飄蕭後海內知音有二賢嗚呼馬君真鄉里藍青水冰方竊喜愛君未免望君深眼中之人吾衰矣

五洩山瀑布歌

洩溪瀑布天下奇兩山夾水中逶迤山勢水勢皆斗絕左拍洪厓頷其頤石筍插天天欲動雷霆疾走蛟龍隨飛空白練墜復起天河倒翻地軸移捫蘿附葛逡巡上命與山靈互來往七十二峰指

顧閒神物護持雲莽莽崒嵂鬱勃嗆呟喧豗巨迹贔屭砉然而開
法喜貝多樹維摩寶相花刀劍相摩轂相擊投壺一擲千褒斜歸
來多時目猶暈沈香疑是張騫槎

駱文蔚越樵題陳蒓齋授經圖

人生百年直斯須富貴浮雲何足娛讀書不厭餘至味風月無邊
庭草蘇佳哉韋賢傳經學有子翩翩鯉庭趨昂藏卓越見頭角指
顧雲霄千里駒思君埋頭弄翰墨大筆淋漓快染濡摛華芙蕖新
出水說理存液削其膚胸羅星宿二十八嘯傲滄海探驪珠曲高
和寡知者稀巨手孰信龍可屠子雲有賦終特達楊意不逢莫長
吁嫏嬛寬閒真福地幸未少年入宦途下帷謝絕人閒事瀟灑心
與世俗俱菑畬經訓疲亦樂況復驥子兼鳳雛青氈自是君舊物
外此較量陋錙銖古來多少紈絝子汩沒性靈誤膏腴浪遊朝出

暮不歸穿域蹋踘逐撐蒱面牆不學終已矣弱質易腐柳與蒲多財損智詎不戒掩卷遺金毋乃愚我昔杜門親蠹簡刊譌校讎忘朝晡及遊燕臺作羈旅自笑此身廁濫竽不讀經史紛讀律塵堆案牘勞微軀今知窮達固有命廢學十年計亦迂課兒斆學冀相長終日兀坐如僧趺夜披蒙莊室生白朝點周易露研朱漸傷遲暮失故步記憶亡書如追逋慣嬉稚子本頑鈍衰頽老馬卒疲駑何如阿戎談驚座年未弱冠已丈夫東牀坦腹更秀絕總角穎悟反三隅芝蘭玉樹生庭階未老靈椿庇一株士先器識次文藝經籍光與道德俱鳴鶴在林子自和肯逐浮沈水中鳧願君循循施善誘變化鯤鵬倏搏扶窮經所貴資實用異日皇華壯馳驅雕蟲小技何足道愼勿依様畫葫蘆洗心滌慮古爲鑑意超萬象小九區禽魚草木皆化境抒寫胸襟咋小儒靜中時尋孔顔樂乃信斯

道屬吾徒敢云他山資攻玉久矣索居慚詞蕪何時論文重把酒欲視軒冕等泥塗長歌君家德星聚太邱父子絕世無子復傳孫孫傳子不朽世業視此圖

酈黃芝浣溪大水歌并序

暨蕞爾山鄉民藉農者十九自道光丁未稼喪於雹戊申喪於水已酉水又甚焉湖農終歲力田不得一飽重以隄防潰爛課征督責於是貧斃於歲富斃於田迨今五月八月之水則又故老所未及見見而不能言者斯人其魚鼈乎

東海君出羣陰吐天地混茫入太古一日一夜水陡作潰山漂石無堅土我家老屋浣溪濱朝耕暮釣與水鄰一片菰蒲生便識幾箇鷗鷺乍相親千山萬山水上錯一水橫空如菰鶴雙翅宛轉合三江探源使反東西索浣溪兩源西發浦江東出義烏東白山至苧蘿合流經縣城東茅渚復東西分趨三

江口合細流匯浙江入海高者山田下湖田月明雷動難爲天俗諺三夜月明先告旱一聲雷動便行舟五風十雨久不見鳴條破塊已可憐于時歲庚戌五月廿三日水得九龍治山有萬蛟出行地亂翻舟嗽天竟沒鷀殺我高低田蚤秀百不一九江有靈女碧衣處石室靈女祠在縣東北九江山湖民卜神下殿以知豐歉是歲不下殿筳篿折瓊茅前凶後乃吉豈知八月中重爲妖雨畢妖雨見後漢書張衡傳注我生不離水有如膠與漆憶昨官符催築隄野田沙高不得泥築隄與盡衣兼袴種田賣卻牛與犁只言精誠格金石石虎作爲飛將坼轉眼青雲變白羊始知陵谷今非昔雨師之妾失雨蛇戍神不祀土虎哆百尺豫章溪上立枝頭捲作波浪花陽侯上堂坐宓妃入室臥鰕蜱與魚妾吹蘆如笛大商聲激昂不肯休多少川原驚入破百年此景倘崔嵬湖中老農歌更哀千金總買芙蓉樹便得春風長綠苔

傷哉行并序

庚戌八月十三日驟風雨越中蛟大發既破水嵊甚於暨城閉水自女牆淹入漂毀民居物貨浮屍如萍而吾暨上鑊鋪有山忽擘半峰去申隝山兩厓存其一水退瀕湖居民數百萬家無以存活多挈少長流徙遠方棄子女嬰孩於陂塘水咽不流豈蒼蒼者喪其橐籥乖好生之德乎抑别有云云耶肝腸慘裂不復成詠

洞庭老蛟幻少年雨工怒步神女鞭海波滴石流涓涓寒星汨沒無過天人生殘命如秋蕙競採琅玕學船製請看鷗鳥逐浮蘋願作楊花訴上帝祝融剪蛟赤如火血染雙角持贈我雲裏有仙睡不成夜深病鶴空中墮桂開幽露香裊裊忍憐割愛生意少明日陂塘人腊高碧漢無情憂天曉

諸暨縣志卷五十二終

諸暨縣志卷五十三

文徵

詩詞內編

五律

元王元章次古詩韻五首之一

潮映江城白山圍故國青感時花慘慘餘恨塔亭亭只合從龐隱何須學楚醒歸來詩景勝蒼翠滿巖屏

歸家

我母本强健今年說眼昏顧憐爲客子尤喜讀書孫事業新鐙火桑麻舊里村太平風俗美不用閉柴門

感慨

大道已淪謝世情那可論所經新傳舍多是故侯門路險豺狼恣

山空鳥雀喧餘生亦何幸注目合忘言

東南多勝概古迹杳難尋諸老題詩處繁陰蔽石林雲團溪雨重
水落野塘深感慨添餘思孤猿入暮吟

故國江南郡繁華舊不同衣冠移習氣鼓角動悲風柳倚湖光碧
花連野色紅放懷沽一醉世事委狙翁

昨訪三生石今登二老亭痴煙含樹黑野草滿山青歸鳥還知倦
悲笳不忍聽又聞龍驄馬趁逐豹文鼮

示師文

生涯猶未定歸去勿來遲故里雖云好吾家正及飢敬尊須重禮
對母說新詩梅竹平安否先書報我知

悵望倚門久月光清滿天念家情切切爲客鬢娟娟細草荒山徑
遊雲過石田安能攜爾輩飽飯老林泉

遣興四首 之一

破屋懸寒雨，空窗度晚雲。家貧無外慮，身老厭多聞。草木隨時長，蟲魚自作羣。行吟聊遣興，不必論功勳。

漫興十九首 之四

辟難人爭出，居家我獨癡。況兼親已老，無奈病相欺。湖海迷舟楫，關山振鼓鼙。忘機閒看竹，得興漫題詩。

密樹連雲溼，荒村入徑斜。山童分紫筍，野老賣黃瓜。忽要千鈞弩，尋求百姓家。子生爲計拙，見景重咨嗟。

干戈猶未定，鼙鼓豈堪聞。憂國心如醉，還家夢似雲。關山千里遠，吳楚一江分。朋舊俱零落，空嗟白鳥羣。

自笑青雲遠，誰憐白髮孤。艱難知道路，瀟灑問江湖。事業留詩卷，田園入畫圖。清高過老杜，囊底一錢無。

丙申元旦守毋制因感而作

今日椒花頌無能獻老親自憐垂白髮不敢著烏巾牢落田園興

微茫海國春話言兒女輩清苦莫辭貧

丁酉元日九里山中

授時無曆日獻歲喜天晴道路何艱阻山林似太平梅香清海國

柳色上江城且得蘭臺近疲民稍慰情

自詠

清苦誰能共孤高祗自憐爲因知分定不解問歸田對酒傷春思

看書減夜眠信無朝賀表留病過新年

九日有懷

拊髀憐佳節多年不在家有親垂白髮無意對黃花懷古餘情曠

登高望眼賒南山荒靄合日暮亂歸鴉

明駱纘亭萬一樓餘稿成自歎
不譽何其甚淋漓數百篇我惟歌下里人謂飲狂泉老子能知白
侯生始識玄莫將秦璽璞輕擲楚階前
陳章侯送九芝伯十叔之五河
歸期君已定何必感高秋但好通宵語難忘竟夜遊窮經當細講
服藥用深求休憶吾蕭寂藏書有半樓
湖上飲亢君酒
吾道無憂喜此中强自平譬如不識字何念及功名秋思深林步
詩情夜雨生阿兄呼酒至舉火斷橋行
還止
祝髮入城市拙哉隱者倫親朋相勞苦景物亂心神老病趨官府
還山愧野人往來輕似葉幸不厭清貧

送良菴五弟歸里

五弟避兵日病夫乞食時歸欣同里住實望告還遲亂世惟兄弟

況痾必贈詩自知猶未死頻泪不需垂

歸自蕭山

蕭然八日裏舟楫兩回還筋骨罷而憊神心悅且閒涉江當夜月

取道在秋山但得怡情處驅馳亦不艱

寄亢兄

松樓山已靜水館鶴高聲原未成離異何因是不平要存兒女怨

方篤弟兄情肯許溪山月孤懷獨自行

約亦公仲琳觀秋社楓橋秋社至今猶盛

會鼓尋常見且爲難得看如何銷冗事借此一盤桓紅樹來谿女

黄花解繡鞍吾曹不速客社長也生歡

無錢買艇子夢想水雲鄉耐此石橋坐飽聞枳殼香老人傷少壯
小鳥學翱翔不覺欠身數夜來多一觴
慶我復歸里僧房載酒來酬時思往日每夜必傳杯今且看梅去
無何插柳回鄉心徒切切白馬未[illegible]蹟
八十四病叟五旬二老夫兵戈離會苦杯杓力能圖淨慮看梅發
無徒不影孤所憂聞道晚往昔歲將徂
聽雨山亭飲高懷朋侶同秋聲入松竹暮景出梧桐草聖隨人强
詩編許我工無窮勳業事半世萬山中
一室關勞想六時開性靈聲聞換鳥語色界變山青有福來僧舍
麤心未看經只愁塵事至不得久相停

到五洩

五洩機緣到今年始一看奇從意外得危以與來安踴躍登高嶂

飛揚渡迅灘夜歸山雨急相對有餘歡

淮上寄內

少小爲征婦那堪多病身家書愁未到苓朮自艱辛服藥難療疾忘情可益神田園須料理休憶遠行人

病中

老子暮山下殘梅落照中病深纔節飲年邁不栽松紈扇人來寫丹青道未窮四鄰多覓竹披拂有清風

鹿頭在杭州擬避亂餘杭

聰明小兒子寄食老經生逃命應山谷無聞泣弟兄書曾拈數次猨叫第三聲病母休相問爲余滿此觥

父子雙貧士兵荒走腐儒在家柴易缺避地酒難沽黃卷分兒輩青氈臥老夫東山草木淺何不過吾廬

且止十首之八

朝出先朝雉暮歸後暮鴉庶幾彼山水遺得此身家五十明年至

千秋今日嗟强爲寬大語佛法眼前花

五十看亡國百年不若殤人倫心早死農圃力非强避地完經濟

聽松蓋法堂吾生草草盡兩鬢點星霜

嘑霜白雁至秋草命將鄰自分爲儒者誰知作罪人千山投佛國

一畫活吾身身貴今堪賤隨他綬日貧

淨土開生路名山收廢人可憐從聖教竟不識君臣沈醉胡無恥

丹青枉有神埋憂買巖石樵牧喜高鄰

老媪高鄰最慇懃捨小山就人竹萬個結我屋三間泥水麤能蔽

蒭蕘好往還吾生幾兩屐何不且偷閒

貧婆離女相喜捨結孤園傍竹安禪榻依松開小門棟梁皆骫骳

檀越出荒村規度都從簡人工不憚煩
聖主憐才子還山養大儒一官眞故事萬卷足菑畬勳業春波棹
行藏雪夜書君當善自愛盜賊弄兵車
明日爲元旦呼余脫舊裳有何新氣色重接好年光結采論疏密
春符較短長後生兒女事也與細商量

寄何大

何村眞隱地山澗盡深情花水亂流意禽蟲相語淸幽奇慚未討
高曠惜初行萬鴟茶香日當來問巨觥

菜田

種菜悲焦土移家嘆陸舟百年終眼底一旦上心頭鐵騎明州去
金戈越地休土人長保障村社酒相酬

孟夏晨坐十首之四

翦落入城市拙哉隱者倫親朋雖傳食景物最傷神老病趨官府
還山愧野人往來輕似葉幸不厭清貧
筆墨轉像法餘功飽看山身雖終梵宇名尚繫人間兵革成投老
園蔬欲放閒野人談治亂無奈意相關
野曠風軒靜江深水檻浮佳人看弄櫂稺子學垂鉤柳拂翻黄鳥
荷披散白鷗閒心與逸興長夏得淹留
柳帶江門碧松連石壁青蕭蕭涼雨過淡淡野雲停揮麈傾譚笑
呼雲忘醉醒人生幾歡嚴天地一浮萍
故山
故山秋最好今日斷相思但有丹楓處無非白骨支難忘生長地
癡想太平時萬念俱灰冷一歸夢未衰
無米

褐衣塞屋漏經略種秋花無米蒼頭告高鄰父老賒吾生太不惡
異國樂何加有客相招飲奇書堆滿家

國朝陳可畏伯聞晤余侍御

少年騎竹馬此日跨青驄豈有形骸隔終緣臭味同月華臨水白
鐙焰映窗紅一夕殷勤話城頭漏已終

錢廷策遣工病禱

數載飄零盡其餘只病身平生安義命偶爾誤風塵愁重傷時事
情窮信鬼神存亡豈繫念恨未答君親

齋中即事

齋中無所事一枕到羲皇畫識江山小瓶栽花木香窗前蜂市紙
簾外燕窺梁世事毋相問閒來看老莊

余舟尹懷徐笠山客諸暨

山館談經客幽棲日正長空廷延樹色淨几飲溪光笑語風生座
揮毫墨蘊香河汾高弟子幾箇得升堂

鄉村連月雨湖水正蒼茫遥溯伊人在渺然天一方菰蒲迷客徑
蛙黽上書堂何日攜瓢笠披襟話晚涼

傅太沖寄余瓠樽孝廉

可歎張司業休官已六年客同秋葉散家似亂雲遷師晃空悲席
西河擬問天空青百金價無路致君前

陳思湄甪村也可園春暮

幽居似隱淪四壁竹爲鄰牆矮花窺客樓高月礙人鸎聲將入夏
燕語欲畱春釀得香醪熟呼朋漉葛巾

送人之金陵

自抱五絃琴彈成離別音一樓殘月夢千里故人心春色秦淮酒

秋聲白下砧石頭城畔水魚素漫浮沈

張之杰小陶送周蕙若楊晴川遊粵

二妙翩然出茲遊洵壯哉擕將江上月去看嶺頭梅銅柱青天遠明珠合浦來到時懷古處清嘯越王臺

屠孟昭自諸暨入山陰

飽挂輕帆去西風到若耶孤峰塞湖口小艇出蘆花笑我仍吳語何從問浣紗兒童水邊立深樹是鄰家

馬以智月門山居

村居無俗韻睡短興偏長著屐窮幽谷隨僧到上方雨峯熊耳秀雲路麝臍香百慮茲消散樵歌下夕陽

陳世榮小鐵同人招遊山寺

空山與我約之子在寒林秋路白雲斷寺門黃葉深相逢忽一笑

回首下孤禽今夜共禪榻援琴彈素心

趙機白魚懷葉蕃生

好手不可遇風流誰最負秋高思猛士雲合遲佳人鴻雁幾時到詩篇何處新可能孤館裏黯黯過殘生

周栻未菴留別家三兒

南北分飛雁違離奈可論相思常得夢見面卻無言久別長兒女暫來共酒樽况經荒亂後聚首亦銷魂

郭澹門有懷黄芝

折花思遠道道遠恨如何水國簫聲換關河雁影多王孫歸未得公子舊相過日暮空齋月清光滿薜蘿

自留子里至西巖山爲劉宋褚伯玉隱處

散步不知遠泠泠溪上松閒尋高隱處積雪正中峰白石何年飯

飛泉衆壑通還言有笙鶴明月夜深逢

酬黃芝送澹門

連山復春色君又去京華亂柳空江影孤梅逼岸花漲衣驚歲序

提劍别煙霞桂棹黃河畔難忘銀漢槎

寄郭澹門三首

雙雙白玉童吹竹朱樓中高吟紫芝曲一半已當風我讀神仙傳

遥思河上公道經删註罷冉冉欲乘空

層城一萬里飄蕩上元家亦自傷貧賤仙衣補碧霞何如閬元圃

兼勸種金芽更呪多於草因風散作花

附書雙鯉流招爾崑崙邱不知黃鶴病經歲未曾遊偶假壺公杖

又無漁父舟依然困弱水去住兩悠悠

逢家惺齋

生得幾回醉休辭金屈巵似爾纔傾盞如夢乍相思鶻俊高秋日
松驕暮雪時千金一寶劍脫手贈桓伊
酈青照蔡生送馬踰龍
借君膝上琴彈我別離音此夜寒鐙盡明朝春水深一年新月色
千里故人心回首風塵路晨鐘已滿林
月夜有懷郭大
得月思臨水閑門清到心徘徊下寒葉淒咽聞孤砧幽意瀟湘遠
回思煙霧深願言招叔夜坐嘯抱瑤琴

五言排律

明陳章侯元旦山行

短生隨臘後長世駐春先都識傳椒酹誰當思豆田鵞兒壓鬢勝
柏柿挂簾鮮風俗前朝繫人情尊古聯禿翁悲故國瀕淚洒新年

有景將梅雪無心料酒錢韶光照老眼盛事望高賢試膽難爲盜
勞身怯運甎體輕靈壽杖慮靜雪心泉情性林中悅東風散曉煙

國朝駱起明念菴遊止園

止園結洞壑幽奇開湖天流連雲根弈衍漾風中絃湖光聯碧漢
樹色裊輕煙清譚照落日浮雲接初蟬悠然曳杖者逍遥爲林泉

余舟尹送錢玉缸之粤

忽捲皐比去難辭幕府招公車惓行役記室且逍遥霜雪炎方少
煙波天末饒舟穿灘石險車度嶺雲飄歲儉勞符檄時清肅正條
運籌民志定借箸海氛銷聚首多鄉曲談心破寂寥堆盤餐頳荔
繞砌詠紅蕉壯略貧游刃高懷謝折腰君方嗤鷃雀吾亦託鷦鷯
投劾拋芹渚歸心侶澗樵臨歧艱一面羈緒轉無聊

七律

元王元章答王敬助

東書歸住水南村且把犂鉏教子孫壘石旋成蒸藥竈插籬將就種瓜園談揮玉麈風生座醉倒壚頭月滿軒富貴功名只如此何須多夢過侯門

偶成

青山綠水從人愛野鶴孤雲與我同所適不須論醜好相逢漫爾說英雄樂遊花木瀟瀟雨梓澤亭臺淡淡風興廢固無今昔異幾回搔首月明中

二月江亭野色明楊花飛散雪盈盈雲煙半入海氣白風雨忽來溪樹鳴離思厭聽孤燕語客情無奈亂山青明朝又上長安道卻望咸陽舊帝京

與王德强

阿伯遷官之五羊嚴尊習隱水南莊人生出處故有分世道如斯徒自忙笑我漂流雙鬢雪羨君奔走滿鞋霜功名固是男兒志何日歸來綠野堂

偶成七首

人言栗里是吾家問訊東皋事已訛殘歲多聞呼盜賊良宵誰復望星河門迎野水垂楊柳屋枕雲山帶薜蘿沽酒陶情作閒夢豈知冰凍合滹沱

萬里長山走薊門嶄然天險路中分高風吹雨作飛雪老樹積煙成凍雲武帳駐兵談亞父氊城無語及昭君夜深誰渡桑乾水嗚咽笳聲不忍聞

山郭方迎五日春飛飛風雪欲愁人老年作客殊無策適興吟詩似有神溪上梅花誰可與天涯鷗鳥漫相親酒闌細看柴桑論始

覺桃源不避秦

雲消巫峽蜀波來天近崆峒北斗迴人事故於今日別梅花卻勝去年開好遊不負青春約得意那愁白髮催行旅居家無異致開懷且覆掌中杯

去年人日雨瀟瀟今日天晴雪未消杖履誰來看花柳江湖何處得漁樵徒叨食飲居安土未有功勞補聖朝入夜遥遥瞻北斗紫雲團蓋上青霄

玉漏無聲落草廬荒村遥夜石鐙孤開門探雪三尺許舉眼看山一寸無誰憫將軍窮窟穴空多公子夢氍毹老吾不作功名想只欲扁舟泛五湖

出門無侶杖藜輕溪上梅花相笑迎獨鶴遠從天際下老夫如在畫中行千峯日出流雲氣萬壑松鳴雜水聲巾袂不知蒼翠重看

山直過越王城

送沙學正歸松江

范蠡巖前雲似錦吳松江上水如天送君去去青霄近老我蕭蕭白髮懸楊柳風清千里夢梅花雪落五更船對人休說儒官冷聖主于今正待賢

次韻二首

之一

野人住處無車馬門外蓬蒿抵樹高石脚雲生三伏雨屋頭松撼五更濤田園入畫眞堪笑薪水供廚祇自勞匣底豪曹苦欲滿夜來忽作老龍號

歸來

頭白歸來驚面生東家西家知我名友朋投老漸凋落兒女同年俱長成野梅花開尚古色山風吹雨墮寒聲最喜溪翁會眞率濁

酒過牆香滿罍

申屠彥德送王季楚侍父入京

江左風流屬廼翁賦成入奏大明宮未應膝下留文度還向談邊見阿戎金縷東風吹嫩柳錦帆遲日帶歸鴻六龍清暑灤河上扈從應馳白玉驄

明姜漸羽儀和韻贈鐵厓先生

蠟色濤箋寫寄詩玉壺冰鑑識容儀法言願卒諸生業家學深慚帝者師江月夜涼聞鐵笛海雲秋盡捲朱旗文章絶似相如筆好爲題詩諭遠夷

鄭銘題鐵厓先生傳

獨馭霞軿上紫清九華招引過蓬瀛梨花月冷金錢夢楊柳風淒鐵笛聲青史百年成定論白衣一著過殘生東南壇坫今銷歇萬

丈高厓自月明

駱象賢溪園五洩

宿莽叢別擁藥林行看面面絶風塵將雛瘦鶴常依徑逐隊飛猨不避人五洩遠疑天上落諸峯半向霧中横潛溪去後無知已同首山靈幾度春

陳潛夫元倩絶筆詩

萬里關河戎馬奔三朝宮闕夕陽昏清風血染萇宏碧明月聲哀杜宇魂白水無邊留姓氏黄泉耐可度寒暄 一忠雙烈傳千古獨有乾坤正氣存

陳章侯自笑詩

梅杏櫻桃柏柿梨縛柴爲屋住山谿長安索米吾衰矣酒肆藏名歸去兮人不恕予人自恕我將齊物我難齊市塵也便隨緣罷何

必橋東與竹西

盲人瞎馬涉深溪卻感祁生借屋棲愛殺鬱葱雙綠樹招徠下上兩黃鸝又詞妄想追先輩畫苑高徒望小妻質得羊裘錢十貫買船聽雨柳橋西

喜十三叔五十兄六十三兄留生姪至早飯

叔父弟兄皆皓首刀兵甲馬過蓬頭東鄰送米供吾客西舍遺錢助酒籌再世再逢親骨肉重生重整舊風流醉來仍自躬躹睡借得僧房當我留

自諸暨還青藤花落矣

打點藤花只閉門日摩飽腹詠高軒秋娘度曲甯辭緩春水垂綸也莫論猨鶴久違歸撫弄弟兄牽住便溫存小兒亦解而翁意啟戶先將花落言

自蕭山歸見女口占

入門迎我無娘女躅蹀前來鼻自酸多病定垂兄嫂淚不馴應失侍兒歡新裁綿服雖無冷舊日慈心猶慮寒且逐小姑鬬草去那堪含淚把伊看

秋興

淸晨已上小樓憑薄暮還從曲徑行曳杖逢人論古事提壺有客劈新橙年來積得悲秋句到處遺將耽酒名莫道糟邱歸臥穩一簾霜月聽雞鳴

重院住足六首之四

少想山居老遂心可憐避亂借禪林僧雖酒肉忘名利寺閱兵戈歷古今亡國淚乾隨畫佛首邱念絕望遙岑爲人君父都違教也似孤臣澤畔吟

白頭難得比於人奚取功名置病身不死如何銷歲月聊生況復減青春先朝養士斯爲報孝子忘君敢自陳持此無欺求恕我錦囊驢背了孤臣

何必人生定有鄉青波紅樹更相因嚴城畫角驅寒日孤館茶香留野雲老去故人傷聚散將來筆墨亦沈淪酒酣技痒難收拾又對秋林寫我眞

廿載青春拋馬足五湖風浪轉船頭異鄉雖不戚安土故國如何作客遊臣子一倫今世絶首邱片念幾時休吾愁與命相終始芳草空勞日喚愁

寄三大父

眼見花花草草辰獨觴獨詠兩三春五年歌舞非良吏千里笙簫迎老親羞我爲儒逢聖主閉門坐食負先人許多落寞莫言難盡又

恐憂思不欲陳

翁信士義有懷毛嘉勉二首之一

之子手標玉樹聯妙年詩思動華筵金盤芍藥當春麗淥水芙蓉映日鮮蕙渚波搖雙槳月篛篷船帶一溪煙明朝跨鶴乘風去應有簫聲綵鳳傳

國朝余浣公憶故鄉山居

瑣窗幽雨落花泥疏竹蕭蕭筍欲齊山鳥幾聲鶯繡谷水鷗數點動明溪江天鱸膾春方熟野寺鷺歌晚漸低自是歸思閑不住誰將雀舌寄封題

半年不到家園住今到家園似客居亂後喜眠松竹徑時山中土寇初靖通邑兵燹最慘而吾廬已爇幸邀天庥撲息松竹俱存閒中饒看鳥蟲書家藏書數十篋雖遭盜毀篋而卷帙無恙墓田春酒鷓聲急山館寒窗夜月虛心事詎堪常悒悒十年前已

付樵漁

家園卽事

綠陰深處小橋通屋角桃花過雨紅戲拂漁鉤隨釣叟閒攜酒甕

餉樵公攤書一臥當千石鋤菜三畦擬萬鍾歲晚漸知幽逸事早

完庸賦足良農

浣溪春曉

丹嶂青谿碧樹明春風不向錦帆生亂流夾岸趨孤嶼箭筈通天

倚石屏蛺蜨偶從籬外過鷓鴣常向竹閒鳴山家餉罷傭耕疾臥

聽千峯瀉液聲

錢遠工山莊卽事

草覆溪橋小澗荒行春隨意到山莊老農牽蔓經籬竇少婦漚麻

綴稻牀雞塒夜寒藏北檻牛衣朝溼曬南牆菜花開處閒如錦麥

隴桑畦在在香

余懋杞瞿菴送兄赴龍陽

落落征衫五月寒煮茶漉酒勸君餐洞庭風色樓船動雲夢波濤官閣看陶令公田會種秫麻姑山下且投竿歸期應問衡陽雁橘柚黃時愛楚冠

余舟尹寄楓溪八弟

日向天涯念鶺鴒老來骨肉似晨星晚田蕪後歸難卜春草愁多夢不靈八口君還依北海一氈我已倦西泠釣磯水漲魚方美莫忘溪南舊草亭

村中即事

餘寒料峭裌衣輕山舍初聞布穀鳴農事漸忙花事減桑陰乍薄柳陰成閒收松子和煙曬早摘茶槍帶雨烹欲餞春光殊懶慢鶯

啼燕乳正關情

欠韻寄陳甪村二首

藜杖休嗟原憲貧東風煙柳一般春獨愁好事多今雨漸覺中年少故人猿鶴日招予稅駕雲雷應待子亭屯錦囊留得詩千首年夜微吟泣鬼神

瘦羊那得便醫貧十二回經泮水春姑妄言之聊說鬼不堪行處且饒人煙迷柳眼光難吐雪壓蘭芽運尚屯回首家山纔百里一瓢何日共怡神

早春寄錢玉缸

猶夢同君聽玉珂相思懷抱別如何五湖蝦菜故人遠三輔鶯花舊恨多誰共詩香爨芋栗卧聽春雨潤絃歌兩鄉雲樹年年隔鏡浦東風又綠波

早春送斌姪之淮上

一斗松醪花一枝，春來偏値送行時杖藜又踏王孫草垂釣還尋漂母祠千里馳驅虛壯志十年貧病誤佳期淮河巨浸稽天急早寄雙魚慰夢思

傅太沖懷陳月泉

當年曾識謝宣城草草詩篇冰雪清一自流光歎過隙至今才子未成名閒扶桃竹聽鸎出醉喚羊求竝馬行意氣如君尚豪邁無因便號古先生

庚辰秋興

江清雲白鴈飛天風景依稀似去年莽莽荒山寒日短沈沈積雨夜蟲煎恨無石馬酬文冢安得金雞貰酒錢若向陶家門外過一園黃菊不如前

襆被蕭然四壁空酒壚何處問臨邛鈎鼇我自慚秦系歌鳳人誰繼陸通門外瓜田荒蔓草江頭茅屋破秋風還思老作牆東隱一枕青山聽曉鴻

懷楊百藥次鈺昆季

洩水分流石瀆溪滋禾堂外衆峰低主人眞似湊寒竹座客都慚禿幘雞燕子池塘花覆屋鷓鴣村落草平隄至今别後嫣嫣夢猶聽窗前謝豹啼

余銓石飄中水門曉望

千家煙火繞江流形勝居然甲越州賈舶趁風帆點點酒壚夾道旆悠悠春城倦聽梨園曲野趣貪看蘆荻洲卻笑鴟夷三徙去青山偏使隱名留

周二監姬撰乾溪道中

征衫何處涴塵泥百感茫茫運不齊薄霧山光時出沒斷厓人影忽高低浪遊自恨家輕別久客誰憐路欲迷荒歲可知遺種少哀鴻空自繞煙畦

余文儀叔子自題臺灣凱旋圖

鯤身鹿耳八揚船擐甲乘風亦自豪要與閭閻安衽席敢辭溟渤涉波濤煙開雲母騰鐃吹日射鯨文耀劍韜聞說姚施多偉績指揮談笑勒勳高

寄懷湯稼堂時撫湖北

鷗自浮沉鳳自騫步趨久悵絕塵奔西江再借屏藩重三楚新看節鉞尊每望月明懷庾亮應憐海外老劉琨何時共翦金蓮燭重話長安舊酒痕

春宵吟有叙十首之五

宵自可憐不少酒燈娛客春偏結恨非關花月惱公僕本多愁宦遊東海一官匏繫敢誇五馬風流廿載星馳誰念全家萍散夕陽沙漵聊同鷗鳥忘機夜雨榕窗每聽雞人唱曉雪霜何處都來羈客頭顱橘柚連村難借沖天羽翼書成咄咄身世總覺多違對此茫茫魂夢亦難飛越滿城歌吹任他簫管開花十畝寬閒還我桂松無恙

掉頭臣叔感蓴鱸拋卻西湖乞鑑湖猶憶籌燈傳祕笈還同襆被躡天衢只今星野連於越何事萍蹤帶海隅料理還山待杖履不隨南郭再吹竽季父教授武林已乞休八載矣

遊宦飄零強自持參天連理賸雙枝聯牀風雨成前夢寄驛音書每後期蘭草生香盈淺甕荊花古豔侑深卮明年看取春颿飽嘉樹團圞話積思四哥龍池先生

泥是雲根雲出泥細推物理豈差池飛鴻冥冥嗟離索澤雁嗷嗷歎阻飢汲水曉煙燃楚竹焚香夜月奏青詞年來亦有遊仙夢迢遞神仙不可期九弟農師來詩有鴻雁雲泥之句故及之

鴻雁行中數美髯鋒鋩簇簇似磨鐮千章詞賦驚朝野半世功名誤孝廉輕薄人情誰入眼膏肓泉石更難砭遥知斗室焚香坐迴避春光不捲簾從弟太初病目家居不赴計偕已二十年矣

骨肉團沙久不羣欲尋鄉夢藉微醺病妻空爾肱三折穉子纔能書八分竹領兒孫齊繞舍松添鱗甲獨干雲怪他畫角吹邊戍茶熟淩霄日已曛寄内子竝示五兒延艮

陳月泉題秋棠萱草畫卷九首并序

室人中山氏同里姻舊女也來歸載餘舉一子余遂有粤西之行乙丑新歲始還舊里室人幽憂忏悒之意見於顔面蓋痛愛

子之殤悲遠信之阻也神情既憒自度不支屢有嘒星抱裯之請卒未能成其志歲之中秋日余方抱疢未甦而室人病亦轉劇比夜四更遽聞溘逝哀哉嘗觀古今女子紀算之促運數之窮者大抵其才與色必殊絕於人所謂瑤草不榮琪花易隕者也而室人則皆無與焉卽舉一切富貴福澤終生不一遇而既安王霸之貧復慕黔婁之節茹荼卒歲旨蓄御窮采風詩於六珈中頌禱於令愷亦事之極常迺星期乍卜便悼釵分蘭夢初占俄驚寶碎遂使危涕莫收墮心長死薰燒膏滅竟天其年抑何儉於福而薄於命哉友人秀水王君作秋棠萱草圖爲卷中人寫怨志於生前繪幽靈於歿後搆思命筆默契于懷嗟乎鳳管無聲椒花絕響冉成絳雪逢西母以何年酒漉絲灰喚南眞而不下長句九章用代四方上下之招云爾

酒壚貧倚馬相如長伴篝燈賦子虛百蜨圖翻香案字九雛釵換羽陵書山田蕪沒都爲石風木淒涼別構廬誰惜狐裘頻去國半生多難未甯居

西遊主父久流離書託盤中得報遲珠海銅標懷遠道虞棺轉櫝送嬌兒風霜客路衣裘敝花月春閨簾幙垂願得南陽延壽水待人重與畫雙眉

上元風日快歸鞭驛路春晴雪後天鐙放金羊人一笑窗函璧兔月新圓四枝鬟插通犀重十樣眉妝小靨偏再莫東西溝水別更教魚尾惜芳年

九苞采羽未將雛卜向來婆亦太迂鐵網求人憐碧玉錦綳應手哭童烏卷葹未死心先拔蠟炬將灰淚已枯辦得堅丹迎我至眼看餘息已難蘇

金波漉漉上澄空，楚峽今朝暗幾峯。舊鬼相逢半夜語，輕魂臨去一樓風。銀臺詎有人間藥，石蜜曾無壽世功。不要桂花秋半發，年年淚盡桂花叢。

俞跗百劑費刀圭，毀骨支離易瞀迷。沴氣暗驅羣雛集，凶祇夜遣訓狐啼。仲秋陰雨寒生閣，四壁遊塵晝掩閨。欲展殘魂扶不得，好昇紅粉過前溪。

菊月陰雲細雨天，籃輿偃蹇上新阡。空山一路飛黃葉，亂木千章起白煙。不信銀鸞成永送，爇思金盌得重圓。待余殃去身甦日，買土封泥瘞翠鈿。

杉籬桂巷帶寒曛，迴閣迢迢對暮雲。妄想沈香薰小像，忍看蛺蝶卷長裙。鸞禽對舞猶憐影，代馬悲嘶竟失羣。憶得房中歌麗曲，翻成變徵不堪聞。

麥雨槐風暗水村殘春魂夢正昏昏半山碧火燒寒食一帶紅桐死墓門盡賣釵梳營醮奠獨披榛莽薦雞豚風裳水佩歸來早好認苔階舊履痕

午秋雜感八首之五

極漲蒼茫市地流薄寒人獨倚山樓川原一色齊歸雨草木千聲競入秋物物夷傷寒露節絲絲髡禿去年頭寂寥最是揚雲宅著罷玄經便詠愁

直眉曲鬢競時妝誰論當年古戰場亦有祥鸞巢枳棘何妨斥鷃搶榆枋聲名韁鎖身前孽言語風波體内創便是失身蠻觸地還羞蟲角論興亡

鵬海風高借短翎空山支枕臥秋冥窮窗頻惱奔鰐燭留井空傳鐵印銘負郭一區成廢土青箱幾葉守遺經蒼松白石明星夜便

作哀歌孰與聽

十載流離憶舊蹤荒齋閒寂對高舂暮山繞屋含愁氣秋士登樓有病容聲作吳駒嘶峻阪魂如楚雁落虛弓詎應滅竈難爲熱憐煞當年廡下傭

周容世故未全疏面頰風霜不易除解道和平能獲福卻緣孤憤欲成書翔禽尚是能占色苟狗猶知不食餘留得蓬蒿荒徑在閒雲野鶴自相於

簡錢大嶔山

十年園井別耕桑炎國風煙載一囊蛤蚧鳴春蠻夜永鷓鴣喚客粵天長鄉朋燕別書千紙佳節思人淚兩行江表無人憐楚客抽帆一夜過瀟湘

瘴國窮栖眞浪遊佩蘭人自住汀洲暑清蓮蕩書鐙早天白蘆灣

水閣秋鄭氏蟲魚賫博采葛仙方藥亦兼收悽然記得湖頭月紅燭吟殘正上樓

卯秋還自都下三首之一

峻阪穿虢久識途飢來攫食自難拘行從吳市曾爲乞賣與朱家願作奴大宛有人求苜蓿長安無米飽侏儒爲看槐柳森然地不到書生夜半趨

夢草居有懷又春兼寄詩集

客邊春事過悤悤小院吹來第幾風蘋葉漸翻新雨白桃花應發舊莊紅思君粟嶺孤雲外遲我楓溪三月中簡取一編還太息壯夫慚愧老雕蟲

春夜有懷郭大

別榻新安靜不譁枳花籬落碧雲遮蔔萄藉月春陰淺蘿薜驚風

夜影斜白兎碾成能鎮鬼粉魚蝕斷補箋蝦棋枰酒殘眞零落鶴子梅妻隔幾家

夢草居臥病四首之一

又是飛鴻落絮天誰家門巷住年年拋將雞犬淮南宅蕪盡桑麻杜曲田他日首邱終不忘祇今傭廡未爲便自憐身世如花落飄墮隨風信偶然

陳思湄甪村送王鶴遊甯波

車馬柴門何得容復從嶁浦轉萍蹤鄉心遠遶雙溪水客夢長懸兩峴峰花暗每思尋舊劍月明仍欲倚孤松縱然一片春山色不及先生歸興濃

寄待珍兄

西園煙景共移情曾得中郎倒屣迎長與圖書敦舊業閒同詩酒

訂新盟柳絲縈路鷺聲滑花片敲門風力横一别心期如有失暮雲春樹不分明

楊文振振文山中雜感

萬卷樓高卧一編青緗遺業愧當年劍矛頭上炊羹飯豺虎中間對聖賢江路維舟曾罵鬼海天吹笛詎飛仙祇應楚客悲秋句譜入軒皇五十絃

馮森齋青山吟贈章柴桑

青山四面總相於中有柴桑處士廬荆樹窮簷深護惜萊衣舊篋暗唏嘘栽培梓里幽芳録焕炳雲天季漢書誌入儒林今第一千秋論定更何如

哭伯父梅墅先生

第一金丹伯父箸有第一金丹試草琥珀光熊中丞贊語只售一第竟難償銘旌已

入芙蓉館羽檄初傳芍藥莊伯父著有芍藥莊文萃十三卷直恐征南權武庫先教卜夏署文郎三山十堰平橋路魂魄何曾戀北邙

郭又春次陳月泉荆州見寄詩韻時從湯中丞聘客武昌

大江西望水天長青鬢經秋易作霜一劍蒯緱成底事百錢沽酒更他鄉雲鴻有信聯明月岸柳無邊對夕陽開府漫勞頻寄語漢廷終不滯周昌

楊垂統甫過蕭山訪陳月泉出城遇雨

有客蕭然東復東相憐抱病困人同孤帆遠挂西山雨兩袖輕披北幹風壓水浮圖飛白鷺沿城驛路散花驄扁舟興盡便歸去出岫晴雲返照紅

壽逵一梅坡讀傳莫菴遺詩有感

抑塞奇才老不郎著書愁作蠹魚糧三都賦罷廚無米五鳳樓成

鬢有霜殘後風騷留古豔生前落拓枉文章茂林何日求遺草免使人琴竟兩亡

屠琴隝留別故園諸昆弟

入洛機雲氣自豪（時將與流山兄同赴公車）功名未卜呂虔刀弟兄落落難爲別僕御悤悤敢告勞夾道松篁聯騎入滿天風雪四山高棄繻我亦誇年少短髮尊前莫漫搔

自諸暨入山陰

歸路蒼茫又不同寒林已帶夕陽紅忽看飛鳥浮雲盡始覺千巖萬壑通雨氣漸沈山氣外竹聲都在水聲中今朝翻怪仙人誤未是朝南暮北風

懷家禹卿兄秦中

茫茫四海一身孤風雨漫天逼歲除馬首秦箏彈老淚闗門越客

下單車堪憐幕府依人計重展天涯隔歲書書上殷勤託鄉使歸期曾說雁來初

寄心梅

又添歸思入新年擬趁西興渡口船春水一篙三日雨梅花十里萬山煙比鄰酒熟排宵醉羣從多才愧汝賢況是燒鐙時節近題詩應寄草堂前

和內子

輕寒小閣藥煙微古製鐙檠雁足支細碾春茶同試水新泥粉壁看題詩冒釵簾額垂垂下背月花陰漸漸移偏是國風章句熟幾回親自課佳兒

吾廬

一春樂事正無涯吾愛吾廬近若耶新竹移栽肥帶筍小桃初接

爛開花霜鏵雨笠將收麥篝火蘆簾好焙茶等是幕天還席地且呼賀監作鄰家

姚侗椿林偕森齋兄仲章仁甫二侄九日登高卽事

醉把茱萸感物華登臨有約興偏賒擬筇綠瘦三三徑入袖紅香七七花諸阮風流皆叔姪故山遊賞自煙霞此身不屬桓司馬任爾西風帽影斜

置身何必在蓬壺拍手眞看絕頂呼杭稻風微黃海闊雁鴻天杳白雲孤孌煙出舍如綃薄人影橫山比鶴臞愧乏倪迂高手筆疏林峭石畫成圖

楓葉離離槲葉稀遥村隱約自相依囊無佳句誇齋臼腰有長瓢覓酒旗古渡波涼菱角輭茅檐霜重蟹螯肥灌園野老多怡逸或是幽人此息機

自款荆扉乞酪奴綠沈雲腳潑香腴樹根秋老容盤膝籬下花新看破跌潦倒一時凡俗異蒼茫歸路夕陽俱滿城風雨題詩者可有閒情似我無

寄題茳亭青篔山館

羨爾清標未可攀誅茅小葺屋三間坐聽風弄千竿竹臥與雲分一角山早卜幽居眞幸事但除俗客即仙寰涼秋倘得閒乘興拄杖當來徑叩關

秋懷

一事秋來意暫寬家書和竹報平安離鄉豈必天涯遠別母終違膝下歡野水枯荷喧急雨小山叢桂坼輕寒萬琅玕屋齋名三年住畱作飛鴻爪跡看

陳維埈卓巖九里山訪王元章舊居

煮石風流不復存數家茅屋尚成村連山竹色寒侵面入畫梅花澹到門狂客原難拘世法布衣未肯受君恩百年寂寞留詩卷酌酒空招舊日魂

吳杰沅芷歎息詩

八年蹂躪半寰瀛鮫鱷腥波又海濱暎夷諸國糾犯天津粵東等處漫聽鼓鼙思將帥可能杯酒勸長星過江名士工揮扇拔旆戎車慣脫扃歎息綢繆何計是儘容科第報朝廷本年鄉試初擬停止後因省垣紳士申請乃復奏行依舊例展限兩月

余小頫書感

白衣蒼狗看雲生未許閒睜測世情近鼠孤鷦應被嚇依人鳴雁亦同烹崔瞻別室呼名士謝奕移樽得老兵溯與侏儒同索米偶殊修短敢相輕

壽眉生五十述懷

淒風苦雨泊仙舟，落拓靑山正倦游。世味每眈三耳幻，人生幾見二毛秋。貪依國老仍家老，小住杭州又越州。最是北堂回首處，蕭蕭松栝淚長流。先慈歿已十九年矣

抱子居然復抱孫，他年力行大吾門。繩趨自有貽謀在，甕算須教薄俗敦。狙芋乍嘗羞作色，牛衣終卧亦生温。均安自是肥家法，夢繞江南黃葉村。

朝作珪璋暮碔砆，非心非佛感今吾。寢斜未肯降奇險，蠻觸何勞紀敗逋。蟹在水中原易縛，鸖翔雲表自爲孤。黃庭樽酒遙相屬，予在京師，家大人促予歸，且引案有黃庭樽有酒之句。滄海橫流挽得無。

金烏冉冉向西馳，學道無成愧鬢絲。九轉不愁庚癸餒，三同應笑甲辰雌。會稽楊雲芝與予同年月日生。焉生跌蕩求名早，趙叟跳跟避弋遲。從古

莫耶優補屣陸沈惟許楚縶知

鄺黃芝贈郭復亭二首之一

款著林宗本軼才當軒下馬竝鄒枚哀猨巫峽雲邊出王母旌旗日下來早識芙蓉秋思遠重逢楊柳翠眉開笑余濩落真無用佇望榮光燭上台

鄺青照藜生秋興四首之一

蟠雲仙桂能長曜依水芳蓮總莫存眼底煙花頻宛轉腸中冰炭異涼溫寒蟬老兔天無主枯樹黃蒿雨又昏竟自飄零緣底事從前和煦豈忘恩

五絶

元毛倫仲庠牧牛吟十首之三

農家樂有餘醅俗近唐虞夜月維魚夢春風考牧圖

晴莎輭似茵牛背平如掌坐卧隨所便那有軒車想

野外風日和煙光漲林樾鵓鴿不避人飛上牛背歇

明陳章侯夢筠圖

黄子久臨夢筠圖於笠澤酒船聞張士誠僞帥鼓角浩歎而罷

今何日乎憂從中來不可斷絶姑爲寛大之言然神則傷矣

修篁清溪邊茅宇幽巖下一枕讀道書餘年不需假

卽事

貝葉載柴車看山野老家有言誰可道秋士種秋花

五洩懷王子宣

每日懷子宣又在深山裏欲作數封書何處尋佳紙

舟還之七十六首

絶口不傷時醉來便痛哭豈獨吾與君大雪溪山宿

山中有梅花然而飢欲死賣畫野市閒舟居而已矣
我喫官飯長當下官家淚白舫與青蓑何處可安置
馳馬載書仙安有不歡喜不哭而神傷十年於茲矣
心應無所住故作萍蹤遊會爲解脫偈書在蓮花樓
流水唱酒船歸夢經南浦蓮折鯉魚風吹落黃昏雨
家人莫釀酒予不慶新年怕將新日月來照舊山川

贈劉永侯

山縣荔支紅劉侯初下馬此時我亦還曬書楓溪下

一丈夫散懷而行

晞髮妙高臺形影喜相語猿鶴喚懸厓琴書待遠渚

有客納涼樹下

隨緣爲學佛灌木郎吾廬童僕來城市爲言見羽書以上二首題畫詩

無題

長松數十樹築室亂石間熟眠無所好閒畫數角山

題畫

我有入山心於此作畫寓曲沼一漁舟夕陽依秋樹

寄懷九芝伯

詩就不寄君君知有詩否一夜數十章酒盡將一斗

題扇

修竹如寒士枯枝似老僧人能解此意醉後嚼春冰

曳杖入懸厓悠然發警悟行到白雲邊不知何處住

小雪

小雪連朝雪來年大有年人情驚盜賊天意樂耕田

飲王老家

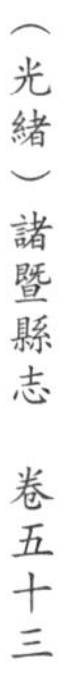

羞我眠松舍看君鋤麥田借君今日酒發我舊時顔

國朝酈允昌西施詠

粲粲吴門路英英越嶺雲泥塗嗟曳尾持此答明君

酈藜生浣溪漁歌

煙色碧於水溶溶裏月流漁人不打網醉臥浣溪頭

苧蘿好山色兒女解相思花逐春流去西施知不知

七絶

元王艮止齋錢唐雨中招申屠彦德

春雲拂地雨漸漸戸外屨空生緑苔朝天門外樓依水好棹小舟乘興來

王元章白梅

春風一笑玉無垠雲散空窗見月痕半夜鶴歸詩思好清香吹滿

水南軒
吹徹瑤笙鶴未還小橋流水碧潺潺夜深夢醒推窗看白月無痕
雪滿山

明駱纘亭贈陳還沖方伯赴廣東任
車馬塡衢江滿帆旌旗動處酒俱酣臨歧莫唱陽關曲千古聲歌
重二南

舊遊山海望雲霓伯起聲名關以西若過貪泉休誅吏世情今正
薄夷齊

陳章侯梅雨
楓谿梅雨山樓醉竹鴟茶香佛閣眠得福不知今日想神宗皇帝
太平年

懷樓五弟祁生

樓郎愛我古人風覓酒尋詩處處同遥憶懷吾在何處寒波老樹暮煙中

題子新弟扇上石

冬夜雪窗同翦燭春天花檻共銜杯三千里外爲兄弟俱是三生石上來

題畫别九一叔

津頭芳草放烏騾畫幅斜陽霜葉柯不道相思無寄處知人情緒此閒多

春詠

秋冬之際吾多病雪屋松窗對佛鐙今日勞勞鶯燕日百花深處臥詩僧

偶書

牛頭山上息微勞領得先生白苧袍鐘鼓寂然煙月白燒殘紅燭聽松濤

卽事四首之二

懷句新題綠玉君荷風戰戰蘸溪雲何時得句荷花裏淺注螺杯唱阿文

明朝四十八年人三月曾爲簪筆臣今日薙頭蒙笠子偷生不識爲何因此逃禪時詩也讀之大節凜然

題扇

白沙翠竹裏桃花合是愁吟野老家寫罷捲簾欣賞處萬條新柳半天霞

偶詠

不是金華殿裏臣又無名教責其身自慚無位兼無德不學名流

說黨人 趙出於明末諸名流外

病詠

坐我書堂水幾灣，三分水木七分山。浣花溪上非吾分，宜帶沈痾住此間。

自遣

種茶種竹護殘生，選箇峰頭未必平。強醉故人桑落酒，眼看烽火照西京。

示鹿頭

無處耕田且讀書，師生父子杏花居。先將貧士書深讀，父子恩深熟過予。

偶感 七首之四

三年一日慶餘生，落落長松風日清。一曲十三弦韻絶，畫眉卻好

兩三聲

合尊寄語林和靖分付梅花隨意開南內飛龍隨帝子三年也不見歸來

髡奴外史是家傳忠孝當身歸研田灑淚亂山殘雪夜敬書乙酉甲申年　詩史

竹山尋得少茶山尋得危峯少水環世界莫言無闕陷此心完滿十分難

偶感

孟堅寂寂掩柴門孟頫軒軒作狀元國破筆端傳恨處水仙須學趙王孫　詩史

故山喬木遭兵火惡竹沿溪盡不留老學東坡栽樹法只栽苦竹滿溪頭

舊客石橋懷舊日黃蘆苦竹雨濛濛重看君詩傷往事牀頭幸不種梧桐

諸暨道中

竹籬茅舍也遭兵五十衰翁揮淚行我有竹籬茅舍在可能免得此傷情

示鹿頭羔羊虎賁二首之一

自笑貧兒妄想奢不圖佛國與仙家只圖種子無飢死趁箇漁船主蓼花

在阪

人人閒說閒時好及到閒時不肯閒邀得能閒好朋友一壺清酒看青山

感時三首之一

不道山居便得生山居今日也心驚煙霞洞口逢樵子手採松花談甲兵

醉中贈內

桃花落過費春思尊酒題詩半夜時最喜香菴煮新笋呼儂多進兩三巵

偶題

紅蓼丹楓擁白頭老人亡國易知秋只憑鄰舍二三家酒夢上南湖百尺樓

少時讀史感孤臣不謂今朝及老身想到蒙羞忍死處後人眞不若前人史詩

始覺人無忠義志不須去讀古人書山河舉目非無感詩酒當前又自如

故山已築髑髏城夢去猶然打馬行行到楓橋楊墅裏白頭兄弟笑來迎

人言足病宜禁酒禁酒通身病亦多最是國亡家破恨青天白日上心窩

亦公書相促十三叔託張內生寄語

年老將歸守墓田向人借屋兩三椽弟兄尺牘深長計長老傳言絕可憐

山居二首之一

老子憂來何所之肥紅梅子怯風吹摘將數顆吞清酒醉弄嬌兒

讀杜詩

愧送豹尾師子羔羊虎賁避亂

風摧木葉叫鵂鶹萬歷年間老楚囚國破猶存妻子念曉風殘月

送孤舟

送樓浴玄南歸

喜君先我歸家去，爲我親朋俱說知。愁病半除歸念切，迴舟只在暮春時。

題治徵叔小像

鐵笛梅花臥墨莊，玉船載酒老僧嘗。置予邱壑爲予寫，怕說邊烽照建章。

偶成

茭草青青水滿湖，湖邊鵝鴨自相呼。日長睡起捲簾坐，閒聽漁舟喚賣鱸。

嬾聽門前長者車，有田堪種水堪漁。是非不入松風耳，花落花開只讀書。

題貞姒傳韋貞姒陳心學妻老蓮從叔祖母也

十五嚴霜烏夜啼此身原已客天西連環偶醉千山雪淚浥蓮房一束溪

辰刻交藤下粥輭而香山海圖經點幾張得意之秋重得意黃鸝睍睆樹中央

焚御青門使者車白蓮社裏衲茅廬晨昏獨禮俱胝像禮畢呼兒讀父書

幸不生爲憂世人幸而忘世又家貧黃花醉後松根臥霜葉霜華堆滿身

舊時遊客舊亭臺便是桃花落也來最愛主人惜光景歸鴉陣裏喚殘杯

怕風不上柳橋行花落將書一定情數日有書都嬾看幾枝新柳一聲鶯

紅樹不曾看一日立冬轉眼又三朝廿年白石清泉友不坐長橋便短橋

一生有何得意處名字湖山之內聞錦帶橋邊照白髮定香橋畔憶紅裙

金銀闕下老翁頭鵲枝採得笑仙遊老蓮不解神仙訣只可隨君過酒樓

紅樹十首之五

滿山紅葉付秋風兩鬢黃花擁醉翁醉眼朦朧認歸路門前有竹兩三叢

苧蘿山下紅樹齊浣紗溪上紅葉飛去飲苧蘿山下酒夜自浣紗

溪上歸

山家星散栽烏桕，九月盡頭處處紅。南市賽神走谿女，北村煮酒留醉翁。

醒看紅葉幾欲悲，醉看不覺悲難支。欲掩柴門眠不得，無端秋色撩人思。

霜螯琥珀莎薑紫，捧出當壚十五兒。恨殺秋山紅樹酒，獨無此事入新詩。

送十三叔之五河四首之三

舊年秋暮君送我，今年秋暮我送君。兩度離尊話殘月，寒蛩唧唧竹根聞。

朝秦暮楚豈生涯，近日生涯莫過他。看破生死安義命，只消閉戶灌春花。

空住苧蘿將兩月不逢西子浣溪紗打點今宵飛夢去青藤屋底

索團茶

國朝余浣公山寺初秋

絶頂新秋生夜涼鶴飛松露滴衣裳前村月落半江水僧在翠微

開竹房

五洩

奇峯四面插青天十二瑤京望儼然大似玉妃梳洗罷素簾垂在

鏡臺前

余瞿菴田家

正是田家布穀時鸎聲忽破綠楊枝野人不解春愁曲桑柘風微

喚賣絲

趙雨鵑春遊

獨步尋芳春日斜板橋只有兩三家名園空好無人到一架鞦韆臥落花

余叔子題楓溪叔父二海集

二十年來冷釣磯故山猿鶴盼人歸百川從古仍趨海莫忘溪園薜荔衣

陳月泉山莊春興

雪谷迎春漸解寒、椶鞵布襪上晴巒呼僮斸破巖前石添得齋頭數本蘭

桃花小港鯉魚肥石髮如茵坐釣磯隄畔紅亭聊避雨看他燕子撲江飛

百里山城半藝桑家家雞黍賽蠶孃明朝剩繭繅車動萬疊吳絲一月忙

土牆高下結藤花入識溪頭野客家日暮沿流放棹去半汀春水

翦芹芽

雨潤苔花上石牆野煙牽柳覆春塘水梭潑剌扳罾得細斫銀絲

和蜀薑

蚊睫蜂窠片席遮小園卻似子山家新雷一夜香苞拆明日圜丁

薦筍芽

馮森齋王柱公重刊竹齋集

竹齋舊集幻蕉桐芝草尋根得柱公紙帳寒生更漏寂藜光映起

墨梅紅

大海軍前大義明人間只說越狂生蘭孫檢出張辰稿合與齊華

黼例旌

金石家聲十數傳葵軒止止緒綿綿孤忠尚有王三善若箇窮搜

殉義篇王三善附人物志傳日炯傳

丹黃塗抹夕陽斜牽綴東維意轉賒黍谷從來春不到前修冷落十餘家

懷舊詩五首之三

寸晷風簷並起予名家百廿竟何如宗工大匠東皋子苦憶天南石爐餘石名作硯字靜久明經自號爐餘

憔悴西山呂癇菴茂陵風雨止圖南布衣不食陳因粟國計民瘼事事諳呂大山終身病中故號癇菴布衣

一縷心精遇故鄉終年下榻復探囊長安十月風生雪載道人呼小孟嘗陳九蓉字靜峯

壽梅坡山莊雜興

麥隴青青山雉雊桃花籬落燕雙飛閒來得句慵留稿寫向田家

白板扉

村居一帶綠生寒小市喧闐向晚看樵客得錢沽酒去賣薪舟過

釣魚灘

放鴨坡凹老板橋石根齒齒水迢迢春晴未得連朝雨送客溪頭

候早潮

五畝閒園春日遲風光將及養蠶時女桑未滿牆頭綠豫借鄰家

雪色貍

枳棘籬邊山杏花沽帘高颺野人家莫愁藜杖青蚨盡穀賤年豐

酒可賒

屠琴隖自題耶谿漁隱四絶句

重上耶谿舊釣灘水村風味劇荒寒料量漁具無長物斫取一枝

青竹竿

又是西風蟹稻天瓦盆沽酒一陶然生剸海上鱸鱠手閒棹溪邊舴艋船
洗脚船頭看白鷗此心較似水禽閒朝南暮北渾無定趁著樵風吹又還
葑田菱泝積來深嘔軋櫓聲何處尋記得少年遊釣處水楊柳外夕陽沈

三子彝年十二學作山水小景以題畫二絕句呈閱淸麗可喜旣小與潤色復和之

船頭幾處挂蓑衣打槳招呼過別溪愁煞今年秋雨大深林盡日鷓鴣啼
茅茨曖曖起孤煙策杖誰行下潩田祇恐塵寰無此福全家雞犬白雲邊

屠楓菴次韻白巖弟自題山水小景

雲氣沈沈染客衣流泉活活咽山溪不知秋思深如許一箇寒蛩帶露嘶

蕭疏遠樹淡無煙白鷺雙飛水滿田一片陰晴渾不定雨絲祗在夕陽邊

屠鷺君鈞和白巖弟題自畫山水小景二絕句

圩田幾稜界僧衣風景何如罨畫溪閒凭水窗無客到竹雞嘶罷午雞嘶

鳴榔聲裏話尋煙菱蕩蘆碕夾葑田潦水拍天耕不得烏犍閒臥夕陽邊

屠白巖彝題自畫山水小景

遠山蒼翠欲沾衣三兩漁舟散碧溪隄外垂楊無意綠忽聽格磔

水邊唬

數家村落隱炊煙獨坐南窗看水田隔岸有人牽犢至渡船先泊

小橋邊

姚春林題春軒畫山水便面

分明寫出讀書處數椽中有幽人住舊雨不來門未開一縷寒煙

挂秋樹

題春軒紅豆小草四首

擔盡閒愁不自禁最無聊賴是情深春風南國多紅豆化作詩人

一點心

綠鬢紅顏感歲華傷心不獨爲琵琶願將一掬鍾情淚徧灑人間

薄命花

黃絹裁成幼婦詞勝他描畫費胭脂冬冬郎才調西崑體併與三生

杜牧之

清泠風月可憐宵夢裏分明見翠翹知有香魂凝不散感君還唱

念奴嬌春軒嘗夢雙鬟女子歌其詩句

斯山雪曉山行

深谷嚴寒酒易消山盤水曲路迢迢蹇驢趁得梅花信細雨寒雲

過板橋

自家到西竺菴

西施村畔獨句留小立沙隄喚釣舟隔水人家堪畫處槿花籬腳

臥黃牛

酈依仁伊人思遊五洩不果

春遊悔不侍張華謂驢江同向招提試越茶昨夢鬱孤山下過成羣

猿玃剝秋花

趙白魚越歌送別

城南曲曲鸕鷀灣城北搖搖漁艕山城北城南皆春水美人一去何時還

姚復莊書煮石山農遺事

多事樓頭吹羌笛橫流漫海已無家可憐故國啼鵑血化作愁紅萬點花

郭澹門初春雪霽至長壽寺

澗下涓涓春水生寺前初放一峯晴山禽聞語忽飛去小閣梅花磬一聲

諸暨青梅詞一百首

邑外青山山外湖越封南畔是句無吟來山木如莊舄自署洹江一釣徒

舊國㷌中奉夏正山川猶是允常名鍾縣徙後人疏絕吐綬飛飛
古越城
山海經傳禹盃時諸稽世本溯重黎狐埋妙喻行人好合鑄黃金
配范蠡
遲日江城初禁煙太平橋泊酒人船午風滿巷飛胡蝶春霧千山
醉杜鵑
小小烏雅六尺蓬筆牀茶竈任西東風回櫂入黃山浦春滿蘋香
絮影中
霰魚湖口水淙淙無數鴛鴦作隊降鏡里人家三百戸月明砧杵
滿秋江
城北谿光罨畫遥平蕪宛轉漾雙橋看荷直過茶亭北馬慢子塘
花更嬌

東朱極望水盤紆村北村南叫鷓鴣石佛山中一夜雨刺蔆花徧大農湖

幾日南風吹白河村中都唱采茶歌落花也惜春流去紅到王婆橋畔多

決決溝田響夏蜩菰蒲涼葉露蕭蕭長官蹋馬前谿遠一一蜻蜓飛過橋

葳蕤深鎖兩重階上已樓頭葉子牌鞭笥白鱓都上市賣餳人喚紫羅街

白苧春衫閣下縫瘦人天氣又東風楊花小扇紅襟燕歲歲山陰浦口逢

中里人家水竹居一重山崦一重廬金朱兩站開晴照小李將軍畫不如

金浦橋邊鷗鷺飛桑谿流水入瓢谿湖田高下菟茈草一色龍鬚綠未齊

曾傳巫里住西施一出江村斷履綦我欲投文日入柱東隨花片弔蛾眉

烏槎白櫟樹縈環四月櫻桃血色殷露葉五更鷺未起遊船齊泊藕山灣

僧房風剝翠珉玕爭作湖州竹派看不及山中茶白紙晴窗夜夜降青鸞

水閣迢迢百步長西江鐙火夜深涼急裝明發安華鋪黃尾魚羹勸客嘗

柳陌蔆塘處處開柯公湫水幾縈洄移船干吉谿頭飲古博嶺山落酒杯

山南山北共秋聲苦竹便娟夾澗生但取鍊師方丈地攜琴來餌
朮黃精

釣艇歸來背夕曛白洋山翠自氤氳遥遥蕙渚連茅渚十里鐘聲
上下聞

一曲寒塘鳴佩環十年五年水潺潺青谿綠樹多逢雨樵唱聲聲
出了山

五洩谿山天下無峯頭朝暮有猨呼默公已老元卿去垂足巖邊
看鬱姑

涼雲不動晝愔愔凝碧軒頭好竹林五色西瓜花下藕新蟬聲脆
似鳴琴

土酒新蒭瀲灩杯杏花初坼一壚開隔簾小婦三弦子低唱華家
胡蜨媒

雙蓮亭畔樹成窠窺月臺空舊迹訛唯有琴堂清似水放衙時見渚禽多

縹緲杭烏刺史祠羽車晝下見雲旗東風作意神靈雨七十二峯聞鼓吹

苧蘿東畔釣人居三月桃花尺半魚日晚鸕鷀沙嘴宿一江春水夜聞挐

萬柳青遮隄上樓玉蛾競日鬭輕柔自從詩守葵軒約不見飛花過石頭

嫋嫋涼風吹女蘿鮑姑柳姑恨如何未應露冷蘭啼夜忍聽西山懊惱歌

草長令威藏藥井雲荒吳越拜郊臺風華一種歸銷歇乘興還尋大令碑

黃白山橋好酒家橋邊開滿水葓花回舟轉想康泉水活火風鑪

關嶺茶

十里梅園淺水邊山農日日有詩篇行人策衞天章去一路疏花

小雪天

花滿春江月滿舷年年中酒困朝眠不知新雨山房足長得池中

五色蓮

茅家井畔女兒家五色碧雞飛上花好是蠡湖煙月夜玉簫低按

浣谿沙

小雨初開嶺上桃春陰著意作花朝重髹屐鶣檿桑木忍使風懷

取次銷

曁羅女子裌衣裳渡口梅花葉葉香晚浦靑荷似明鏡橫塘荇般

似釵梁

石室幽藏靈女祠春深春淺水禽知岸花零落隨流去門外風吹
松柏枝

新亭樹下繫花驄竹月湖邊紫草紅日暮與郎期何許皇墳西畔
玉屏風

紫葚低垂一寸長交藤花吐隔籬香縠文幾幅山梭布郎作春衣
妾作裳

句乘山色逼烏櫳東白西靑鳥路通猨玃正愁霜月苦戛天孤鶴
夜深逢

五指山南路莽洋風吹草淺見牛羊盛秋添箇寒蘆管便是陰山
敕勒鄉

石筧香瓜絕代無蕫泉日日貢冰廚特憐內史生歸洛未見鄉閒
有酪酥

烏石村中鷹觜桃甘人不異綏山豪九花小棗家家熟椀大黃虀入齒銷

下瀨谿波碧似油南經萬歲北千秋莫如東西兩江水纔過城闉又別流

相送前倪又下倪枇杷樹下牽郎衣與郎生小花山住莫似楊花水外飛

雞山塔與范巖齊白水塔居浣浦西試上層樓看雲雨兩邊何處有高低

秦帝祠堂槲樹林春深樹樹有鳴禽傳言寶鏡知肝鬲照取春愁幾許深

東西南北種芙蓉東江西江上下通到處逢人都說藕女兒顏比藕花紅

花下聞郎度曲高隔江倚檻妾吹簫情知蟹眼橋頭水自應錢唐早晚潮

綦箱風影落螳螂戸外青莎三尺長那得郎心似漁艣舟行面面水中央

郎逐遼東估客車六千里外不通書雁行斜落東皋嶺日剖谿頭石版魚

竹簰行泝水澌澌灘淺篙長石齧之不分谿流三兩轉人家多有弄潮兒

烏笪何年秉使符金沙銀冶總虛無寶珠橋畔千家住不見橋頭賣寶珠

縣上山鄉縣下塽儂家自昔少豐年欲將金竹塘前水來種黃蘭畈裏田

寶掌禪扃夜不關長明鐙下是巖山春風吹長貝多木猶見頻伽歲歲還

秋空一雁度雲羅莫唱湖中鐵彈歌十里黄蘆白茅影長淸關外夕陽多

蒸栗如拳玉色温井亭靑李亦無倫香山竹浦多魚蟹菱角雞頭聚陡亹

過橋鐙火豔春臺到處簾櫳面水開四闕七門看未了六龍銜照一時囘

畫閣臨風西小江黄昏花霧罨紅窗相思無限枝頭鳥月影山間定是雙

細字裁書寄遠關一雙花乳印連環爲言分土由來小夫槩前封第一山

蹋青千子墳前去鬭草八風亭上來可是狂夫不如妾日斜連臂唱青梅

妾住紅樓百尺高望煙猶近望郎遥誰移九疊屏山綠隔斷街亭上渡橋

淡黄絲柳徧啼雅茸母春開少婦家果是貧居能作相勸郎多種吉祥花

青鏤梅子鬭玲瓏茜染薑蘇蜜漬濃苦筍來時茶味減玉盤新水浸花紅

去歲郎書在荔波今逢驛使往交河深閨魂夢紛南北愁比洪範錯簡多

花飛釧動步塵回石碲烏蓬次第催一種少年齊借問道林三月進香來

四月紅蠶吐御絲絲心棼亂妾心知將郎不斷纏緜緒莫看纖纖盆手時

白鶴山前九曲河風光曲曲泥人多妾尋蓮子郎尋藕一曲相逢一曲歌

鬬雪花垂睥睨紅雙雙檣燕話春風肩輿四面玻璃扇外半盼街看殺儂

問客今從何處囘買茶先過妾家來門前正對乾元塔住店須看馬秀才

健綫紅分兩臂拕浴蘭時候最淸和香囊艾虎年年事別坐池闌教八哥

花開淨鬘圖中色鳥弄楊雲弦上聲等得日長春又短于飛樓畔款新晴

小米殘碑臥草萊浣紗題字長莓苔楊公飛白柳公墨都是昆明劫後灰

山下餘麻細若簪上方佛火伴蕭參客兒知賦山居好叢桂秋懸空舊林

天南蠻觸總紛紛婺越巖封一綫分白髮新州城下叟逢人能說李將軍

小榼招攜訪玉京牽衣宛似碧螺縈山僧頂上潺湲水墺軋一聲何處鳴

漱雪谿頭萬壑松寥寥響過磚山東焦氏秋後無佳客零落人間大小馮

閣外西風與樹平解空山寺入秋晴待攜豆莢茱萸酒紅葉千峯刺眼明

春水鱗鱗卵色新魚船多上鋪司津鐙前重按花遊曲金店盤香已二巡

楊司馬廟竹枝長史大夫祠豆葉黃錦雉朝飛夫子巷啼烏夜宿相門坊

丫叉葉綴雞楓樹水墨花懸蠶豆枝妾貌定非前日好郎心那許便相知

鐙下裁縫玉尺量郎儂衣袖一般長聞郎朝自江邊至作底夫人能抱郎

郎如梅子黃時雨寒熱阪中五月天妾似琉璃裁作井朝朝長抱轆轤眠

罷亞紅翻守草樓露蟬聲裏事西疇漸江一夜東風便販粟船交氾石頭

勸郎莫囤下江米勸郎莫販二蠶絲秋深柏子門前熟百斛蘭膏

清若脂

梁武堂空飛暮雲范蠡宅廢草紛紛黃藤市上黃藤酒誰醉深山

補闕墳

劉家龍種眞奇絶飽啖鰕鬚戲眇冥風雨年年作寒食一杯何減

小昭靈

文采風流烏帽郎鴛湖花月少年塲笛聲老卧平陽隖愁絶江南

盛孝章

止齋敬仲兩嶔奇鐵笛老人獨抱遺我愛南都陳待詔寶綸詩格

未曾低

江潭憔悴纍臣顔露芷風荷水一灣徒爾布帆書日月眉持久已

不名山

粟鄂山連石子岡吾家舊有種花莊綠差差處三間屋雪北香南是道場

雨帶風襟煙作鬟水仙清致絶人寰冬冬齋新買寒泉石橢式盆中裝假山

玉璽書評不可稽復齋鍾鼎重縑綈伊誰爲續洞天錄茗椀爐熏細品題

修竹吾廬三四竿屋邊繚以碧闌干千花影覆千龕佛不礙維摩丈室寬

一蓑一笠泌湖邊隨意等箵挂樹巔白酒青山都好在無人喚起爛頭仙

仙女盤頭濯髮囘木連僧寺足徘徊山人杖屐自然好不用珊瑚碧玉裁

晚香亭子載賓遊看月還登元覽樓可似黃郎沐岸酒團團碧樹生涼秋

一何綺麗水南軒疏影垂垂見月痕柚熟時過長壽寺松高日到紫霞園

隄下蹋歌隄上行風吹不斷竹枝聲從知七十二湖水曾載詩人張叔京

酈藜生青梅詞五首之四

荷花塘裏盡菰蒲塘上女兒多麗都妾畏炎侵思得藕不知郎解種蓮無

大農湖在縣北畔水生蘋石佛山在縣東中花更新妾是大農長望歲郎如石佛不知春

妾曾經過清溪曲地名到底還知郎骨清郎說移居明鏡里地名至今

不照妾心明

溪北湖西兩地名楊柳齊東南風至兩邊低郎家燕子妾家宿妾樹

鸎兒郎樹嗁

詞

元陳思繹西江月重過泌湖

三十年前此地畫船隨處追遊馬嘶芳草柳絲柔多少風流載酒

今日重過香徑湖山總是離愁故人寂寞但荒邱情到不堪回

首

明陳章侯訴衷情東阪步還

春光半落甲兵中天子恨悤悤愧不書生戎馬一劍倚崆峒　長

中酒臥溪風海棠紅父書未讀事君無路轉眼成翁

卜算子寄伯兩兄

相逢皆老人相看皆消瘦問君還有百年歡釀飲梅莊否　望得上元來小令催椒酒纏頭百兩十三絃詩箇傳花手

賣花聲 干溪道上

小小讀書臺幾樹寒梅十分卻有二分開開到歸來鐙節後落盡蒼苔　草草出門來又戀殘杯不曾分付老丁培若使雪風狼藉了也是花災

國朝趙雨鴟念奴嬌 西子故里

苧蘿閒步正鷺柔花媚春生遊屐不見浣紗溪上女但見溪頭片石豔舞迴風嬌歌住月故國雲山隔入吳往事何堪今日重憶莫問興廢存亡荒碑冷廟千古空遺迹賸水悠悠流不斷依舊青山落日少伯勳名夷光窈窕風雨邱中麥岸旁楊柳依稀想見顏色

屠孟昭摸魚兒耶溪漁隱圖自題二闋

問何時雨蓑煙笠歸裝眞箇料理季眞肯作黃冠老不少鑑湖春水圖畫裏恁非我非魚總是濠梁旨江湖滿地算天壤王郎釣鼇倦也解得箇中意　耶谿畔幾箇漁兄漁弟續成漁具詩未就中鷗鷺都無恙偏我投竿而起身外事看浩蕩煙波一晌人間世他時范蠡便未了功名鴟夷一舸也作五湖計

者生涯江天空濶羊裘披得安穩釣竿拂罷珊瑚樹白小可憐分命春夢醒任南北東西吹送樵風徑十年重省卻愁水愁風獨來獨往憑仗一帆正　頭銜換只有釣師相稱蓴鱸何限秋興水鄉贏得魚租賤付與柳絲穿賸君且聽聽越女如花齊唱風波定斜陽未暝好挈鷺提鷗撈鰕斷蟹船尾挂笭箵

壽眉生金縷曲別友人駱東溪落京兆解南歸

君本傷心者奈春明十年浪迹端憂多暇酒債尋常行處有顧曲周郎瀟灑腸斷了芙蓉裙衩散雪團雲無限恨況何戡已老秋娘嫁言及此淚盈把　江湖滿地知音寡莽紅塵無端嬉笑無端怒罵詈取英雄心膽在照此漫漫長夜莫乞相五陵裘馬富貴人生如寄耳歎鵷雛腐鼠空相嚇毋久溷乃公也

失意酉難住最無聊一鐙如豆黄昏微雨藥店飛龍誰唱徹同是悲秋情緒知夢裏關山何處瞻望白雲親舍遠更消魂思婦樓頭絮游倦矣自當去　故園不少蘭臺聚儘安排揮毫對客閉門索句聞道比肩人似玉試把周南誦與看繞膝成行兒女回首天涯愁病客悵烏頭馬角徒延佇無家別奈何許

諸暨文徵内編卷五十三終

諸暨縣志卷五十四

文徵

紀實外編

記

元義烏黃溍晉卿諸暨州鄉貢進士題名碑記

溍佐諸暨之明年州人士有同升於春官而旅進於天子之廷者其調補而歸也學正陳繼龍旣合鄉薦之士爲題名而虛其左以俟且屬溍記之溍惟國朝以科目取士著於令列聖相承守之如一上以繼志述事下以立邦家太平之基甚盛德也越於東南號稱都會異時人材輩出起進士至宰相者有之自版圖入職方章逢之流相與蹈詠爲日已久如種待穫適惟其時是以詔下之日莫不爭翔競奮以自廁於英儁之列獨是州閱十年而偕計吏第

奉常者始接踵而起後先相望滋不乏人其科給之優又旁州比縣所未有也惟其發也不亟故其就也愈偉則其進也孰禦焉雖然士非科目不能以自達至其措諸行事足以被今而垂後者恆有在乎科目之外苟徒誇榮侈盛而以爲稽古之所蒙豈賢師儒昭示上德風厲學者之意哉肆成人有德潛與諸君子求無怍焉可也小子有造潛於承學之士蓋日望之

明浦江宋濂景濂浙東行省右丞李公諸暨武功碑記

惟我皇帝既定浙東西地以其疆埸與虜人犬牙相入乃置浙東行省以轄五府一州之衆建牙於嚴於時右丞李公實以上之懿親總受藩宣之寄而兼命參知政事胡公德濟分治諸暨所以聯絡氣勢綏輯東土而折衝外侮者也乃乙巳之春二月己丑虜挾我叛人謝再興分兩道入寇其舟師自釣臺烏石窺我建德公遣

兵禦之其馬步卒踰濤江而東圍諸暨之新城聲言二十萬壁壘旁午旌旗充塞虜堅忍持重務以爲必拔之計構飾寢宇創建倉庫預定州長貳官屬復分精卒數萬屯城北十里以遏我援師胡公堅壁力守戒將士勿輕與戰有來攻城者發矢石退之遂遣使乞師於公公即欲馳援初釣臺之役稍不利亡一千夫長至是羣情疑沮或獻謀於公曰嚴實吾藩垣所寄虜若闞公往即起乘之奈何諸暨雖受圍得一鋭將帥師解焉可也公曰浙水東門戶在諸暨諸暨苟不守郡縣必致繹騷故虜盛兵東向而使游兵泝釣臺以綴我師我不往脱有弗靖嚴其能獨利乎乃屬大帥三人爲居守明日癸丑遂行有自虜中來者又以衆寡不敵爲辭公弗顧甲寅至浦江丁巳抵烏傷之龍潭去虜營不二十里因據其險忽有白氣自東北經天三軍見之勇氣百倍日且晡軍中驚言虜將

襲我公亦不爲動夜四鼓城中知有援至潛縋士卒來約明旦將空壁逆戰戊午蓐食已公分諸將爲左右翼公自將其中軍旣成列會參軍胡君深復承公檄率所部將士亦自括而至軍氣益振公乃申號令曰師之勝負在曲直不在寡多我國何負於叛人虜乃挾之日夜以生變癸卯之秋九月壬午直犯我東陽吾不敢愛其生晝夜兼行殄之於烏傷爾三軍之所親覩皇天助順不可誣也今虜又不改行盡驅其衆以擾我邊疆占書云軍中見白氣者剋敵之像此殆天欲滅此虜也爾等尙效死斬刺以報國家之寵靈毋怯毋貪獲毋避險阻毋左右顧視有不如約者卽戮以徇語始畢虜兵整圓陣而至兵旣接公乘匹馬挺身先入陷其中軍中軍虜之精銳所萃見公至競來迫之槍屢及公膝公馬上運戟捷如雨風當其鋒者應手皆仆虜氣皆讋左右翼及諸軍一齊奮擊

聲振天地軍遂大亂時溪洞兵居後列猶觀望欲集兩山之民呼曰虜敗矣虜敗矣遂皆棄甲而奔我軍乘勝逐北斬首如刈麻前後蹂躪死者以萬餘計溪水爲之不流胡公亦率精甲出圍城中從公合擊之殺獲甚衆其主帥僅以身免燔其營寨若干俘其將帥六百軍士三千馬八百輜重鎧仗積如邱山三月己未凱歌而旋所至父老爭進牛酒爲公壽公勞而卻之辛酉還嚴既飲至郎命幕府上其功簿於朝上嘉公敵愾之功錫以御衣名馬其餘將士第功行賞有差濂聞之軍讖之論良將有曰以身先人故其兵爲天下雄説者引辥仁貴爲將持戟腰刀奮呼入敵衆輒爲之奔潰此所以爲天下之雄也濂以公之事觀之殆似有過焉者蓋仁貴挺身陷陣其驍悍若與公同然必兩軍相當方可制勝未聞其以寡卻衆如公之爲也今虜兵大集塞野蔽川人孰不爲公危公

以不滿萬之衆談笑而殲之斯不亦昔人之所尤難哉由公精忠貫於內勁氣注於外但知有國而不知有其身瞋目張膽視虜若無故其功業焜燿至於如此也公之賢爲不可及矣濂昔待罪右史嘗書公之勞烈藏之金匱今又因邦人士之請爲文若詩以昭公之光庶使世之讀者上毋忘於帝德下無負於公之功云公名文忠字世英敬賢下士如弗及平居恂恂禮遜及臨大敵雖賁育之勇不是過君子服焉系之以詩曰於赫皇王大明東升爍彼羣陰六合載淸建藩分鎮以翼以衛倬彼李公實涖東浙虎符煌煌侑以龍節導宣皇靈德柔威剛吳虜逞虐登我叛臣屢啟兵釁來毒烝民亦既擣之化爲埃塵龍集鶉首在卯之月怙惡弗悛竟犬之突合圍諸暨不通一髮公聞之怒氣衝斗閒咄哉狂虜天紀之干翹其若螘鬭此勁翰迺飭將佐整厥堅冑彀厥琱戈礪厥金鏃

我欲卽發爾罔或沒禡纛於門載之以行叶卒旅言言旄幟翻翻蛟螭騰淵熊羆出山直薄龍潭伺敵而戰有氣經天其白如練言徵開先何兵不翦左右列屯兩翼飛騖公將虎旅宅其中堅氣通脈聯勢如率然復戒多士虜衆我寡大刀長揮毋獲士馬要使青原盡變爲赭虜馳而至公躍而前單戟奮先星流飆旋閃閃莫定觸之必顚虜實警疑斯何爲者莫匪神兵自天而下震懾相駭弓不能弛三軍縱擊其亂如雲混混沌沌紛紛紜紜或斷其脅或斮其齶蠢彼有苗猶爾偵視山岷齊呼倒戈而避我師疾逐其勢尤熾如雷斯掀如風斯奔如火斯燉融乾爥坤一鼓而殲凜焉雄吞譬猶鴛鵝衆若雲翳孤隼橫擊無有不斃將唯在勍豈多爲貴人亦有言天監匪私我直彼曲孰不周知以順討逆云胡不夷昔兵始交毒霧蒙絡今敵既平上下淸廓神道助順理甚昭灼奏凱而

旋旣歌且謠歌聲委蛇閼以短簫祥飈獻娛嘉卉動搖耆耋驩迎列拜馬首非公之臨幾陷虎口敢以牛酒以爲公壽三軍戾止燕饗有容公拜稽首疏於章封非臣之力諸將之功皇情悅豫徵公入覲珠衣龍馬錫之不吝第賞其餘匪琛伊賚自古在昔六龍御天必有良弼參佐化權遂開丕基萬世其延惟皇神聖控御區宇百僚師師選有文武親賢如公綏我東土綏我東土我民用熙無敵不靡無徠不懷成此武功實耀簡書簡書所紀以勸在位賛詠鋪張遵古之義史臣作歌蹈揚奮厲

明宋景濂貞則堂記

貞則堂者傅君藻養母夫人之所也夫人姓樓氏故爲烏傷士族年十五歸同里處士壽朋生二子長曰權次卽藻又十有八年而寡夫人斷髮誓不食他姓家日單凍餒交攻當風雪淒迷靑鐙夜

織雞再號猶軋軋聞機杼聲人弗能堪夫人裕如也越若干年始克葬處士君華川之南葬已先廬未備者補之持宿券責金者庚之專心一力訓二子有成權得推擇爲吏藻從黃文獻公游以文辭稱夫人素髮垂領日坐堂上含沖挹映而享壽養之樂時年蓋六十餘矣人皆曰女婦青年能守貞者非艱守於阽危者爲艱當夫人獨居室無儋石之積皦皦自信如荊南之金色百煉而弗變非其賢過人能如是乎吾邦生齒之繁動至數十萬求如夫人者千或不能二三宜其休聞流溢無窮所可憾者無良有司上於朝廷以表其宅里爾金華宋濂獨不謂然何者婺爲呂成公講道之邦禮義修明風俗渲美非惟家孝弟而人書詩至於女子婦人亦皆無思犯禮而畏行露之侵第處道之常同老于室無以見其所執之操今謂如夫人者千不能一二三是何待父母之國如此其輕

也向使處士君不蚤逝孰知夫人之行能卓卓如是乎利器之施遇錯節而顯勁栢之剛因凝霜而知名蓋生於世之變也計夫人之心豈樂貧守貞之名哉以守貞名夫人巳為不幸況又欲徼旌寵之榮乎旌寵朝廷之事也濂也不敏與藻居同郡學同師嘗升斯堂而拜夫人藻指謂濂曰吾子幸為我文之濂不敢讓使濂之文傳夫人大節其亦烜著於世矣乎此記見傅氏貞則堂譜從宋學士集採入案傅氏羔字壽朋蚤世妻樓守節子藻字伯長一字國章與宋潛溪學士同游黃文獻公門洪武初歷官翰林院編修監察御史河南廉使致仕養親潛溪為撰貞則堂記嘉靖七年藻十一世孫艮相始由義烏杜門遷諸暨梅嶺迄今其後嗣尚未析譜仍以貞則名其堂云

浦江鄭淵浙東行中書省參知政事胡公諸暨紀功碑

惟天以萬世帝王之業畀我皇上以靖邦國以安萬民必有貔貅之士虎賁之雄共遏亂略恢弘治功有若浙東行中書省參知政事胡公德濟則其人也初公嘗侍其父越國公扈從南征既取江

表復定浙東功簡帝心榮膺寵賚庚子之歲始受命以掌兵符辛丑五月江西陳友諒遣僞將李明道撓我諸暨州時公有諸暨楓橋之役越國即命公討平其亂晝夜兼行鼓譟而前焚其營寨翦其荼毒明道俯首就擒軍聲大振叛臣謝再興鎮守諸暨癸卯六月陰與姑蘇張寇通遂以城叛將大舉以襲我不備蓋其地上接金華下臨會稽而浦江義烏實居鄰壤訛言沸騰不謀朝夕皇上重念生靈將罹塗炭時公簽書行樞密院事即命公於五指山下去州舊治七十里建城治隍營設官署凡倉庫門衞之屬無不嚴備勒具兵農以成一方保障復屯兵險要之地以防狐豕衝突甲辰之冬遂陞今官寵受印章分署省事乙巳二月再興復糾張寇十餘萬直犯新城公時出戰以挫其鋒且乞師於左丞李公復堅壁以俟左丞統大軍以擊其外公自城突出以應其內內外勢合

呼聲震天地旌旗蔽空蕩搖山谷寇乃倒戈不能戰蒲伏就戮暴屍原野積如邱山鎧甲輜重蹂踐於地不可置足獲其馬若干匹糗糧若干石擒其僞將韓謙蕭某之屬若干人寇復怙惡不悛作柵於城東斗子巖以瞰我師公每指而言曰不去是不足以安我民丙午之冬夜擣巖下縱火上焚烟焰蔽天士卒衝冒矢石相呼以登寇莫知其所爲卒皆遁去復盡獲其器械芻糧命將追襲以剋州之舊治寇聞公威卽來欵附境內悉平遠近之民以爲四三年間日夜股栗不甯一旦得高枕安寢者皆公之德也是故生我者父母再生者則公也今公去鎮未久民之戴公雖飲食不暫忘苟不鐫德於貞石非所以告方來爰敢述戰功之大略以寓邦人之思且系之以詩詩曰於赫我皇受天明命黃鉞一揮四海底定時乘六龍駕馭羣雄風馳雷轟電掃雲從遹駿有聲震驚河嶽姦

驕朋淫自羅鋒鍔英英胡公扈從南征虎賁龍驤以討不庭橫槊上馬克殲大憝建爾伐功綏爾寵賚簽書樞密參預浙東赫如烈日和如春風相彼叛臣統兵諸暨狐狸跳踉狗豕奔竄糾其元惡反噬我師敢抗皇威卒形天誅爰命我公爰整其旅桓桓于征淮疆百里浦汭之東夫概之西有山矗立森如五指乃開深濠如虹環起乃建堅城如山崇峙鑿之沖沖築之隆隆民相以功修我邊戎居則有廬炊則有竈積其餱糧以養將校穀我甲冑礪我戈矛練我士馬以策以籌批亢擣虛在我勝算設奇取勝明我謀斷俟時而動鬼愕神驚出其不意功用乃成州域在隅巖巖若斗寇來倚之偵瞰我有銜枚夜擣如雷破山烈烈轟轟寇膽先寒豕突而馳救死彌暇巳而來歸俯伏百拜公曰嘻哉爾勿我疑我施我仁爾毋爾迷我皇有命不戮降者爾惡雖淫我終爾捨民樂而歌歡

聲載途匪公生我曷成艮圖我田我耕我室我止我蠶我絲我笑我語公我慈母公我父兄皇靈上宣仁澤下零自東自西自南自北聲化所被罔不臣妾皇業之昌公德之彰我武用揚載烈載光圖像雲臺銘勛樂石用歌聖功以昭罔極

崇德貝瓊廷琚故訓導胡先生畫像記

張士誠之入吳也江浙行省以參政楊公完者禦之分兵擊叛將王可權於松江兵遂大掠至夫子廟執訓導胡先生責其金先生叱曰若不討賊而反爲賊耶衆怒刃之尋死至正十有六年二月也初部使者命先生來分教裁閱月而可權至二月己巳夜內外舉火烈燄亘天先生亟命闔閉門防寇徙薪避火火且逼西北垣乃率諸生李復賈兼善吳克敏宋超潛尙德卿升屋大呼注水沃之又令民撤草坊許新其居既而火乃反風若有鬼神相之者故

東西佛老之宫咸毁無存此獨巋然如靈光實先生力也方其變起倉猝在官之人莫不駭散奔走先生會稽布衣耳不食其祿不任其事乃以身觸虎狼卒至見殺而不毁嗚呼昔曾子居武城寇至則去子思居衞寇至則不去以爲君守蓋賓師之道與臣不同如此今先生當爲曾子不得如子思也而區區守此以死忠固不足班於孔父仇牧義固不足班於王蠋斯亦傷於勇矣然先生之心以爲平居無事則朝夕遊談其中一旦遇患則委之而去曾市人之弗若也推是心也以爲守令則能死城社以爲將帥則必死邊疆惡知違義苟活而失事君無二之道哉是未可深議之也後二年太守王侯立中因探教授馮恕言謂數百年先聖先師俎豆之區微先生之言惡能免於焚燒也乎而今日學者幸有所庇以講詩書禮樂之教者當知其有大功於此也前守既繪其像於東

廡春秋祠而報之今宜敘其顛末立石以風厲其爲士者而知事吳陵徐君克初贊而成之遂以命瓊然猶隱而不得詳也茲直書而正之先生名存道字師善嘗以春秋經試於有司其來松江時亦未有知者噫生不偶於時而卒能顯於後矣先死之一日有詩書於壁示其必死之意并摹刻於左云

會稽錢宰子予愚軒記

知孟與公孫樸同處於句無之村知孟曰善哉公孫子之安其愚也吾將絶慮去智黜其聰明以締交於樸也遂相與爲友而句無之里人槪以愚稱之里有應仲子者過之問曰某也觀二子之得於天也賦異爾形稟異爾情或智而明或樸而貞胡爲乎皆以愚稱公孫樸忻然笑曰大塊範我以樸甄我以素錫我以鈍非不知樸者可琢素者可飾鈍者可礪也將勉琢之且爲顛爲蹶將勉飾

之且爲汙爲涅將勉礪之且爲毀爲折吾甯渾渾沌沌守苞抱拙以全吾天也吾視世之人狃詐頡滑險詖桀黠知足以落天地巧足以雕萬物辯足以簧鼓天下之人心及其技窮術殫攖禍患而罹戮辱者皆是焉故甯吾守吾愚仲子曰公孫子之愚則聞命矣知孟之知天下莫加焉而亦以愚稱得毋僞乎知孟曰嘻知之與愚皆天之所錫畀也子安知愚之非知耶子安知知之非愚耶儀秦辯矣吾且鉗儀秦之口獨不得全其默於天耶獿石巧矣吾且袖獿石之手獨不得復其拙於天耶管晏知矣吾且斂管晏之知獨不得反其樸於天耶今子徒知公孫子之愚其樸也天範之其素也天甄之其鈍也天錫之孟也斂其華而歸於實韜其光而全其質其處也若不知有思其動也若不能有爲孟之愚庸不本於天耶孟之與樸也其愚將毋同乎仲子喟然曰知子其甯俞之愚

乎公孫子其柴子高之愚乎子高與予同病者甯俞之愚我願學焉因第一室於句無之樂安里顔曰愚軒而請予記諸軒上

浦江戴良叔能諸暨黄氏歸田記

諸暨東行六十里是爲孝義鄉其爲鄉之望者曰黄君松松故儒家由科第居顯宦者若干人而百年之喬木嘗盛矣及一旦衰松之孫某遂以愚騃蕩廢其先業至以百金産僅易一醉飽富豪之家爭爲巧計圖之而族人之無頼者又從而鼓扇其閒以故田凡八百餘畝屋凡二百餘楹無一步一椽存者維揚欒侯來署州事行視州境遂察知其弊一日召買田之家及某立庭下歷以古者仁厚之化義禮之俗開陳之而且反躬念過至於泣下衆因俯伏首實告曰惟賢侯命是從至夜漏半侯復列香炬對天誓衆俾伸者右抑者左衆又悦服當右者右當左者左於是冒取者償其業

低值者益其金金入則贖其質田之應期者曾不滿一月不笞一人得田如干畝屋如干楹歸其家俾其母妻弟姪之散亡他處者咸羣居聚食如家之盛時侯猶慮其久而莫繼也益選宗親之富而賢曰義曰鏞者以掌出入之數而且經紀其家事於是義與鏞及凡黃氏之族莫不德侯之爲願得余文記之庶幾永侯之德於無窮乃以張君辰所序事介朱君時憲以請嗚呼若侯者其賢於世吏遠矣自授田之法壞而兼幷之俗興富右豪强乘民之愚以襲取其家業者有矣然民未甚病也迨夫聽訟之吏出焉考覈之不明剖決之靡中搆辭累歲而元姦宿猾因舞手以規民而民始病矣世吏之不賢其重病民多如此由是而言則爲侯之民者雖不幸遭家中變其亦庶乎無憾焉昔韓延壽守左馮翊時民有訟田者延壽爲之引咎自責其民深自悔悟願以田相移終死不敢

爭史書其事至於今傳之侯之此舉固史臣之所取而後世之所宜傳也其可記以永久者有不在余文矣

茶陵李東陽賓之南雄府同知陳廷獻政績記

陳廷獻同知南雄府之五年入覲還太學生馮謹何晟等六人告予曰陳君之佐吾郡也威德竝著成化癸巳流賊江太師作亂劫掠二邑勢甚熾將卒莫敢捕公親率勇士奪險設伏擒太師等數百人餘黨悉平乃相度衝要築城浚濠置堡修柵集民兵以守之又籍居民之名若姓以辨客主稽出入使姦無所容盜不復作巡撫韓公雍命藩臬之行部者齎金幣以旌其功君時行屬邑省耕斂雖觸瘴癘無少憊田乃闢歸其民之徙者數千家學校久弛科第寥絕君時爲講說賞罰得士之中薦者六人始興盤阬俗傳有紗帽石爲祟見者必死賊恃石匿谷中人莫敢近君以火烈之其

怪遂息乙未四月旱君禱既雨六七月復旱亦如之其德於南雄者類如此及問之黄門楊君貫之文部倪君員弼者亦如太學生言案南雄舊史宋元以來築城禦寇則有若蕭渤禱旱得雨則有若黄城興學校則有若張搏霄禁淫祀則有若楊益皆舊志所載者陳君之政俱有合焉其黽勉不懈以底成績雖刻之金石與古人並傳可也今國家無私史史有職吏不樹碑碑有禁獨念君有政在僻壤不宜使不白因記其政以勵君之志以成太學諸君之義以備世之采擇者

山陰徐渭文長遊五洩記

萬歷二年十一月廿有二日偕王圖吳系策馬往五洩初宿謝家橋明日雨山行驢不可負暮至楓橋駱君意舍止焉明日其兄懷遠驗來又明日飲懷遠罷入化城寺又明日陳君心學來又明日

飲於陳止焉又明日午始霽遂行兩宿而至五洩寺是爲至日遂登巳而大霧窮宇內不見寸形渾若未闢忽復霽遂窮五洩下題名鐫寺之石鼓是夕雪明日午復霽往觀七十二峰攀捫裸厲陟自西潭以漲甚返又明日陟四洩之對岫觀四洩下飯於寺遂裝以歸踰響鐵紫閬長清三嶺日昃至洞巖寺飯罷巳鐙僧祖福縛炬請觀洞巖入至第三洞之鼇口洞故有外屏近爲占洞者所壞泥入壅鼇口返又明日黎飯復行入湖船一夕而至金家站甫明踰兩小嶺午泛離渚日昃抵家是觀也洞巖奇於陰五洩奇於陽而七十二峰兩壁夾一壑時明時幽時曠時逼奇於陰陽之間以余評之殆莫勝於五洩借物以形容之終不足蘇長公遊白水佛跡山云山上瀑布三十仞雷輥電散未易名狀大約似項羽破章邯時庶幾近之矣是行也去來凡十有三日陸行三百里水行百

三十里宿於駱四夕於途如之於陳一夕於寺再倍於陳余隨驢者二越溪而溺者一濡者四五驢蹶於嶺者三諸子淖而跌者弗論也得詩二十首每作諸子必相之

國朝嘉定張大受匠門余氏祠堂碑銘

古者宗法之行也所以聚其族之人各尊其祖各敬其宗名正而倫順情合而道同一族治而羣族皆繇以勸孝弟之風達乎天下矣而其法莫嚴於祠廟自卿大夫士廟有定制族之父兄子弟咸會供祭祀定名字告冠婚詩書禮讓相勵有無吉凶相卹又爲筐篚燕飲以樂之親親之道非祠廟無所統別姓收族一無不在神靈之旁堂戶之側爲子孫者敢弗敬哉伏讀故御史諸暨浣公余公所撰宗祠碑文知其家居汲汲以建祠睦族爲本歷敘自宋季迄今家風渻樸族姓繁衍告戒其子姓者甚至御史伯兄前明進

士不仕而卒其長子與御史長子同舉進士皆有名於時其他成名甚多今其子孫曾元過百餘歲時集宗人於祠内奉宗子主祠事灑掃奔走割牲執酒各有攸司長者先而少者後貴不傲賤而富不陵貧喜則相賀而戚則相弔明者導其魯而正者化其偏繼别爲宗一族之人無不仰承御史志以敬其先祖旁愛其昆弟下逮其子孫源深者流遠御史雖亡如生余氏家日興可也緜之詩言瓜之有瓞小而復大緜緜而不絶棠棣所云華與鄂相承族之盛貴乎維持培養非獨一家爲然凡有家者行其道相辨而不紊相親而不乖福祿及於百世甯有既乎大受交御史之孫舉人懋杞懋杞子銓復從授經屬爲其祠之碑銘凡地之廣若干用工材若干費若干御史自有記大受聞其風而竊慕之鼓鐘籩實余氏之先咸臨其堂而歆饗之後嗣愉愉翼翼永無斁焉行古之道也

庶幾爲之辭使樂工歌詠之侑其先且以風一鄉俾及於遠也銘曰暨陽之族振振繩繩惟昔御史溯先自興木培其本枝蘩而榮克念前績世世永承承萃斯亂人涣必爭以宗統之有義有經堂高而儼庭虛以明族會於此先靈是憑教之齒讓洽以豆觥升由孝秀郵彼孤煢一家之政爲鄉儀型湻風弗替至道以成載和爾籥載翔爾珩宗子致格神聽和平念御史德積崇如陵詒厥世世多祉川增洒刻斯石與天地恆

錄

宋義烏呂祖謙東萊入越錄

湻熙元年八月二十八日自金華與潘叔度爲會稽之游（此下節）過義烏東陽浦江永康四縣巡檢寨夔越界焉五里邵家灣觀五指山其巔石如駢拇然近視不若遠望飯民家舍後水竹可步逢驅

羊行賈者數百蹄散漫川谷風毛沙肋頓有汧隴秋色五里涉楓江俗諺云第一楊子江第二錢塘江第三楓江蓋甚言其水波惡實小溪耳聞春夏頹湍悍今僅至脛而已南岸有覆斗山山形正方若斗覆五里興樂槿花夾道室廬籬落皆整五里界牌隴平坡淺草隱隱起伏環山城立眞監牧地也五里牌頭市道分爲兩北道出漁浦度浙江入杭東道入越輪蹄擔負東視北不能十一市傍斗子巖巖傍獅子山首昂背偃略類狻猊五里寒熱阪五里宿硯石村凡行六十五里屨敝道旅牆壁横斜多市儈牓帖大要皆尤人語斯其所以爲市道與悚然久之九月一日晨霧上横隴東嶂出日金暈吞吐少焉全璧徑升晃耀不可正視升數尺韜於雲絢采光麗因蔽益奇非浮翳所能揜露稻風葉皆鮮鮮有生意五里鯉湖五里蔡家塢五里桐水嶺五里諸暨縣入縣北門人煙猶

蕭疏縣方策社南垣兩松樛枝小異里許至市自縣治前東折度下橋橋屋半圮矣並大溪行流甚壯其源一自東陽一自浦江一自孝義至街亭合流徑縣城又徑蕭山浮橋入浙江縣東陶朱山頗雄自入縣界已巋然見之出縣東門山益遠川原益曠田萊多荒蓋沮洳不宜稼而然五里放生橋道左女貞新葉生黃綠閒錯如行閩粵荔枝林五里馬秀才店店旁小室隨時蒔花草馬久罷轝矣三里雙橋阪二里烏石其南入剡百里而近十五里苦李橋溪磧頗淸淺木陰扶疏百餘步入山徑五里至新店灣復得平地五里櫟橋登櫟嶺五里冷水望東嶺神祠縹緲雲閒下阪稻穟垂黃際山數十里平鋪如拭洋洋乎富哉豐年之象道中所未見也五里宿楓橋鎭前歲析諸暨之十鄉即鎭爲義安縣今年五月廢凡行七十里薄暮小雨二日辨色發楓橋陰風薄寒十里乾溪溪

橋櫸柳數百株有十圍者過橋繞山足行十里古博嶺嶺左右皆叢篠五里洪口有別徑入明州自楓橋而上美竹佳樹相望近洪口曲折循小溪水聲漉漉風物漸佳十里含暉橋亭天章寺路口也寺蓋晉王羲之蘭亭山川秀潤氣象開敞寺右臂長岡達橋亭植以松檜疑人力所成者法堂後砌筒引水激高數丈堂後登階四五十級有照堂兩旁修竹木樨盛開軒檻明潔又登二十餘級至方丈眼界頗闊寺右王右軍書堂庭下皆杉竹觀右軍遺像出書堂徑田閒百餘步至曲水亭對鑿兩小池云是羲之鵞池墨池曲水乃汙渠蜿蜒若蚓必非流觴之舊斟酌當是寺前溪但歲久失其處耳由曲水亭穿小徑涉溪復出官道數里買舟泛鑑湖湖多湮爲田所存僅如溪港然秋水平岸菰蒲青蒼會稽秦望雲門諸山互相暎發城堞樓觀跨空入雲耳目應接不暇入水門過南

堰府學天慶觀至禹跡寺門捨舟此下節

墓誌

宋東陽孫德之虞君墓碣

吾友三如吳應松稱其同學虞天祐不離口曾願識之未能也一日懷刺往虞公展迎見其服色有異進問之故則出所祖某君遺事示予曰天祐不孝往歲濫刺疑厠之訛博士弟子員先子攜之齋舍歸未息肩而有大戚今途遠日薄念欲少伸罔極之痛爲不腐之託者惟銘是賴先生號爲能文者故牽聯有請願哀而賜之銘倘不哀而賜之銘猶不葬也予衰老每運思耳輒如附蜩以是絕不敢親硯席及閱其行狀應銘予又其何辭君諱秀芝字某世居越之暨陽曰某曰某曰某其三世也君天資頴異事經目輒記憶不忘方將冠生理調度朝夕急細故未能脫於胸中君求其所以逸

其親者苦力程督以身先之未久紓懷以爲如是不已則將以財自殄去儒遠矣課子弟於學積績不廢諸子密房坯戶一鐙熒熒吾伊不絶聲君蓋三十而孤一門之中凡十七年不别爨案而飯修儒術之外他無所用心故皆能嶄然見頭角家法成熟賓順穆雍而宗族慕焉和氣陶染闔閭稍弭而鄉黨化焉可謂父之誼子弟之任兄鄉之達人出而宦遊國之修士也其子方收文字之祥人謂天之報應不爽其宗必大而君之福祿未艾也詎料其年四十有九而遽逝耶娶葉氏男某某某孫某君以某年卒某年月日葬於某鄉松山之原銘曰義而聚而不校仁而富而必教我爲銘納諸窖

元黄晉卿蔣君墓碣

溍弱冠時及石先生之門聞先生當宋景之咸淳閒執弟子禮者

恆以百數顧生晚不得廁其列然竊心慕之先生歿十有六年而某爲諸暨州判官始識蔣君陶朱山中叩其師友之淵源則執弟子禮於先生者也君不以輩行自高言必稱同門若嘗與游與居者焉會有詔賜高年帛郡檄某奉以從事某方踏君之門而君已死將葬其子果以狀來謁銘某不得辭按狀君諱明龍字飛卿姓蔣氏由漢兗州刺史詡二十四世至唐尚書左丞洌又十七世至宋國子監主簿某監簿生處州教授頡教授生國子助教翁助教之子曰一德君之高祖也曾祖諱嗣興祖諱允恭父諱享之皆不仕其自宜興徙越之諸暨迨君九世矣君先娶姜氏前三十七年卒有子一人果也後娶楊氏有女二人長適胡一中起進士爲紹興錄事次適趙深孫男三人初助教君無恙時有異僧突入其室示以八字曰傳鐙佛祖涅槃會人揖而與之語弗顧而去他日以

其言驗之壽略如瞿曇氏其歿則雙林唱滅之後一日也自是君之祖若父得壽同歿之日又同君之死也夢其父曰鐙鐙續傳不自我後不自我先寤而謂果曰吾先世之聞於浮屠氏者固非所敢知以今之年明之日徵之殆與吾夢協吾其逝矣卽索紙筆爲書與親友訣翌旦正襟危坐奄然而化泰定四年二月十六日也享年八十有一葬以某年某月某日墓在某鄉某原銘曰有生之不齊兮實命自天修不可強促兮短不可苟延天胡厚君之家兮賦予之獨專死之日兮生之年一門四世兮弗後弗先吾固知命可受兮不可傳天意之難必兮孰測其然吁嗟乎君兮尙歸夫全

張君妻趙氏墓誌銘

湑爲諸暨州判官之明年得一士曰張復蓋喪其母踰再朞猶哀慕不已益求時之聞人爲詩若文以抒無窮之悲焉竊嘗攷而閱

之非直其母爲可稱道其父之事尤有足紀者夫刑善以勸俗長民者之責也滔幸以末學與聞有政庸掇其繫乎人之大倫者爲銘以畀之銘曰於粤之墟句無之里孰望其地曰有張氏軫君之名君實其字羣居太學五載不第文不在茲運去物改白刃可蹈惟義所在爰有賢配克儷其美名曰與婉胄出燕邸五世祖諱疏封安定從伯祖光典領宗正暨惟伯父以文藝著兩制八座累膺異數父曰希墅進食京秩出宰桂平千室之邑其叔父埜亦主外藏流芳弈葉後先相望展也令淑婦德是履守節自誓嫠居四紀至治初年龍集壬戌三月之朏翼日而卒上距始生五百甲子男復暨頤訖葬以禮吁嗟復也終身之慕禫服既除祥琴弗御父也義士母也節婦有不孝子曷顯父母緊長民者宜存風勵顧慙不敏承乏下吏瞻彼西莊九九松柏勒辭相哀用勸凡百

明宋景濂鐵厓先生墓誌銘

元之中世有文章鉅公起於浙河之間曰鐵厓君聲光殷殷摩戛霄漢吳越諸生多歸之殆猶山之宗岱河之走海如是者四十餘年乃終瀕終召門弟子曰知我文最深者唯金華宋景濂氏我即死非景濂不足銘我爾其識之卒後三月吏部主事張學暨朱蒼等七人奉其師之治命來請濂既爲位哭復繫其爵里行系而造文曰君姓楊氏諱維禎廉夫其字也裔出漢太尉震震十八傳至唐分爲四院第二院太師虞卿生堪堪生承休承休生嵓五季時錢氏有國嵓仕至丞相自譜爲浙院嵓之孫都兵馬使洋徙浙水東又分爲浙左院洋之子成隱居會稽諸暨之陽復爲諸暨人君之十世祖也高祖文振曾祖文脩以好善嗜義門人呼爲楊佛子祖敬叟宏贈奉訓大夫知溫州路瑞安州事飛騎尉追封會稽縣

男妣李氏追封會稽縣君宋丞相宗勉四世孫也當縣君有娠夢月中金錢墜懷纍日而君生大夫公摩其頂曰夢之祥徵其應於爾乎稍長從師授春秋說講析辯刺幾踰百日大夫期以重器至弱齡不爲授室俾遊學甬東鬻廐馬以益裝錢君節縮不妄費購黃氏日鈔諸書以歸大夫公驩曰此顧不多於廐馬耶躬爲裝褫使之周覽泰定丁卯用春秋擢進士第署台之天台尹階承事郎天台多黠吏憑陵氣勢執官中短長先以餌釣其欲然後扼吭使不得吐一語號爲八鵰君廉其姦中以法民方稱快其黨頗蚓結蛇蟠不可解君卒用是免官久之改錢清場鹽司令時鹽賦病民君爲食不下咽屢白其事江浙行省中書弗聽君乃頓首涕泣於庭復不聽至於投印去訖獲減引額三千俄相繼丁外内艱結廬於桐原墓族屬有酹墓者植竹筇於前筇發蘖芽枝葉鬱如也自

是不調銓曹者十年會有詔脩遼金宋三史君作正統辯千言大司徒歐陽文公玄讀之歎曰百年後公論定於此矣將薦之又有沮之者尋用常額提舉杭之四務四務爲江南劇曹素號難治君日夜爬梳不暇騎驢謁大府塵土滿衣襟聞有識者多憐之而君自如也轉建德路總管府推官陞承務郎君悉心獄情必使兩造具備鉤摘隱伏務使無冤民居無何陞奉訓大夫江西等處儒學提舉未上會四海兵亂君遂泯迹浙西山水閒及入國朝天下大定詔遺逸之士脩纂禮樂書頒示郡國君被命至京師僅百日而肺疾作乃還雲門九山行窩疾且革移拄頫樓中呼左右謂曰吾欲觀山一巡如何乃自起提筆撰歸全堂記頃刻而就擲筆曰九華伯潘君招我我當往車馬俟吾且久遂泊然而逝似聞數十人從函道登樓其步履之聲相接時大明洪武庚戌夏五月癸丑也

年七十五及門之士上書於郡守林君公慶以封瑩爲屬林君欣然從之擇地華亭縣脩竹鄉干山之原以六月癸亥舉柩藏焉君初聘錢氏忽遘惡疾錢父母議罷昏君卒娶之疾尋愈繼鄭氏陳氏子男一人杭鄭出也孫男一某女一未行所著書有四書一貫録五經鈐鍵春秋透天關禮經約君子議歷代史鉞補正三史綱目富春人物志麗則遺音古樂府上皇帝書勸忠辭及平鳴瓊臺洞庭雲間所上諸集通數百卷藏於家初君爲童子時屬文輒有精魄諸老生咸謂咄咄逼人既出仕與時齟齬君遂大肆其力於文辭非先秦兩漢弗之學久與俱化見諸論撰如覩商敦周彝雲靁成文而寒芒横逸奪人目睛其於詩尤號名家震盪陵厲駸駸將逼盛唐驟閲之神出鬼沒不可察其端倪其亦文中之雄乎名執政與司憲紀者豔君之文無不投贄願交而薦紳大夫與巖穴

之士踵門求文者座無虛席以致屢鐫野刻布列東南閒然其風神夷沖無一物縈懷遇天爽氣清時躡屐登名山肆情遐眺感古懷今直欲起豪傑與游而不可得或戴華陽巾披羽衣泛畫舫於龍潭鳳洲中橫鐵笛吹之笛聲穿雲而上望之者疑其爲謫仙人晚年益曠達築玄圃蓬臺於松江之上無日無賓亦無日不沈醉當酒酣耳熱呼侍兒出歌白雪之辭君自倚鳳琶和之座客或蹁躚起舞顧盼生姿儼然有晉人高風或頗加誚讓亟罵曰昔張籍見韓退之退之命二姬合彈箏琶以爲樂爾謂退之非端人耶蓋君數奇諧寡故特託此以依隱翫世耳豈其本情哉性疏豁與人交無疑貳賤而賢禮之如師傅貴而不肖雖王公亦蔑視之平生不藏人善新進小子或一文之美一詩之工必爲批點黏於屋壁指以歷示客尤不錄人以小過黠奴負君金度無以償逼君書收

券君笑與之家藏古名畫爲西鄰所竊儻人追執之君曰吾業與之矣無賴之徒僞爲君文以冒受金緡或疑以爲問將發其姦君曰此誠余所作也不論遠近皆知君爲寬厚長者云激者之論恒謂名者天所最忌矧以能文名則又忌之尤者也所以文人多畸孤坎壈以終其身視貴與富猶風馬牛不相及也嗚呼豈其然哉彼貨殖者不越朝歌暮絃之樂爾顯榮者不過紆朱拖紫之華爾未百年闃聲銷影沈不翅飛鳥遺音之過耳叩其名若字鄉里小兒已不能知之矣至若文人者挫之而氣彌雄激之而業愈精其巍立若嵩華其昭回如雲漢衣被四海而無慊流布百世而可徵是殆天之所相以彌綸文運豈曰忌之云乎嗚呼君眞是矣然君不可謂不幸也使君志遂情安稍起就勳績未必專攻於文縱攻矣未必磨礪之能精藉曰既精矣亦未必歲積月累發越如斯之

夥也斯文如元氣司化權者每左右馮翼俾其延緜而弗絶則其燾育以成君者豈不甚侈也耶一世之短百世之長如君亦足以不朽矣或者乃指此爲君病豈知天哉濂投分於君者頗久相與論文屢極玄奥聞君之死反袂拭涕久之念君之不可再得不敢有孤所屬故爲具記其事而又爲些辭一章以代勒銘庶幾招君歸來矣乎其辭曰魄淵流金降空青些結英揚靈潰於成些獨騎騏驎傷亦經些哀鉞是非嚴天刑些孰軋以摧勢相傾些濬發厥辭益崇猶些芳潤内洽光精外形些離方遯圓班部自甯些流霆下春百里震驚些鸞鶩鳥瀾天機呈些鐵甲璃戈百萬宵征些葩翹頳豎媚韶榮些籠絡萬象橐籥三靈些彈壓物怪晝夜哀鳴些九華丈人召還紫清些白鹿夾轂五霞軿些迴風翛翛雲繩繩些天人殊軌誰强攖些絳府雖樂毋淪洞冥些盍乎歸來返故庭些

戴叔能申屠先生墓誌銘

嗚呼是惟申屠先生之墓先生家於暨之陽距余居不二舍近而辱與爲忘年交者餘二十載後余從祿四方歸而復求先生於暨上而先生死矣嗚呼悲夫先生諱某字某申屠其氏也大父某父某皆隱居而終先生夙有異姿自成童時嶷嶷不與凡子齒然家故貧少習吏事以自給未幾金華黃文獻公爲其州之判官一見即大奇之謂曰子何以吏爲哉遂教之治經爲舉子業習之數年自謂功名可覆手取不煩久苦一室中乃治裝出遊踰濤江而西僑留吳門客丹邱柯公九思所世之名人魁士鮮不與善而京兆杜公本武威余公闕臨川危公素永嘉李公孝光尤號爲知已至是諸公交相引重一時聲譽藹然騰在人上及就試鄉闈其輩歛衽畏服皆曰莫先申屠生然屢舉不利僅中辛巳甲申副榜以新

例授徽州路歙縣儒學教諭改信之貴溪序遷婺州路月泉書院山長所至扶善遏過得師道甚先生學負經濟慨然有志於當時顧厄於下位噤不得一施遂韜光斂耀與世相浮沈然人咸知其可用至正間師旅饑饉並臻遠近騷動方面大臣以不稱職罷去相望浙東肅政廉訪副使百家納公方獨署一道事思得高才之士爲己助或薦先生之才不在諸葛亮下即走幣以聘欲以參謀留幕府先生辭不就乃以五經師起之舍諸郡庠事無大小悉諮之而後行乃增築城廓遏止姦盜黜贓吏賑貧民浙東之政爲天下第一者先生之助居多先生年且老行將堅卧空山爲終老計而東南兵起鄉邑失甯饕餮靡所止居有閒關歸國之心焉已而疆土內附薦徙遠地先生益危言危行不少貶損而卒以徙死嗚呼悲夫先生學通春秋而深於左氏傳鄉之諸生執經考業者繼

於門而所著春秋大義熟在人口然最喜爲詩鉤章棘句洒然有
杜甫之餘音至於作字則清妍宛密雖褚遂良薛稷復生殆不是
過平居議論風生品藻古今人物亹亹不能休座客聞之卒爲之
奪氣而諧謔調笑卓詭不羈又一處以和且善飲酒賓客朋友遊
必劇醉雅歌投壺窮日夜不厭行橐雖屢空無所問也治家嚴而
有禮伉儷相敬如賓課諸子以學家庭之間自爲師友其遇童僕
有恩意故臨禍患無一離畔者娶東平呂氏河南道肅政廉訪使
唐臣之孫女曲阜縣尹貞之女有賢行以憂致疾亡子男二人長
濬次澂皆能世其業女二人長適黃文獻公之孫某次適某生於
某年月日卒於某年月日得年六十卒之日惟濬在左右卽收焚
之將函骨以歸然竟坐貶不克後三載以例放還始負其骨葬於
其鄉先塋之次原曰某原某年月日也於是濬等踵門泣拜曰先

人所與遊而有文者誰乎幸哀而賜之銘使死者知將不抑鬱於土中矣先生被遣時嘗託余經紀其家事已而家屬在遣中未能少承其所託豈意今日者遂銘其墓耶嗚呼悲夫銘曰才可大施而位不贏何志之忠卒與禍并唯其久閟以啟厥聲吁嗟先生

國朝桐城方苞望溪楊千木墓誌銘

乾隆二年夏四月鍾君勵暇自淮南告千木之喪乃帥子弟為位南鄉以哭浹日其子健書至曰先君子之終也遺令毋訃毋作行狀毋求誌銘且命曰吾遊好皆在遠方訃則喪紀難通吾官江淮河濟皆要綰水陸五會四達之區其詛其祝眾載其言久矣族姻朋友閒救患分災養生送死事微細不足播揚且難為受者地非所以處厚知我者惟望溪先生以死之時日告可也嗚呼惟余知君所以命其子之意而忍君志事之沈没乎余少以窘空餬口四

方嘗思得聖賢之徒而師友焉既不可得然後陰求負才能有濟於實用者中歲始得長沙陳鵬年滄洲及關中白珏玫玉又其後得君時玫玉已死每爲滄洲道君之爲人及君爲河官而滄洲巡視河南以書來告曰楊君信天下士也洪澤異漲水漫高堰没隄君使吏更番樓葦茅以護隄而身督教之晝夜植立水中凡四旬有七日民以安堵聲績自是顯著遷運河同知擢濟甯道獄訟者爭赴焉廉使所司案牘爲之稀河濟閒至今皆曰河官而兼民治實德在人者惟閩中余公甸及楊公二人耳君少慕俠客之義嘗冒顛危脫人於急難而不拘小節禮法之士多毀之余以戴名世南山集牽連始識君於刑部獄中君名世友也以計借抵京會獄起卽止不去有司以大逆當名世極刑

聖祖仁皇帝寬法改大辟而衆猶蕩恐刻日行刑親戚奴婢皆避

匿君曰孰謂
上必不使人覘覦者其然固無傷獨賃棧車與名世同載捧其首
而棺斂焉用是名動京師諸公貴人爭求識面謝勿通以余盡室
入旗老母北上復留踰歲癸巳春特開
萬壽科諸公皆注意於君君喟然曰此之謂依乎仁而蹈利也吾
恥之遂趣裝赴南河自効不復與有司之試君爲河道時以父入
鄉賢牒上禮部通書查侍郎嗣庭嗣庭獲罪籍其家得君書遂坐
黜君既歸匿迹郊野平生知故造門不見朱相國領京畿營田思
得能者自助予以君對君聞之以苦言謝公今
天子嗣位搜括羣材有宿負者多見湔滌諸公暨余將合辭訟言
於
朝而君疾已沈痼矣嗚呼才足以立事而不輕爲然諾尚有如斯

人者乎嗚呼惜哉君諱三烔浙江諸暨人少治時文疏朗無俗調中康熙乙酉科鄉試卒於乾隆元年十二月二十一日年六十有七父諱學泗副貢生母方氏妻方氏繼余氏子二人次傳先君卒於某年月日君與方余二恭人合葬十三都古塘之原銘曰交不附勢仕不墮名託儒行而僞孰與爲義俠而誠蹇離尤以没世耿無昧於平生

浦江戴殿泗東珊楊可亭墓誌銘

國子監學正可菴楊君既卒之十三年其子杕始奉行略求爲之誌其墓時窀穸已葳事矣爰追爲之誌而銘之誌曰君諱垂字統甫又字載春號可菴亦號五洩山樵越之諸暨人父硎發生三子行二性孝友凡人子所當行之事無不盡心竭力而爲之九歲入塾誦讀不數過終身不忘十一能文家窘甚則棄書學賈究心岐

黃以爲仰事俯育之計二十五復理故業二十八入邑庠値父母逝世居喪遵行古禮寢苫枕塊期年之内不入菜果僧道事皆禁止不行守禮法也長兄去世乏傳以長子濤爲之後季弟幼妹暨姪女咸爲擇配婚嫁不以拮据少減壬午入鄉闈不售以諸喪未厝究心地理芒鞵竹杖蹤尋山水必窮其脈絡雖盛暑嚴寒弗替季弟病躬親湯藥暨卒喪葬之事必以禮凡君之盡心孝友内外無閒言有如此辛卯入闈既被擯矣主考莊方耕先生見君卷贊賞不已遂獲售壬辰公車北上落第後以葬親事重急圖南歸逾年卜吉於十二都之西塢山竭蹶將事饔飧不繼勿顧也戊戌公車再上留京師凡六入禮闈終不克成進士丁未榜後蒙

特恩

欽賜國子監學正始束裝旋里居京師十載遊密雲者三年受業

其門者口講指畫咸循循然有規矩至今登賢書者五人入翰林者三人課授所及常追思之不能置也歸家後掌教鋶秀書院生童百餘人盡心訓迪庚戌疾作正衣冠危坐以終公家赤貧而潔清自矢快然恆有以自樂非義之財分毫不取居鄉不以才能自見一遇宗族有大事不避嫌怨必執理而後行雖有強梗欲撓亂之者以情理開導咸帖服而去交友必以誠其最篤者如同邑郭春林楊立夫等始終不易其趣晤則或密室坐談或連牀夜語自經史問難及立身操行之大者外此不一語及也生平善醫能通貫東垣丹溪之旨善飲醉後陶然自得未嘗有酒過工行楷得顏趙法以所居近五洩山恆以山樵自號嘗謂五洩山有鐵厓坪是楊廉夫所嘗居址也昔王元章陳老蓮皆有五洩山全圖而皆不可得見則神溯从之其嗜奇獨往皆此類也卒後篋中有周易補

義一部分編左傳一部密雲課徒草百餘篇醉春吟稿二卷生雍正癸卯七月初九日卒乾隆庚戌十一月初八日年六十八娶鄭氏生二子長濤出繼次杕邑庠生一女適壽氏後君十一年卒合葬於本都王家山麓之原銘曰語文字緣必宗經學濫涫浸潤歸根於樸論品誼力必貴立誠大綱小節貫以貞亨窮達命也貧富適耳孰是大方斤斤於此越國南鄙暨陽西陲久乏哲人屹爲龍彝盃斝春風十年親炙殆無虛詞視此銘刻

震澤張履句容國子監生趙君墓誌銘

諸暨陳衍來京師持其里人趙君之狀乞爲銘衍之言曰吾師君之子師君子人狀所言信也他日詢於吾友葉敬敬故衍里人不妄譽者也敬之言曰君吾丈人行少而孤惇行孝弟不以憂其母學勤而家事治既老而恭讓無惰容嗇於己而豐於人歲歉則發

粟以賑饑其門內常有以自樂而於里黨無怨咨先後令長聞其賢輒造門君未嘗一見也子服君訓沖夷和藹循分守業不以戚君長子機質而能文不爲世俗之學敬所與砥礪者也按狀與敬言合狀誠可信矣狀又曰君少以孤依外氏旣成立遇外氏有加居恆以存天理畏憲令薄衣食飭子弟爲訓疾革顧諸子曰今甲辰日耶昔朱子以甲子日移正寢而逝汝曹速移我我且不起徙定而卒嗚呼生而好善瀕死而不亂是中銘法矣君諱彰信字南坪配章氏子三機歲貢生燮恩貢國子監生銘曰唯君之卒道光乙酉唯君之生乾隆丁卯其月唯七日僉十九唯七十有九乃君之壽更億萬年君且不朽

墓表

會稽宗稷辰滌樓心湖蔣山人墓表

蔣氏自漢始居諸暨之甯溪後分居山塘又遷紫巖鄉之七里其宗浸繁别子籍燕山自涇國公至今礪堂相國僑於京其居滸山者七里之小宗也小宗十一世有心湖山人生勝國之季避亂躬耕潛德守道甲申以後祝髮辭妻子號爲道圓築菴董公嶠之西岡捨田菴中課耡自贍靜修恬漠距家雖近不輕歸當時遺老遁迹披緇如大錯輩多行脚東南山人絶不與之接韜光黯然不留語言文字人亦莫測其心性所詣之妙至順治九年刻期坐逝遺命屬子孫用浮屠法瘞骨萬勝菴左塔中山人名大忠法嗣尊爲道圓覺禪師而仍以山人稱者表其貞隱之志也塔前仍爲封樹不稱塔而稱墓子孫不忍夷其親於空門也菴産六畝有奇即爲墓田而向來以食守墓之僧亦體先志當然也夫蔣氏在昔固仕學之宗山人高節不仕以天民終其所自立甚偉迄年二百年眞

爲表章之而村民罔知浸致慢侮彼魯人敬死士之隴胡今之人不及古人遠耶稷辰爲山人舅孫女之夫適從京師歸拜展墓下念妻黨尊行有此宿德亟考其事蹟爲之表而屬涇國後人同年月川督糧書之更請郡大夫徐公顏其碑額以示矜重俾傳之來許永永無斁焉

天津徐世昌菊人　封資政大夫四川川東兵備道重慶關監督

陳蕁齋先生墓表

川東道諸暨陳君適聲蓉曙將之官卜於光緒三十五年某月某日葬其封君蕁齋先生於織機山而以德清俞蔭甫先生所爲墓誌銘示余乞所以表於墓者先生好學而嗜古尤喜聚書百方購索久而彌勤或貶損衣食以重貲求善本所得既多悉藏於先世所築授經堂而課子其中即蓉曙童子時讀書處也蓉曙官翰林

以淹雅見稱僚友其學蓋一本於先生吾友武强賀松坡濤爲蓉曙撰授經堂記稱美其家學而侈言藏書之盛其爲先生壽言直比先生父子於漢之劉向歆及近代高郵王氏其推重如此而俞先生亦言陳氏累世藏書爲越中冠後稍散佚矣先生能力復其舊蓉曙在京師得佳書必以奉親先生則大懽以爲善承我志俞先生之意與賀君略同某於蓉曙交最久每與論國家事輒慨然欲有所爲曰錄錄無短長吾父且嚴責我蓋先生雖不遇於時而未嘗忘天下之憂覩時政得失若利害之切身鄉閭義舉躬爲之倡爲州縣學官十年數以政俗所宜興革者言之守令其教子亦期以所學致用於世蓉曙守松江嘗一至官所見庶政修舉甚喜已而歎曰吾責效於汝者所居官不能充其量也先生卒後蓉曙以道員 召至京師直政務處兼從事於練兵處稅務處所學於

家者已推而彌廣矣今又出巡川東繼述志事庶其在此乃因其請而取賀君所未及言俞先生已言而未暢其旨者闡發俾揭於阡俟來者之論定焉先生諱烈新卒於光緒戊戌年十月二十八日春秋八十有三以子貴　封資政大夫曾祖元文妣氏金馮祖開先妣氏駱鄭金樓父殿振妣氏周本生父殿榮妣氏秦妻樓氏封夫人長子舜發死寇難次卽遹聲次沆次遹成俱監生女四人長適葛次字駱三適陶四適趙孫六人諍監生寶摩殤訥附生詵優貢生陸軍部員外郎閻舉人分部郎中東三省諮議廳一等議員寶善

傳

明宋景濂王冕傳

王冕者諸暨人七八歲時父命牧牛隴上竊入學舍聽諸生誦書

聽已輒默記暮歸忘其牛父怒撻之已而復如初母曰兒癡如此曷不聽其所爲冕因去依僧寺夜潛出坐佛膝上執策映長明鐙讀之琅琅達旦佛像多獰惡可怖冕小兒恬若不見安陽韓性聞而異之錄爲弟子學遂爲通儒性卒門人事冕如事性時冕父已卒卽送母入越城就養久之母思還故鄉冕買白牛駕母車自被古冠服隨車後鄉里小兒競遮道訕笑冕亦笑著作郎李孝光欲薦之爲府史冕罵曰吾有田可耕有書可讀肯朝夕抱案庭下備奴使哉冕居小樓客至僮入報命之登乃登部使者行郡坐馬上求見拒之去去不百武冕倚樓長嘯使者聞之慙冕屢應進士舉不中歎曰此童子羞爲者吾可溺是哉竟棄去買舟下東吳渡大江入淮楚歷覽名山川或遇奇才俠客談古豪傑事卽呼酒共飲慷慨悲吟人斥爲狂北遊燕都館祕書卿泰不華家泰不華薦以

館職冕曰公誠愚人哉不十年此中狐兔遊矣尚可言仕郎曰將南轅會其友武林盧生死灤陽惟兩幼女一童留燕倀無所依冕知之不遠千里走灤陽取生遺骨挈二女還生家冕既歸越復大言天下將亂時海內無事或斥冕爲妄冕曰妄人非我誰當爲妄哉乃攜妻孥隱於九里山種荳三畝粟倍之植梅千樹桃杏居其半芋一區薤韭各百本引水爲池種魚千餘頭結茅廬三閒自題爲梅花屋嘗倣周禮著書一卷坐卧自隨秘不令人見更深人寂輒挑鐙朗諷既而撫卷曰吾未卽死持此以遇明主伊呂事業不難致也當風日佳時操觚賦詩千百言不休皆鵰鶚海怒讀者毛髮爲聳人至不爲賓主禮淸談竟日不倦食至輒食都不必辭謝善畫梅不減楊補之求者肩背相望以繒幅短長爲得米之差人譏之冕曰吾藉之以養口體豈爲人作畫師耶未幾汝穎兵起一

如冕言皇帝取婺州將攻越物色得冕寘幕府授諮議參軍一夕病卒冕狀貌魁偉美鬚髯磊落有大志不得少試以死君子惜之

史官曰予受學城南時見孟寀言越有狂生當天大雪赤足上潛嶽峯四顧大呼曰徧天地間皆白玉合成使人心膽澄澈便欲仙去及入城見戴大帽如蓰穿曳地袍翩翩行兩袂軒舉譁笑溢市中予甚疑其人訪識者問之即冕也冕眞怪民哉馬不覂駕不足以見其奇才冕亦類是夫

貝廷琚楊維楨傳論

論曰元繼宋季之後政厖文抗鐵厓務鏟一代之陋上追秦漢雖詞涉夸大自姚虞而下雄健而不窘者一人而已湖南李祈評其所作曰玉光劍氣自不可掩身屢詘而名益昌亶有以夫仕止典市官卒不得大用噫君子之所貴又豈位也哉

國朝秀水朱彝尊竹垞王冕傳

王冕字元章諸暨田家子也父命牧牛冕放牛壠上潛入塾聽村童誦書暮亡其牛父怒撻之他日依僧寺夜坐佛膝映長明鐙讀書安陽韓性異而致之遂從性學通春秋嘗一試進士舉不第焚所爲文讀古兵法恆著高檐帽衣綠蓑衣躡長齒屐擊木劍或騎牛行市中人或疾其狂同里王艮特愛重之爲拜其母艮爲江浙檢校冕往謁履敝不完足指踐地艮遺之草履一兩諷使就吏祿冕笑不言置其履而去歸迎其母至會稽駕以白牛車冕被古冠服隨車後鄉里小兒皆訕笑冕不顧也所居倚土壁度釜執爨養母教授弟子以爲常高郵申屠駉任紹興理官過錢塘問交於王艮艮曰里有王元章者其志行不求於俗君欲與語非就見不可駉至即遣吏自通冕曰吾不識申屠君謝不見駉乃造其廬執禮

甚恭冕始見之居歲餘投書謝騶東游吴浮江上潛嶽遂北至燕泰不華薦以館職冕曰公愚人哉不十年此中狐兔游矣何以祿爲翰林學士危素冕不識也居鐘樓街冕知之一日素騎過冕冕揖之坐不問名姓忽曰公非住鐘樓街者耶曰然冕更不與語素出或問客爲誰笑曰此必危太僕也吾嘗誦其文有詭氣今覩其人擧止亦然冕善詩通篆籀始用花乳石刻私印尤長畫梅以臙脂作沒骨體燕京貴人爭求畫乃以一幅張壁間題詩其上語含諷刺人欲執之冕覺乃亟歸謂友曰黄河北流天下且大亂矣攜妻孥隱會稽之九里山號煮石山農命其居曰竹齋題其舟曰浮萍軒自放鑑湖之曲太祖既取婺州遣胡大海攻紹興屯兵九里山居人奔竄冕不爲動兵執之與俱見大海大海延問策冕曰越人秉義不可以犯若爲義誰敢不服若爲非義誰則非敵太祖聞

其名授以諮議參軍而冕死矣朱彝尊曰當元之季多逸民冕其一也自宋文憲傳出世皆以參軍目之冕亦何嘗一日參軍事哉讀徐顯稗史集傳冕蓋不降其志以死者也因别爲傳上之史館冀編纂者擇焉

楊維楨傳

楊維楨字廉夫會稽人家鐵厓山下父弘築層樓俾讀書其上里人謂曰書樓楊泰定四年以春秋登進士第除天台縣尹元進士授縣尹蓋自維楨始改錢淸場鹽司令久不調偕道士張雨縱游西湖至正初修遼金宋三史史成正統迄無定論維楨著三史統論謂元之大一統在平宋不在平遼與金統宜接宋不當接遼金歐陽玄見之曰百年公論定於此矣遷江西儒學提舉道梗不行避地富春山徙錢塘張士誠聞其名招之不往報以書曰閤下乘

亂起兵擬王室淮吳之人萬口一辭以閤下所爲有不可及者四兵不嗜殺一也聞善言則拜二也儉於自奉三也厚給吏祿姦貪必誅四也此東南豪傑望閤下之足與有爲也雖然爲閤下將帥者有生之心無死之志矣爲閤下守令者有奉上之道無恤下之政矣爲閤下宗族姻黨者無制祿之法有姦位之權矣假佞以爲忠託詐以爲直飾貪虐以爲廉最可畏者動民力以搖邦本用吏術以括田租銓放私人不承制出納國廩不上輸受降人不疑任忠臣而復貳六者有一足以喪邦閤下不可不省也夫當可爲之時有可乘之勢迄無成效其故何與爲閤下計者少而自謀者多也維楨老且病爵祿不以干閤下幸采其言小可以爲錢鏐大可以爲晉重耳齊小白否則身犯六畏不有內變必有外禍始憶維楨言嗚呼晚矣士誠得書不能用亦不罪也繼忤丞相達識帖木

耳乃徙松江周遊山水獲斷劍鍊爲笛冠鐵葉冠衣毳褐吹之作迴波引遂號鐵笛老人或自呼老鐵亦曰抱遺老人又曰東維子其爲詩亰亢自喜不蹈襲前人性不嗜飲頗溺於音樂行輒以歌伎隨好汲引人物嘗曰吾門能詩者南北逾百人求若山陰張憲吳下袁華輩不能十八又曰吾求詩於東南永嘉李孝光錢唐張雨天台丁復項炯毘陵吳恭倪瓚可謂有本者矣近復得永嘉張天英鄭東姑蘇陳謙郭翼而吳興得郯韶也洪武二年編纂禮樂書別徵儒士修元史帝遣翰林院侍讀學士詹同奉幣詣其門召之辭不赴明年有詔敦促賜安車詣闕廷留四月禮書條目畢史統亦定遂以白衣乞骸骨帝許之仍給安車還抵家而卒維楨從松江與錢唐錢惟善里人陸居仁相倡和惟善字思復至正元年省試羅刹江賦詩鎖院三千人獨惟善据枚乘七發辨錢唐江爲

曲江由是得名號曲江居士官副提舉張士誠據吳遂不仕居仁字宅之中泰定三年鄉試隱居教授自號雲松野褐兩人既歿知府事林公慶昇其棺與維楨同葬干山之東麓人目爲三高士墓

陳洪綬傳

陳洪綬字章侯浙江諸暨人年四歲就塾婦翁家翁方治室以粉堊壁既出誡童子曰毋汙我壁洪綬入視良久紿童子曰若不往晨食乎童子去累案登其上畫漢前將軍關侯像長十尺餘拱而立童子至惶懼號哭聞於翁翁見侯像驚下拜遂以室奉侯既長師事劉公宗周講性命之學已而縱酒狎妓自放頭面或經月不沐客有求畫者雖罄折至恭勿與至酒間召妓輒自索筆墨小夫稚子無勿應也嘗留杭州其友召之飲期於西湖上洪綬往遇他舟徑登其席坐上坐飲主人徐察之知爲洪綬也亟稱其畫洪綬

大駭曰子與我不相識也拂袖去崇禎壬午入貲爲國子監生明年還里旣遭亂混迹浮屠自稱老遲亦稱悔遲亦稱老蓮縱酒狎妓如故醉後語及身世離亂輒慟哭不已後數年以疾卒

蕭山毛奇齡西河陳老蓮別傳

洪綬好畫蓮自稱老蓮數歲見李公麟畫孔門弟子勒本能指其誤處十四歲懸其畫市中立致金錢初法傳染時錢唐藍瑛工寫生蓮請瑛法傳染已而輕瑛瑛亦自以不逮蓮終其身不寫生曰此天授也蓮遊於酒人所致金錢隨手盡尤喜爲窶儒畫窶儒藉蓮畫給空豪家索之千緡勿得也嘗爲諸生督學使索之亦勿得顧平生好婦人非婦人在坐不飲夕寢非婦人不得寐有攜婦人乞畫輒應去崇禎末愍皇帝命供奉不拜尋以兵罷監國中待詔王師下浙東大將軍撫軍固山從圍城中搜得蓮大喜急令畫不

畫刃迫之不畫以酒與婦人誘之畫久之請彙所爲畫署名且有粉本渲染已大歆夜抱畫寢及伺之遯矣朝鮮兀良哈日本撒馬兒罕烏思藏購蓮畫重其直海內傳模爲生者數千家甬東袁鵾貧爲洋船典簿記藏蓮畫兩幅截竹中將歸貽日本主主大喜重予宴酬以囊珠亦傳模筆也蓮嘗模周長史畫至再三猶不欲已人指所模畫謂之曰此畫已過周而猶嗛嗛何也曰此所以不及者也吾畫易見好則能事未盡也長史本至能而若無能此難能也吾試以爲文言之今夫爲文者非持論卽摭事耳以議屬文以文屬事雖備經營亦安容有作者之意存其中耶自作家者出而作法秩然每一文至必含毫吮墨一若有作者之意先於行間舍夫論與事而就我之法曰如是則當如是則不當而文亡矣故夫畫氣韻兼力渢渢容容周秦之文也句綽捉勒隨境塹錯漢魏文

也驅遣於法度之中釘前燕後陵轢矜軼搏裂頓斫作氣滿前八家也故畫有入神家有名家有當家有作家有匠者家吾惟不離乎作家以負此嗛也其論如此蓮畫以天勝然各有法骨法法吳生用筆法鄭法士墨法荆浩疏渲傳染法管仲姬古皇聖賢孔門弟子法李公麟觀音疏筆法吳生三公麟七佛法衞協烏瑟摩法范瓊諸天羅漢菩薩神楂鬼魏法張驃騎道經變相法公麟衣冠士法閻右相士女法周長史昉嬰法句龍爽倭墮髻法長史髾鬋長史衣帶盤薄法吳生金璧宮臺林泉湍峙長陂豐卉法大小李將軍雲山法浩水法董羽溜水法河陽郭熙几幛尊卣缾罍什器戎衣穹廬番馬駱驢羊犬馬法趙承旨小馬法承旨之子竹石窠木法趙大年鉤勒竹法劉涇墨竹管仲姬折枝桃牡丹梅水仙草花法黃檢校錢選鳥睛花鬚點漆凸厚法宣和螽蟬蛺蜨蠐螬螗

螂蟋盬法宣和亦雜法崔徐黃筊子鵂鶉鴈女法閻助教士安崔法雀見黃蓮法於蓮於青年以蓮稱莆嬴法毋延之

滇安方蘩如文翰楊千木傳

吾同年友楊先生三炯字千木一字南喬越州諸暨人也尊甫存園公以理學鳴著書滿架先生略皆上口既冠補諸生充康熙乙酉科鄉試再試春官不第授徒羈京師會河災衍溢有言先生才者因署試河吏久之爲江都丞以丞遷判高堰遂署知山陽縣兼內外河判丞事尋陞兗郡丞督漕運凡六任不離河

憲皇帝以爲能特擢山東兗甯河道已而解組歸歸八年而棄人間事蓋未及老而傳者三年先生讀書慨然尚氣任俠好倜儻奇偉之畫策非如儒生文士僅有偏長而已而埋光鏟采望之似樸鄙人不知其方寸中五嶽墳起涇渭湜湜也與人交人或斂退就

懦必善遇之其有强壯驁氣專直而存雄者則陵出其上使不得噦噫事不辟難咄嗟而辦而調度自有方他人雖經歲引日不能逮於阿堵物縱橫揮斥唾猶泥滓也至公使錢則一出一入傅著簿書惟謹人以是益奇之方丞江都時有豪家奴奪民妻爲婦有妻者直之官吏數牒皆庋閣不理先生以耳目廉得之械其奴三木囊頭肆諸市立追其妻還故夫豪家藐視無如何也河督某公有紀綱之僕曰崔三巡校高堰諸役工搖脣一發能令公喜怒以是人畏其口招權受金錢無算坐自貴大平揖監司其視先生羸然判也則益藐之先生怒而批其頰一摑掌血泣而訴諸督河督河亦未有以難先生大抵官河渠者其責也重而塗又頗遭高堰歲一修然率以茭葦先生謂此特取過目前耳然爲之計深遠非石楗不可而費頗不貲蓋應别置馬子鞍分殺水怒而於隄上置

石子堆備倉卒取土之難又爲月塘堰旁萬一堰決權以塘抵其
衝使得便於搶築其策皆先生發之大吏據以
上聞
上斥帑金百萬如其請大吏遂飭先生主領給先生謝曰是役也
某發之帑金復以某主之染鼎之嘗百喙難解願别委之能者而
某董其事受賜多矣大吏頷之聞者衛笑先生爲自落便益也其
視事兖東道也書役凡數千人春秋閒例有餽先生怪之問故吏
吏曰此非真書役皆豪子弟掛名簡端以避他徭者野人獻芹所
以報也先生曰賄以免徭則徭者胥窶人子矣不平謂何且彼既
賄而挂名終不肯便已將見事風生取償焉而官既入其賄勢不
得復呵問是交手爲市也卻其餽并平其徭且爲厲禁示後人以
歲計之斥去者蓋餘萬金云素不曲事上官上官率善待之滄洲

陳公來督河尤相得歡甚陳公尊嚴若神不妄過入飯獨留飲先生齋中食無兼味淋漓酣嬉移日然後去相國海昌陳公時撫山東亦獨偉視先生歲行盡矣陳公微行至濟州見獄囚皆滿州守無下手處則以委先生終日而畢不暇脫蓑抱案以呈陳公歎爲明允獄中遂無留繫者方子曰余所次先生諸凡皆犖犖大者其細行則難徧以疏舉然如任兖郡丞則定建宗聖祠復古始也暨乎歸休割膏腴田公之三黨俾鐲饍烝嘗凡所以敬宗收族隆親而急故者至纖至悉也惜乎九州大破斂就幅尺不得盡用其所未足然亦足以豪矣

張句容陳烈婦傳

烈婦姓陸氏母趙姓故名趙鳳諸暨縣卒陳維章妻也初黠農方以瓏者聞烈婦美欲娶之以齒非偶僞爲其弟曰琴聘者而隱爲

曰琴別取李氏女烈婦父効忠聞之乃絶方而歸烈婦於陳以瓏知烈婦之已歸陳也則易婚書賄姦媒而控諸令謂烈婦故字已者令弗之察遽逮烈婦判歸方以瓏起則率諸無藉捽置烈婦輿中疾舁去烈婦奮身自投者再乃更束縛以歸當是時烈婦方持祖姑喪衰麻被體以瓏强使更衣不可則近前手碎其衰而烈婦先赴質時陰袖一翦擬事不直則自刺堂下倉卒被劫持行不得出至是力拒以瓏刻觸以瓏手以瓏覺之逕奪去然由此畏不敢逼使弟妻李晨夜守護之顧李獨嘉憐烈婦志烈婦絶粒五日誓必死惟爲李一進飲而李亦自念方亂家殆不可一日處時時與烈婦屏語或相持泣無何兩人者竟聯縊一繩死繩不足續以帶焉時道光四年二月日也年皆十七於是維章復具牒上訴令護前飾詞申報冤久不得白而邑之士夫爭爲詩歌以揚之大吏廉

得實劾令而置以瓏於法請予烈婦旌李與焉論曰烈婦一縣卒妻耳事祖姑婉婉盡孝鄉里稱善婦不意其臨大節乃勇決如此李氏非有逼迫於後甘心幷命其事甚奇要其志慮深矣或曰以瓏怒李比於烈婦穢言詬之遂憤激捐生有司據以入奏云

宗滌樓諸暨雙烈傳幷序

道光五年夏稷辰在湘中讀邸抄見吾浙大府雪諸暨烈婦陸氏冤一事心喜憲使得人能除暴發姦明年來京師見諸暨士叩其實所言人人與爰書同且人人美大府當法中理無幾微憾是可信也已謹據而傳之

陸氏諸暨之陸家灘人父效忠愿吡也有方以瓏者聞其女美而幼欲自聘之嫌齒不若假爲其弟曰琴委禽焉而尋爲曰琴別娶

李氏以瓏僞婚謀漸彰效忠聞而駭恨遽往告絕事未白即以女字縣隸陳維章以瓏聞效忠之察其詐也百計謀奪婦甚亟效忠遽嫁女遂爲以瓏所乘先發訟縣庭僞易婚書屬奸媒誣證若爲以瓏自聘者不復言曰琴是時烈婦已歸維章三月矣維章家維祖母癃老垂死烈婦事之甚孝維章偶拂祖母心烈婦每曲導之無何祖母死而維章被繫烈婦慘苦經營畧備含殮如禮既殮他隸憐維章丐出繫所猶羈候縣門外烈婦哭奔就與夫訣誓死不二及赴鞫藏翦刀衣袖中褰裳對簿知縣某誤信方以瓏爲原聘竟斷離歸方氏鞫甫竟以瓏與衆無藉捽擁烈婦下置輿中疾舁去左右防伺翦刀不得出時天昏晦見田中水疑爲溪港奮力躍投以瓏麾衆束縛之抵其家强令更吉服拒不受以瓏怒碎其衰手觸翦而懼迫乃稍緩令弟妻李氏與共處且守且勸訹之必從

烈婦自入以瓏家勺飲不入口者五日李氏强之食不顧惟慟哭呼天求速死李氏感其節堅自怨歸匪人家身不勝辱不如烈婦遠甚遂交詈對泣有偕死志以瓏見李氏黨烈婦譏言肆詬雜以調謔兩人憂逼知不可旦夕存同縊死年皆十有七道光四年二月中事也效忠愬諸縣知縣自護前失不爲伸雪奔控諸上官上官廉得實覆鞫省臺盡發以瓏奸罪論死劾知縣枉誣狀置之獄議城旦舂薄責釋效忠而陸氏李氏竝請

旌表於

朝予祀節烈暨陽兩烈婦名聞天下當時目擊烈婦受誣窘辱恨恨不平者至此咸歎息謂有天理云論曰女子之有家惟父母之命父母初命不得其正未嫁而有再命是爲反經行權而復乎正者道不容貳也方以瓏冒弟攘婚罪浮於盜父母不忍嫁盜而嫁

平民而彼民父母因其擅易之小愆乃反執初命以斷繆矣陸氏拒盜完身死節甚正而議禮家猶以流俗有再命嫌引經爲解至比之未成婦不亦失之迂乎若李氏委身庸豎而盜行者爲之兄公不死禍將未已其偕死可謂得所矣嗚呼兩烈婦均弱稚生長單寒之家而能自立不朽若此豈非良知之性自合禮經卓然爲閨門之人表哉

周歎若傳

余與諸暨周君歎若同舉於道光元年同在臨安令郜先生房都下會揖初不相知二年冬因葉去病言乃知君以好善優於鄉亟走五指山訪之君寂然齋居深宵靜對如古德偶發皆善言家儉約無袵以待客讓已卧具畀余而兀坐別榻瑟瑟耐寒至曙不去詰朝以勸善書十帙塞於籃筍中幾滿屬分之所親余心敬之以

爲幸見同儕中善人矣逾三數年晤去病於京邸詢及君愀然告余曰歎若已於甲申年三月十二日忽從水中行作拱揖狀未幾立而化余聞之而悲且惜善人之遽喪也越二十餘年余以憂歸始見其子志襄於家詢君遺事不能詳述尋得一故人所述君將逝時大略蓋先是見星隕而心動侍母夫人前有蹙容一日衣冠出履村中前溪若平地殆有趨召之者天之生君使爲善人以終身固甚厚矣不福之以勸來者而遽召之理其所可詰耶雖然同郡同年二十餘人如童陸村屠篠園皆賢而無後君尚有子有孫雖貧尚不廢學是亦不得謂非福也已君諱謙號愚山妣氏郭其生在乾隆戊申年八月卒時年僅三十有七配汪氏子一人孫五人余既不得更趨去病而問君生平愧無以慰其子之心於其來也亟就所知者序之以爲之傳

項潛園葉去病傳

儒之從其深於性學者好言靜久之其靜愈密而所得於道者淵然以微人不得而知也其超乎理境者好言達久之其達愈放而所得於道者廓然以遠人不得而迹也二者吾皆得而友之其靜者誰杭之項潛園也潛園嘗與余同館楡巢先後四五年無日不談學別後亦數相答問蓋取法於念菴近溪之所致力以太極立心而不與五行爲役專而任焉余雖力欲破之而不能動也就吾說以與之衡誠不免於粗也世之目以爲窮禪者更弗校爾其達者誰諸暨之葉去病也去病嘗與余聚處京邸先後六七年每見必示讀經史中所新知甚有資益而其性坦易往往雜以他詞別後竟不復談其生平近取乎鐵厓章侯之間遠契乎紫芝君復以上以自適爲道有念爲欲始而屏妻子終而焚文辭窮而達焉余

雖志欲追之而不能招也恐即聞吾說以求其化尙不免瞠其溺也世之目以爲畸士者自弗恤爾二子舊相識學不相同乃其意趣之歸達者之脫盡故常視靜者之獨悟空際不覺其會於一源也項以漸入葉以決去皆非人所能幾而憺乎若遺嗒乎若忘其淺深離合吾安得而辨之道光庚戌元日項子卒於杭之廬葉子卒於暨之館若相約焉赴至余悃然不敢悲恍然曰是眞同歸也夫是眞同歸也夫蓄於中七年始憶及而爲之傳論曰沈潛高明之性不能無所偏因其所近以爲學而進而愈深遂致以積踐爲卑以繫屬爲累若得聖人以裁之皆可以希大賢者也項子成進士舍邑令爲國子師又舍之爲講社師葉居由拔萃校典書得雲和縣學師舍其奉入又舍之寄食書院皆泊然不求利達乃一則淺而爲虛一則忍而爲寂使盡過乎吾道之中而不復返豈非道

之不幸也哉

書事

震澤張士元鱸江書壽同春李喬基死事

太學生壽同春浙江諸暨人久客於臺灣當林賊起時同春在淡水廳同知程峻署中年已七十餘矣竹塹城既陷峻先被害同春親至各村莊招募鄉民同官兵擊賊復塹城擒賊王作等四名乾隆五十一年十二月也明年十二月同春率鄉民駐烏牛闌進逼三十張犁地賊伏發鄉民潰同春馬蹶被執賊牽至大里杙以刃脅降不動復勸誘之同春大罵賊乃支解之時又有李喬基者廣東嘉應州人也在彰化倡義出家財募兵協守鹿仔港與賊戰數十合進攻大里杙又戰牛馬莊陷於賊迫降不屈賊脔之主帥以其事聞於朝壽同春李喬基皆

贈知縣蔭一子以知縣用
國家之䘏死事者誠優矣同春族父逵一與余通家示余以二人
事狀如此

蕭山湯紀尚伯述書包立身事

諸暨浙以東雄邑也因巖爲城勢盤互疑若可守然其鄙有村曰
包村環村十百戶男任耕女任饁炊煙起若海雲四山屬嶧相錯
附俄而相湊相赴以汔於相蹙因厂爲門若甕口隘而阻疑若可
守然有包立身者世居之率兄弟力嗇事無異人咸豐十一年粵
寇陷諸暨立身激義憤團村氓與賊抗賊不得逞遠近傳立身知
兵善壬遁戰陣翕霍疑鬼神爭依之踰十萬戶勢益壯賊益憤時
浙東西郡縣淪於賊獨包村危而完賊屢攻輒受創益大恚號於
衆曰立身乃辱我無何賊由富陽飆師來環營數十里戈甲不見

尾立身性堅忍耐危苦能以少擊衆相持八九月先後殺賊十數萬夏旱汲道爲賊壅村儲粟罄十萬戸舐穅喋血誓死守賊用地道攻村村遂陷合村男女死者萬七千餘人立身合家殲焉初立身有妹美英善技擊及村陷獨立身與美英率數十人奪圍出至馬面山圖再振賊追擊立身殊死戰中礮死美英手刃賊數酉知不免亦自刎死湯紀尚曰粤寇殘江南士民慷慨仗義助官軍與賊格鬬揞拄如六合如婺源如廬州如桐城如宣城之金保圩當塗之二十一村所在多有論殺賊之衆則未有如諸暨之包村者軍閒倉猝多異聞客某者嘗避賊居包村識立身與言兵家奇正旺相孤虛之術皆不省貌悛悛愿農也嗚呼奇已

論說外編

明錢子予全有堂說

性也者人人之所全有也或不能有有而不能全者性之蔽也欲之汩也學焉而所知不蔽於氣所行不汩於欲則有者未嘗泯全者未嘗虧也是性也具於吾心其目有五曰仁曰義曰禮曰智曰信人人之所全者也上焉而聖固全有是性也中焉而可以爲愚可以爲聖亦全有是性也聖也者性焉葆其有而全焉愚也者暴焉棄焉喪所有而虧其全焉可以聖可以愚者暴焉棄焉則喪而虧者終不得而復復焉執焉則喪而虧者庶幾復全其天焉孟軻氏曰性善知性之全有是善也天命之性也荀卿氏曰性惡揚雄氏曰善惡混韓愈氏曰性有三品皆以其稟於氣者當之而不知性之全有是善也且五性之具於心人無有不善也謂之惡可乎人無有不同也謂之混可乎人無有不全也謂有三品可乎彼謂

為惡者即氣之汩沒者言之耳謂為混者即氣之清濁者言之耳謂為三品者即氣之至清至濁與夫清濁之間者言之耳又孰知性即五常之理乎知性即五常之理則皆善也何有於惡乎何有於混乎何有於三品乎叔魚之生虎目而豕喙楊食我之生豺狼其聲叔椒之生熊羆其狀是皆形聲之得於氣者然也果可謂之性乎彼徒即形聲以命其死亡固不足訓而韓子復即是以明其性之不善若然則伏羲蛇身神農牛首仲尼蒙倛周公如斷菑而皆為人天性之善何與於形聲閒耶彼三子之不能脫禍行之惡也非形相之惡也又豈可以是明性之惡乎孟軻氏之言性善是已韓子不當即是以非之也后稷之生岐岐然嶷嶷然是固性之善也文王之生也傳不勤師不煩是固性之善也荀卿氏謂之惡韓子非之是已但以母之生后稷也無害生文王也不憂為后稷

文王之性則非也堯文之善性也丹管習於堯文而卒爲奸自暴也瞽鯀之惡害於氣也舜禹生於瞽鯀而卒爲聖性之也仁智之不移也揚雄氏謂性之善惡混韓子非之是已但以丹管之奸瞽鯀之惡爲性則非也性也者人人之所全有也不以智而豐不以愚而塞不以上焉中焉下焉而殊也韓子之言三品蓋本夫子性近習遠上智下愚不移之說不知夫子所言氣質之性也非性之本也性之本善人所全有孟軻氏之言性善是也夫何三品之有哉書曰惟皇上帝降衷於下民若有恒性易曰一陰一陽之謂道繼之者善也成之者性也詩曰天生烝民有物有則民之秉彝好是懿德春秋左氏傳曰民受天地之中以生中庸曰天命之謂性是可以見性之本善而人之所全有也孟子言性善蓋本諸此嗟夫人之有生形也者氣之聚也性也者理之會也孟子論性不論

氣知性者也其言特未究耳諸子論氣不論性不知性者也迨程張朱子之論出而性之論著矣故後之人得以窮夫理而盡其性焉句無黃原輔氏者顏其進脩之室曰全有蓋本諸朱子敘大學之旨也原輔信能格物以致其知誠意以正其心而性之固有者可以復全其天焉且原輔之所謂全有焉全其性之有也用也吾敢弁以其得於天而本然全有者為原輔言之原輔將欲全其所有以立程朱之門以造孟氏之域以升孔子之堂固由其命於天者無不全也作全有堂說（文見臨安集）

書牋外編

元黃晉卿復吳長卿

溍再拜稟復長卿聘除提舉足下比承迂顧俯佩不鄙之盛心也

別後未久具尺牘道謝首辱貽書示及孝義宗譜尤感用備黃氏自金華分爲孝義豐城臨利弋陽分甯五派而此譜止是存及分甯而遺豐城譜又與豐城譜多不同尚容作一題跋奉去以備參考也衰朽餘生苟存視息所有委令卻當措思納上也金芽之惠謹用拜嘉紈扇一握不敵腆施率此占復不及別奉令甥宅之起處之閒總冀恕亮不宣

明高郵欒鳳棟德與吳長卿書

五月廿一日欒鳳書致於長卿老丈丈前人生好義至可敬也人生八十至可慶也老丈好義高年俱備州守親往見之禮也但軍務日殷不得如志區區不才不德以致嵊人侵境致吾老人流移他縣責又甚矣邇聞還集勞來安撫正予事也甯復騷動乎望率諸子婦勤耕織務本分以終餘年以奉祖禰俾父母之邦倍有輝

焉不多贅

宋潛溪與吳用中書

濂頓首再拜用中學士尊兄長辟難遠依情同骨肉懷感之義重若郎山報謝之私銖分未及每矯首遡風懷切胸臆日來聞患難之餘老老幼幼咸獲慶適天之報施善人不誣也區區得歸省一番新歲必須再往但浮寓江湖莫知所居耳公知已者敢語中情令尊老先生尊前不克專奉尺書亦不及親往一見迹若慢而心實不然也惟亮及

公安袁弘道石公與吳敦之書

東南山川秀媚不可言如少女時花婉弱可愛楚中非無名山大川然終是大漢將軍鹽商婦耳自春徂夏游殆三月由越返吳山行殆二千餘里山則飛來南屏五雲南北高峰會稽禹穴青日天

目黃山白嶽水則西湖湘湖鑑湖錢塘江新安江而五洩爲最勝在諸暨縣百里外百幅鮫綃自天而挂洞則玉京煙霞水樂呼猿之屬玉京奇甚泉則龍井虎跑眞珠之屬其他不記名者尙多友則陶周望公望虞長孺僧孺王靜虛皆禪友也然皆禪而詩汪仲嘉梅季豹潘景升方子公皆詩友也然皆詩而儁就中唯周望與弟相終始相依三月僧則雲棲戒山湛然立玉雲棲古佛戒山法主湛然立玉禪伯也其他瑣瑣者固不暇辱紙筆所可喜者過越於亂文集中識出徐渭殆是我朝第一詩人王李爲之短氣所可恨者杭州假髻太闊紹興搽粉太多岳墳無十里朱樓蘭亭一破敗亭子袁中郎趣高而不飲酒潘景升愛客而囊無一錢其他浪遊之趣非筆所能描寫見見帖自當會之弟遊覽詩章近亦成帙其中非驚人語則嗔人語嗔人者爲人所嗔也昨長洲公已覓去

發刊弟嘗謂天下有大敗興事三而破國亡家不與山水朋友不相湊一敗興也朋友忙相聚不及二敗興也游非其時或花落山枯三敗興也弟茲游可謂兼之豈非前報緣哉

與孫司李書

山陰弟舊時熟遊地彼處風物如蘭亭禹穴者皆古今所豔稱去城不遠獨五洩在諸暨百里外殆越中絕景倘巡察到彼亦當乘暇一遊徐文長今之李杜也其集多未入木乞吾兄化彼中人士爲一板行交知中如陶太史石簣及乃弟奭齡皆眞實穎秀又山陰一秀才王姓贊化名者杜門習靜足不踏城市曾與弟往來山中弟意非欲使見物色之蓋欲其姓名上達使郡司李知其邦有賢人焉若是焉已矣夫以一郡之雄而弟所見所聞僅僅數丈石壁及一二措大則弟之迂腐不切亦略可知矣

國朝毛西河與周櫟園書

日者先生爲陳老蓮作別傳以未備諸隱軼事欲問詢甡甡與老蓮損三十許歲及見老蓮時已晚矣故雖屬同郡其交老蓮乃反疏於先生後在秣陵館次書數事付管記都不甚晰思先生表微闡軼汲汲然不遺餘力且必探掘其形實而後已恐其中未晰負先生意願有以正之退揀甡夙選越詩亦有女氏乞畫蓮一絶句其云庚申三月岳墳前者正老蓮二十三歲時也老蓮總角爲畫便馳驟天下特以好酒尤好爲女子作畫故女妓每載酒邀作畫是詩實錄也本詩桃花馬上董飛仙自翦生綃乞畫蓮好事日多還記得庚申三月岳墳前又一詩期以某時過傚里而以年暮故畏死先期來其中云老遲五十二年人本詩蕭山想絶舊時親兼想湘湖雉尾蓴明歲有期今歲往老遲五十二年人老遲者以甲申後更其名悔遲故稱老遲非老蓮之誤也其五十二年者觀其注庚寅歲也

越二年遂死然則老蓮以五十四死壬辰歲矣王其先人名與字向因不詳故不敢妄答逮王汝南署金長眞使君老蓮友也問詢之然亦不知其先人名字且并不知其曾爲方伯也適月餘老蓮季子赴京師道汝南特詣之欽問季子名無名作而曰先君子號還沖諱性學爲萬歷丁丑進士分藩嶺南時同座者若干人皆相顧歎息既罷有客語甡曰嗟乎老蓮書生耳畫亦藝事然而出於扶桑入於柳穀疇不知之矣其先人身爲方伯名不見知於郡邑聲不聞於通家子弟然則人貴有樹耳嚮使無可爲稱道者雖富貴猶埃壒也又況乎賤貧而汎汎以游澹然而死於無何有之鄉藐焉眞不足比數於人世父母不必以爲子朋友不必以爲友前不足與推後不足與挽貿貿然無所孤特而欲其重有聞於斯世此向者宣尼歎執御子車嗟黃鞞也所謂樹椅桐不長不如樹穀

畜鸞鳳不生不如畜鷙也甡時聞此言泫然而悲也若老蓮爲待詔則在南都後其先止得爲舍人耳以向時所答有牴牾故復及此

跋

山陰張岱陶菴與陳章侯跋

曉起篩筠中有章侯未完之畫百有十幀一日完一幀亦得百有十日況筆墨精工有數十日不能完一幀者見之徒有浩歎而已文與可畫竹見人多持縑素而請者與可厭之投諸地而罵曰吾將以爲韈縑素純白尙中韈材兄所遺絹塗抹殆徧一幅鵝溪不堪爲婦作褌弟之雙荷葉（侍妾名）又不善收藏以此無用之物雖添丁長付之無益也兄將何法用以處吾

諸暨縣志卷五十四終

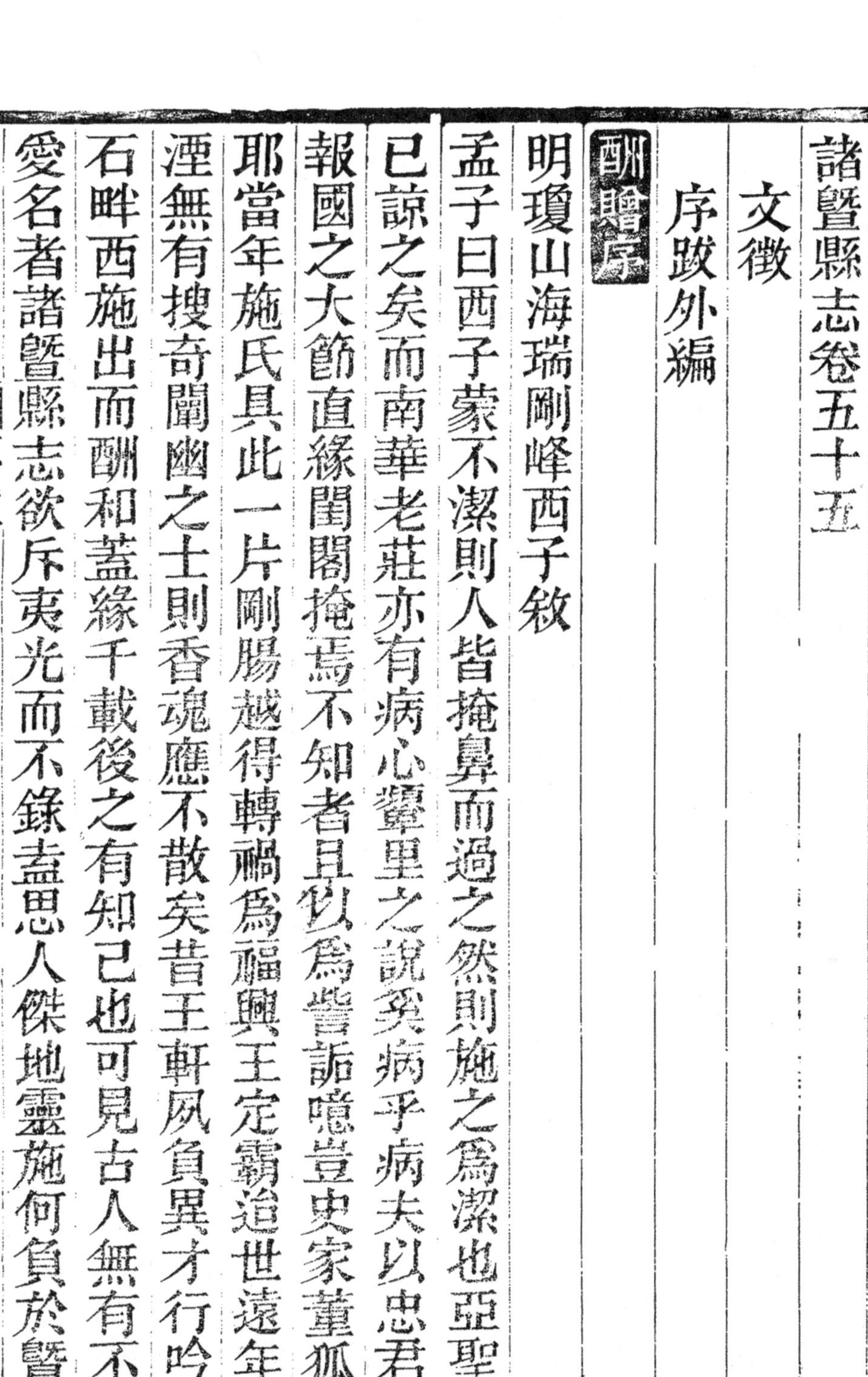

諸暨縣志卷五十五

文徵

序跋外編

酬贈序

明瓊山海瑞剛峰西子敘

孟子曰西子蒙不潔則人皆掩鼻而過之然則施之爲潔也亞聖已諒之矣而南華老莊亦有病心顰里之說奚病乎病夫以忠君報國之大節直緣閭閻掩焉不知者且以爲訾詬噫豈史家董狐耶當年施氏具此一片剛腸越得轉禍爲福興王定霸迨世遠年湮無有搜奇闡幽之士則香魂應不散矣昔王軒夙負異才行吟石畔西施出而酬和蓋緣千載後之有知己也可見古人無有不愛名者諸暨縣志欲斥夷光而不錄盡思人傑地靈施何負於暨

哉予令渻安適來代庖不過五日京兆耳案牘之暇偶涉浣江切念西子寵冠吳宮一心爲越陰謀牢不可破愧殺尸位臣工朝齊暮楚者多矣獨在鹵莽輩流不窺文豹一斑動説失身蒙耻是亦不揣其本而齊其末與今特表而出之使狐疑氷釋西子固不朽暨與有榮施焉

徐文長贈黃母序

余友酈君之女兄爲貢科黃某配而某之父黃翁暨其配曰翁太君者酈君女兄之舅與姑也翁太君某年日月爲八十生辰酈君能文聲著甚矣不自爲文以祝太君而以屬予予難之不得則謹書以頌曰夫酈君與予好也君之所願祝者豈非亦予之所願祝者耶君之祝太君而願之也必將曰我願翁太君自兹以德無恙如其曩昔至百有二十齡而未已予祝之而願之也亦將曰我願翁

太君自茲以德無恙如其曩昔至百有二十齡而未已雖然此特以言乎姻戚之情耳無論其可不可靡不然至於余也果握管以書其人豈敢盡然也耶可則然不可則謹謝而去之矣豈盡然耶予初聞諸酈君太君翁姓也爲尙書公女兄在尙書公家時稱撮淑及配黃翁翁邑雋也使非太君婦之則未必宜有五子五子亦皆雋也使非太君母之則未必人人皆有立斯言也匪酈君則然鄉人莫不然也匪鄉人然以問於郡之人郡之人亦莫不然也是故予得而然之也屆誕而令予祝予以在昔然之故也而祝之祝之而願之亦不得不然之也否則予言雖不能重輕人然亦烏能以不然爲然以然爲不然哉

國朝方望溪過濟寧別楊千木序

余於海內士大夫往還近五十年自成童侍先君子百年中耆舊

猶閒及焉其閒博記誦富文藻天性醇良操行孤潔者皆有之修身慎獨而以聖賢爲必可幾與才識確然足以立事者則未見其人也中歲得清潤白玫玉其疏節類古豪俊其後得長沙陳公滄洲又其後得吾千木初定交時以是語之瞿然曰吾非其人也吾觀漢唐中智之士任將相者其於設施數變之後皆究知其利害往者武進趙司農劾商人冒濫請以採銅責督撫吾心快之不知令朝下而吏夕困吏困而民又甚焉以是而承國家則僨事而枉民也必甚矣然余以是益喜千木用心於物理之實者蓋非一日而果足以有立也閒語滄洲滄洲亦以余爲知言千木久困公車求試於南河久之分司高堰高堰自梁以來千餘年爲淮揚二郡利害甚劇千木甫受事而洪澤湖漲下河居民當其衝者日夜裝載離居窮民倚擔以俟千木晝夜立水中帥吏卒修救水深沒踝

凡四旬有七日堰得不潰時滄洲奉使巡河歎曰方子果知人因與定交慷慨相勖時康熙五十八年也贈詩云正直消魑魅精誠格昊蒼

今皇帝嗣位滄洲授河督以高堰地重非千木莫屬三舉監司而不與或詫之千木曰若是者乃深知我也及陳公卒身後之事惟千木爲之盡雍正二年夏余請假歸葬道淸江淮以南之諸司民譽莫並焉踰歲北上而千木移官濟甯過其治所河以北之諸司民譽莫並焉大府監司之賢者獄有疑必付之政有疑必諮之余既喜所期於千木之不謬而又以歎天之生才之難與生而用之用而竟之尤難也以玫玉之氣節而老死於窮巷滄洲則屢進而屢躓晚達而遽亡曾不得展措於期月之閒惟千木今始見其端倪耳夫命於天者不可知君子所自定存於己者而已千木之致

功於險艱勤協乎衆志皆其疇昔不敢自信之心所淬礪而出之者也然是心也疑謗交加則易動而聲實既著則易弛時省而力充焉庶其終有立乎千木乞言於予屢矣行有日申以勖之

方文翰贈楊生序

越州太守周公延余主蕺山明年老友徐墨汀書來稱暨陽高弟楊生西望文品雙峻其夏次君印若介楊生及樓生西濱楊生裴午張生洪九師事余余惟西濱裴午洪九年少美才均有足多楊生氣格蒼勁性情慤摯文之簡淨古茂適如其人時從墨汀過余商榷古今三刻數首畧以窺全豹之斑云余既心儀楊生凡所爲建橋完祫開塾善施孝友懿行無不耳而目之去年秋見子粹然應賓興典會楊生於武林情好甚殷齒牙間極不忘余衰朽陳人今七月越中寓書於余邀爲五洩之遊撮署其名若周青厓韓南

有諸人首其事者墨汀老友父若子也余展書不禁壯心起舞笑謂兒輩曰師弟友朋生人之至樂存焉余自禮部獲雋寄食大江南北所遇賢豪文學不乏矜氣節重然諾之士今楊生神交異地悃款眞誠情同骨肉殊恨相見之晚矣且夫會合亦天幸耳向於太史王翁林坐上見墨汀文拍案稱快遂訂白頭之交今復遇其弟子楊生于蕺山以稔其文未見而思思而得見見而復思數年之間如對晨夕此則墨汀惠余屋烏之私也嗟乎桐江越岸相隔數百里以余頹落徒枉惠顧適令五洩山靈笑還湄老人宦情旣倦不一探陰陽之奇幾同李渤之陋矣寄語楊生告墨汀曰五洩之樂孰與蘭亭噎驢之苦孰與泛舟是役也足了先生邱壑之願倘從天池歇菴遂東諸前輩後補紀其勝幸以示余余亦如躋七十二峰之巔也請卽以是酬楊生約可乎

德清陳斌白雲送屠生倬序

吾見若屠生者安可得耶生嗜讀書通旁藝嘗與遊括蒼之間所謂珞珞如玉者也吾自十八九來於杭僦屋獨坐三年未識一儕輩今更閱十八九年矣稍稍知數人其數人者則皆屠生之知其爲人者也吾是以又知屠生而喜生之從吾遊焉告之曰生知人之取於世者乎士取於不足農取於有餘今取其名烈取其氣畸人取其意或與之浮湛則浮湛而取之或與之攫搏至不顧盡其力則亦攫搏以取之其取於道者寡焉夫道不可取養而自至有義理之味而幾矣吾故曰驚世之人不在多技已疾之方不在多藥生且省之將與爲取乎將遂爲養乎將汲汲於世必至於病而後息乎聞古之謂才賢者隆然而雷爗然而日蜺吐冰茹耐歲而貫及時其歸泊然而有所止吾之於是知晚矣屠生甫二十未晚

也豁達以取積成致厚以爲養斬至於其未至則吾言然乎不然

乎吾惟怵屠生之先我更以其愛吾言也故有以贈屠生

吳江陳來泰認菴送屠琴隖守袁州詩序

琴隖屠君之居憂還里也杜門謝客弗與人事比鼓祥琴閒與二三故舊相爲唱和婆娑一室殆有終焉之志蓋君素無宦情製耶溪漁隱圖以寄意意固未嘗一日忘江湖也又體素羸善病近且加劇於是養疴於所爲潛園者六年於茲矣先是中外大吏嘗交章密薦君治行會以憂去未邀顯擢

今上卽位之明年秋特卽家起用遂有袁州之命此誠千載一時不可逢之異數然豈非以君循聲早達

天聽故耶君疾亦良已慨然念

恩遇之隆願黽勉以報國行有日矣屬來泰書一言以爲贈來泰

念君以詩鳴海內垂二十年他日不患不以文苑傳顧以詩文傳者其傳小以政事傳者其傳大楊子曰壯夫不爲韓子曰餘事作詩人來秦尤願君之以名臣傳耳向之善政著於一邑今將著於一郡繼此以往政績益大

主眷益隆不其休與雖然有一邑之政有一郡之政有天下之政昔黃霸爲潁川守號爲大治後入爲丞相名頓減豈霸之才僅優於一郡耶抑霸以治郡者治天下故見其有所不足也來秦願君之往袁州也視眞州而大之嗣是所歷視袁州而益大之也爰歌詩四章贈其行而書此以爲引

上元梅汝亮伯言送余小頗出守雅州序

道光元年余初遊京師一時交遊多好古博洽之士意氣相得甚歡後十餘年又來京師其人或死或歸或遠宦或志趣始同而終

異者有之以十餘人之多而雲卷波徙遂無復有一人存者慨然自以爲無復朋友聚處之樂矣久之得交陳君藝叔朱君伯韓吳君子敘又因伯韓得交小坡及馮君魯川王君少鶴其志趣同而不常合并者又有人焉要皆雄俊之士不妄與可於人者也余初識小坡其貌甚落落久而情益親議論益同其有所作余未嘗不以爲工而於余文所可否未嘗不與我同其意也蓋自六七年以來余與數君子遊處之適文酒諷議之歡曠乎禮而不流肆於言而不歧莊莊乎其相推儻然而無所隨雖昔之意相合者其樂蓋無如今日之盛而數君子外增一二人焉而亦不可得則甚矣友之難而斯樂之不可忽也今歲二月小坡以

朝命由戶部郎中出守雅州同遊者甚祝其行而又惜其去也嗟夫樂其留而不樂其去者孰有甚於余者乎又孰有甚於小坡與

余者乎然其如小坡何哉避外而惡難政不得試乎民祿不得贍乎親豈士君子之所以自處者乎豈朋友望於所親厚者乎又豈吾友所以自慰其親戚父兄者乎吾且於其行何哉然則自今以往諸君子皆有不能久縻於茲者孰先去乎孰後處乎其終離乎其復合乎余其脩然於四虛之途而去人日遠也夫

宗滌樓蔣月川同年六十壽序

經典之言壽也多在有周盛時若曲禮以立德立功立言爲不朽尤壽之大者蓋近者壽三族六親遠者壽一世而知祈眉祈者非徒尚齒實尚道義也越中舊有三不朽圖贊凡大忠孝大功烈與奇節瓌行皆與焉嘗讀而歎曰此吾越人之壽者傳耳而諸暨之定西侯蔣公則以武功得列於是編定西者籍燕山已二百年厥後入

國朝又幾二百年先正礪堂先生克光祖德終身不忘定西乃終身不忘諸暨至今垂於史傳爲鄉閭榮不朽之業以壽千古者有嗣音矣又十餘年而先生從子月川同年更以經濟稱於時兢兢以門緒自任官郎署有聲出爲二千石監司有名迹曾奉教礪堂先生志在樹立以庶幾不朽當世之服膺先生者莫不深相引重焉道光乙巳歲仲秋月川年且六十海内同譜置酒作頌爲君壽而屬序於稷辰余越人也居定西舊鄉實爲定西遠孫門壻以壽月川爲宜乃舉觥而祝之曰懿哉蔣氏之源本遠矣自周公以來代有碩德偉伐之臣麗者鮐耋之叟至定西伯仲則發揚蹈厲竭股肱心膂以事君赤舄繡裳蓋無忝焉其剛果不撓之氣積累孔厚宜乎載德之久後人多闓達振奮不苟爲常人如礪堂先生者固閒世特鍾而若吾月川之岐嶷特立出則宣化百粤除虣綏邊

凛然見威重即移置鄞侯忠州之任能使篙師運卒肅肅無敢逞其嚴毅猶有遠祖風烈矣及以養疾處其家則爲經營先兆整敕家範靜居穆行若老書生余數訪之園圃間見其瀟淡絶俗而教子弟敦行讀書無閥閲紈綺之習是非有純心定力以處之曷克臻此頃已起復將除方岳蓄其數年息養之所得以施之四方當此徐兖吳粵所在患盜得君之誠勇以治之自足以靖封疆匡

王國且君年未老視馬文淵據鞍矍鑠固甚壯也從今宣力以至耄期勳名福澤進而愈上安見不邁爾祖考以元老平格佐太平仁壽之麻君其勖哉月川受觴而飲徧酌齊年之友而復曰前人之志事小子何敢承顧服祖攸訓世受

朝廷恩其敢康乃身自暇自逸以徒老於

盛世不朽之期雖不能至敢不黽勉於是羣起相賀謂蔣氏之世

澤長而嗣不朽之美者大有人也遂書之以爲序

著述序

元錢唐張雨伯雨鐵厓先生古樂府序

三百篇而下不失比興之旨惟古樂府爲近今代善用吳才老韻書以古語駕御之李季和楊廉夫遂稱作者廉夫又縱橫其閒上法漢魏而出入於少陵二李之閒故其所作古樂府詞隱然有曠世金石聲人之望而畏者又時出龍鬼蛇神以眩蕩一世之耳目斯亦奇矣東南士林之語曰前有虞范後有李楊廉夫奇作人所不知者必以寄余以余爲知言者抑余聞詠歌音聲之爲物明則動金石幽則感鬼神豈直草上風行之比哉廉夫遭盛時揚言於大廷者也將與時之君子以頌隆平樂府遺音豈宜在野要使大雅扶世變正聲調元氣斯爲至也余不敢不以此望於廉夫餘子

不足語此

富陽吳復見心輯錄鐵厓先生樂府序

君子論詩先情性而後體格老杜以五言爲律體七言爲古風而論者謂有三百篇之餘旨蓋以情性而得之也劉禹錫賦三閣石介作宋頌後之君子又以黍離配三閣清廟猗那配宋頌亦以其所合者情性耳然則求詩於删後者既得其情性而離去齊梁晚梁李宋之格者君子謂之得詩人之古可也鐵厓先生爲古雜詩凡五百餘首自謂樂府遺聲夫樂府出風雅之變而憫時病俗陳善閉邪將與風雅竝行而不悖則先生詩旨也是編一出使作者之集遏而不行始知三百篇之有餘音而吾元之有詩也復學詩於先生者有年矣嘗承教曰認詩如認人人之認聲認貌易也認性難也認神又難也習詩於古而未認其性與神罔爲詩也吁知

認詩之難如此則可以知先生之詩矣先生在會稽時日課詩一首出入史傳積至千餘篇晩年取而讀之忽自笑曰此豈有詩哉亟呼童焚之不遺一篇今所存者皆先生在錢塘太湖洞庭閒之所得者云

宣城貢師泰泰父歲寒集序

夫詩人之詠梅梅之爲詩人詠必也一不爲少百不爲多斯可與言詩矣昔人之詠梅若林君復蘇子瞻各不過一二語而已所謂一不爲少也今越上仁原趙子之詠梅至百餘篇所謂百不爲多也梅之爲花培孤根於天地閉塞之時含獨秀於冰霜凝沍之日其高出羣品其清壓衆芳故往往高人勝士愛而詠之迺或收斂此花之神氣於一二語之中非筆下有奪造化之妙者不能也或發敷此花之英華於百篇之內非胸中有體物之工者不能也至

於歲寒一枝與雪月爭光當此之際酌酒賦詩以觀此花之神氣以玩此花之英華至此斯有以契造化之妙明體物之工又奚多少之足論哉況仁原以歲寒之心有得於梅其人品之高有非他人所能及

明青田劉基伯溫王竹齋詩集序

予在杭時聞會稽王元章善爲詩士大夫之工詩者多稱道之恨不能識也至正甲午盜起甌括閒予避地之會稽始得盡觀元章所爲詩蓋直而不絞質而不俚豪而不誕奇而不怪博而不濫有忠君愛民之情去惡拔邪之志懇懇悃悃見於詞意之表非徒作也因大敬焉或語予曰詩貴自適而好爲論刺無乃不可乎予應之曰詩何爲而作耶虞書曰詩言志卜子夏曰詩者志之所之也上以風化下下以風刺上主文而譎諫言之者無罪聞之者足以

戒詩果何爲而作耶周天子五年一巡狩命太師陳詩以觀國風使爲詩者俱爲清虛浮靡以吟鸎花詠月露而無關於世事王者當何所取以觀之哉曰聖人惡居下而訕上者今王子在下位而挾其詩以弄是非之權不幾於訕乎曰吁是何言哉詩三百篇唯頌爲宗廟樂章故有美而無刺二雅爲公卿大夫之言而國風多出於草茅閭巷賤夫怨女之口咸采錄而不遺也變風變雅大抵多於論刺至有直指其事斥其人而明言之者南山十月之交之類是也使其有訕上之嫌仲尼不當存之以爲訓後世之論去取乃不以聖人爲軌範而自私以爲好惡難可與言詩矣曰書曰惟口起羞昔蘇公以謗詩速獄播出海外不可以不戒也曰孔子曰邦有道危言危行邦無道危行言遜故堯有誹謗之木而秦有偶語之僇亂世之說治世之所與也得言而不言是土瓦木石之徒

也王子生聖明之時而敢違孔子之訓而自比於土瓦木石也耶

宋景濂孝義黃氏族譜序

黃爲嬴姓十四氏之一出於陸終氏後受封於黃今光州定城西十二里猶有黃國故城黃旣爲楚所倂子孫散之四方以國爲氏至漢黃香居江夏故世之黃氏咸以江夏爲望隋開皇間有自江夏遷婺之金華者曰茲歷十九傳至榮生二子洪浩洪生二子瑕珌浩生三子琛玘璞其子孫析爲五大族瑕之枝則豐城珌之枝則剡琛之枝則監利玘之枝則分寍璞之枝則弋陽皆自金華而遷稽之金華豐城二譜及黃庭堅魏了翁李心傳諸儒所采著者頗同當可信不誣諸暨孝義之黃氏實出於珌珌之季弟玘有子曰瞻以策干於南唐用爲著作佐郎知洪之分寍縣珌與之俱遂同家縣之雙井江南兵起珌之家子惠自雙井遷於剡尋從剡遷

今所惠之曾孫宋贈衛尉少卿振仁及於鄉待之舉火者數十家其妻仁壽縣君劉氏斥嫁貲以規義田均給姻族故其三子十孫多躋膴仕而十孫之中廣西提刑育爲最顯育之從子朝請郎汝楫當方臘之亂罄家藏金帛以贖所俘者數百人汝楫生八子開閥閱同登紹興甲戌進士第而聞與閶亦相繼擢紹興庚辰乾道己丑之科閶復占特奏名終荔浦丞闡補官將仕郎閎脩職郎兄弟一時榮貴文墨彬蔚人比之荀氏八龍云自是厥後子孫益繁庶與祿食者代不乏人而書詩之澤至於今不衰少卿之裔孫周爰輯舊譜而續爲新圖釐爲若干卷而徵予序之嗚呼氏族之學難言者久矣他未暇深論姑以黃氏言之有謂出於高陽氏自伯翳賜姓嬴而其後有江黃諸國爲楚所滅有謂出於金天氏自臺駘封於汾州而其後爲沈姒蓐黃諸國爲晉所滅皆以黃爲氏今

去唐虞以前殊爲極遠其所出難稽猶可言也黃氏之望非止江夏而已若櫟陽若安定房陵若漢東上谷譙郡如此之類多至四十餘房而五大族不與焉氏族之書雖或志之何以不表其所自出今去漢亦已遠其轉徙之末易明猶可說也孝義之譜以鍾爲始遷之祖而以瑕之五昆季爲其子豐城之譜則以五昆季繫於洪浩之下且謂自秀州崇德而遷金華新昌之譜又謂江浙之黃皆出建之浦城而遷金華黃魯直則又謂七世以上失其譜而各譜乃推至十二世若合符節近世有聚庭堅諸行作山谷老人傳則又謂六世祖瞻如分寧縣瞻實生玘抑又何耶今去五季宋初其時爲甚邇其事宜可徵何爲紛紜而莫之有定也蓋因圖譜局廢而無官以涖之民間以所傳聞論著不能旁搜廣覽以會通其故矛盾不齊宜無足怪予嘗侍先師黃文獻公相與論及譜事公

之先亦自金華析居浦江洊遷義烏其上世之諱亦曰珪曰琳豈亦縈之從孫耶竊意縈之兄弟必衆支裔蕃繁譜所不及者則亦無如之何要之江夏之後金華實爲黄氏之望故余歷考羣譜參以諸儒之論備書之於首簡信其所可信疑其所可疑在覽者之自擇焉周字思文羣從子姓至一百餘人敦厚而善施皆無忝於先世云

寍海方孝孺希直白鹿子文集序

古之君子以美其德行爲先務而不務美其文詞窮天地萬物之理察是非善惡之端以正其心謹其言動使凡本諸身者無毫髮之可悔此君子之所汲汲也若夫言語之華文詞之工斯後世之所尚豈君子之所汲汲哉然君子德果修矣人必慕其人慕其人則其文亦爲世所貴重故文有以人而傳者以其德之可尊故也

苟不務此而爲其末雖麗如相如敏如枚臯精奇雄健如柳子厚亦藝而已矣君子盍以是爲貴乎越之諸暨有隱君子曰楊本初居白鹿山其學一以古人爲宗務於躬行言高志大自勉以孔孟爲師教人亦俾以孔孟爲師取與不妄進退不苟始而鄉人尊之既而邑人尊之既而郡人尊之太史潛溪公以道德文學伏一世亦甚敬之至爲之傳稱之曰白鹿子白鹿子不喜爲文辭其言嚴厲峻切警薄矯邪往往中世俗忌諱以故一時之人雖知白鹿子之賢而死於布衣今年其孫友載其遺文若干卷至京師介浦陽戴原禮請叙其篇首予年餘二十時嘗從太史公謁白鹿子於其家聽其言論悚然敬異而白鹿子見予喜甚以古之君子見望今二十餘年公與白鹿子既皆淪謝而予亦頹然無用於世矣因復於友曰人之自修爲善事之必可勉者也修德而冀其傳世立言

而冀其行遠此雖聖賢有不能預期蓋幸不幸有命存焉非人之所能及也以白鹿子之學古飭行自當爲天下後世所重益必有知德之士慕其人而誦其言然後白鹿子之文赫烜光著於天下有不可掩者矣昔楊雄殁而法言傳文中子死而中說顯事未有不久而定者然白鹿子之爲人卓卓可稱如此遺文之傳安知不較然著於後世乎

蘭溪章懋懋德鐵厓古樂府序

昔蒙古氏之有天下也治率用夷而不師古禮樂刑政無足稱述獨文章一脈代有作者未嘗絕響若虞伯生范德機楊仲弘揭曼碩歐陽原功馬伯庸薩天錫暨吾鄉黃晉卿柳道傳諸人各以其詩鳴莫不涵渲茹和出入唐漢郁乎彬彬何其盛也然其時衆作悉備惟古樂府未有繼者於是會稽楊鐵厓先生與五峰李季和

始相倡和爲漢魏樂府辭崛强自許直欲度越齊梁而上薄騷雅偉乎其志哉至如詠史則季和每推服鐵厓爲上手鐵厓亦自謂余用三體詠史用七言絕句體者三百首古樂府體者二百首古樂府小絕句體者四十首絕句人易到古樂府不易到至小樂府則他人不能惟吾能之若此編所錄者特其一體耳成化癸巳御史中丞江浦張公巡撫閩中涖政之暇出以示懋而語之曰鐵厓先生平日所爲樂府詩最多今僅有存者天官少宰葉公與中曩爲僉都御史出撫廣東嘗得其門人吳復所編若干首已鋟諸木矣近得此帙於前江西提學黃先生純之子知州璩喜其詞古意古可興可觀讀之使人懲創感發隱然有三百篇之遺特未得其全集耳茲將刻而傳之子盍爲序懋辭不獲命乃復於公曰自王迹熄而詩亡一變而騷再變而選而樂府而歌行諸作至三變而

爲律作者徒知從事聲偶之間而不能馳騁以極夫人情物理之妙其去古也遠矣獨先生之作邈於思而豪於才抑揚開闔有美有刺陳義論事婉而微章上下二千年間理亂興亡之故若指諸掌而其命辭皆即史傳故實檃括而成叶諸金石若出自然昌黎所謂橫空盤硬語妥貼力排奡者先生有之是宜公之甚好而欲永其傳也雖然鐵厓樂府法乎漢魏者也公且好尚之若是如有國風雅頌之音則其好之宜何如哉公於文詞且欲復古而況爲政豈不欲行古道而使今之天下復於唐虞三代也耶斯則懋也深有望焉乃若先生名系爵里與其文行之詳見於宋太史景濂所爲墓誌者已顯暴於世矣茲不著云

徐天池草玄堂稿序

或謂於予曰詩可以盡儒乎予曰古則然今則否曰然則儒可以

盡詩乎予曰今則否古則然請益予曰古者儒與詩一是故談理則爲儒諧聲則爲詩今者儒與詩二是故談理者未必諧聲諧聲者未必得於理蓋自漢魏以來至於唐之初晚而其軌自別於儒者之所謂詩矣曰然則孰優乎曰理優謂理可以兼詩徒軌於詩者未可以言理也予爲是説久矣暨之仲玉酈君始見予於薊門邸中則以理衞道諸篇是也既而見也則以詩此稿是也予兩取而揆之君非不足於詩者而顧獨有餘於理苟世之評君之詩者徒律之漢魏則似不能無遺論於君有深於儒與詩者別作一觀獨遡君於無聲之前若所謂天籟自鳴之際則漢魏唐季諸公方將自失其軌而視君馳驟奔騰蓋瞠乎其若後矣君誠儒者也而非區區詩人之流也予先爲彼説以答或人既爲此説以質於君君呀然曰吾師某某也而私淑於新建之教者公其知我哉予亦

呀然相視而笑會有梓君之稿令子序諸首遂書之

彤管遺編序

詳記載評士林其欣然以喜惟恐身不爲之者必忠臣烈士奇節高蹈之流而其怫然以怒惟恐身或蹈之者必皆回邪憸媚忍垢恥而事二姓者之爲也欣然喜則於慕善者篤怫然怒則於絕惡也堅夫能使人絕惡而堅則夫回邪憸媚與夫忍垢恥而事二姓之徒固亦爲善者之資也其於載記可少哉吾友酈子集彤管遺編教爲女者而作也其所集古諸女婦雖淫慝不廢其文然所次當淫慝雖貴妃亦不得與編戶貞靜者等是將使爲女者觀之怫然以怒惟恐其身或蹈之而益堅其絕惡也歟不然胡爲而亦存之也莊周曰厲之人生子夜半取火而視之惟恐其似已也然則是集也卽使淫慝者觀之不亦反自愧哉而何況於不爲淫慝者

之觀之也鄘子文茂而行芳吾信之久矣原其意蓋如此故爲之序其末

會稽陶望齡石簣翁氏遺稿序

會稽山陰之蘭亭以禊事顯篇詠翰墨映照千古不獨爲江左殊勝之事即逸少文若詩多矣未有及此者蓋山川之助也元微之觀察浙東其參佐賓客輩以聲韻相尚觴袠流布目之曰蘭亭唱和意其時相與俯深眺崇羽觴上下歌詠相屬永和故事嗣興於兹山乎不然何稱名之肖也從蘭亭而深入紆逕數十里有巨石兀嵂色正紫名曰紫巖溪流環迴林壑幽美尚書翁榮靖公之廬在焉公偉博詳雅爲時儁老而公之冢子東白少年負軼氣仕宦連蹇退居紫巖者凡幾十年若松檜蟠屈無以遂其千尋直上之勢而偃枝横出更有異態壯心鋭志不能發舒於事業而自娱於

詩宜其詩之工也崇山激湍茂林修竹宴集遊賞其下斯須之歡適出爲詞翰猶若有助況居處長老於其地者哉東白君甫沒其長子裕昆能哀其遺藁壽諸梓而請序於予予嘉其孝能不忘親也故受而序之

遊五洩詩序 原有五篇青口序與五詩俱載山水志

五洩之名以瀑水勝然山徑固已奇絕矣入青口十里至五洩寺寺右緣溪崅巇而上復折遂至瀑布所水懸可千尺石壁如削左右環擁映水益壯不知視匡廬雁蕩何如也然聲勢震蕩口喑目旋神魄失守亦雄偉奇特之觀題名於壁曰萬歷丁酉三月二十日公安袁宏道歙方文僎山陰王贊化會稽陶望齡奭齡同遊第五洩

五洩有二龍井黑龍井卽第五洩下石潭白龍井在寺南五六里

許穿谷中而入大抵如青口道也而兩壁加隘巖巒加巧溪加駃石門石囷石果罫皆具而加巨轉摺變換不可名狀稍進云已是寺前案山背似非人世之行客相顧恍然而已時日漸曛幽悄可畏不至龍井而還白龍井

宋景濂記云諸洩惟第四級不可至或以綯圍腰繫巨栰俯而瞰其取道蓋從嶺上下耳僧言山下有細路緣厓可上則四洩皆可至也時方雨險滑不可置足褰裳從之從者多諫歸寺詰朝步上響鐵嶺從山腰得斜徑攀挽而行臨其顛望之四瀑皆宛宛可見夫匡廬雁蕩一級水耳猶得名況五洩耶第一洩

洩之水百仞五之意是天上落也從響鐵嶺而登至絕頂謂便當下乃忽見長林平疇桑竹蓊翳溝塍組織水皆安流審之卽墮而爲洩者地名紫閬民居頗稠或至巨富四望緬然平遠亦更有羣

峰環之上山卽富陽縣界予與客皆言兩縣地勢高下遽如此復不謂是山頂行十里忽復下走如一二里始至地由此言之安知今所謂大地者非處於孤峰絕頂乎紫閬

遊玉京洞詩序詩載山水志

從五洩至洞巖寺凡三十里洞在寺右始入如永巷巷窮乃開闊如七間大廳堂遇閼處卽名一洞如是者不測爲幾也未入時寺僧攜席以從云穴隘者至不得手行須首引其尻如蛇蚓狀以爲藉耳洞中然十數炬猶暗炬火小如棗核不見光餘隘處又苦煙塞觸眼鼻皆酸既至穴口數刺頭試之畏煙竟不果惟寺僧與王生及僮輩二三人更進數洞出爲言所以聞昔有行腳僧嘗擔穅深入者見大溪石橋而返頂上聞櫓聲當是錢塘江也

山陰朱賡少欽萬一樓集序

先皇帝御宇之三年暨陽纘亭駱公以留京給諫上封事進喉論三篇其大指以政權宜在朝廷在內閣則治亂半入宮闈則未有不亂者故首親聽政次汰中官次令閣臣還備顧問以爲是三者皆出納之要也咽喉不清則良食美劑皆不得入上以靡拂乘輿下投鼠重器之側逢怒觸忌無所顧藉格格焉欲强當世以所甚難改列聖相循之已轍余新爲史官讀其章爲之股弁蓋心服其勇而未始不竊疑其言之稍迂也今皇帝三十年纘亭既久謝事家居余始解懸車承乏政本蓋未論之所指陳適當其處以祖宗備顧問之常員謬司樞軸怦怦然懼無以解釋負擔會上臨御久一意靜攝朝講之儀且曠不復舉咫尺禁近之地累歲而不獲一覲清光吐納之所繇專仗疏揭沈浮寢閣之故不可詰問往往十不一報焉蓋閣臣外擁總率之名而內亡顧問之實責望彌奢而

稱塞罔效求如祖宗朝循資外遷之例以一職自奮不可得蓋方今政柄其不在閣臣也明矣柄不在閣臣或從而陰持之意纘亭所稱入宮闈者此有其漸言之數十年之前而若合符節與夫咽喉之間百脈之所總萃一息不通輒有性命之患況乎其噓不能吸吸不復噓湮鬱閉塞積歲月而莫之或救其曰未有不亂殆非激言惜其論不見用於當世侵尋遂至今日也昔賈太傅痛哭漢文之廷策竟行於景武今天子神聖遵養有日矣一旦電飛日燿赫然躬聽攬以收政權還六曹之職掌罷中涓之冗長使二三館閣之老優游於文學侍從之班以頌美功德豈不甚休纘亭雖退卽皋壤亦庶幾身親見之余且幸藉手以報聖天子萬分之一蓋所願焉雖然予老且無用將請而歸休其不克身行纘亭之論亦可見於今矣而猶惓惓焉三致意於是書以爲其言卽未見諸深

切之效而其議終不可以一日而不存諸表著之間使吾身誠退道誠不可行或因吾言而使纘亭之文章長不泯於天地後之君子或攬觀而有慨乎其中慨然進諸天子設誠而致行之卽纘亭不朽余雖奄先犬馬塡溝壑其亦可以一瞑而千古矣蓋纘亭於學守紫陽之垣塹仰攻金谿力而且堅終其身弗惑於禮擇近古者行於鄉於書無所不窺於文必自己出無剽賊骪骳之陋可謂盛世大雅卓爾不羣之君子誦其詩讀其書聞其風論其世可以有立然而吾不具論論喉論三篇著於端蓋余雖老且退而其一念憂國愛君之私誠不勝悃臆所謂藉手報萬一在是故不覺其言之僂僂不自置有若斯焉

山陰王思任季重莩蘿山稿序

曩孝立名噪越中予不得其面門人沈逸少數爲予言是文長之

後一人庶幾晤言在泄雲飛水之際也不意孝立被白玉樓奪去今年其長公亢侯出遺稿見示敘之以仲醕復申之以道之而孝立之鬚眉具有生色天寒雪甚煨芋酌醬竟讀其所爲稿者則何其縱橫跌宕奧衍沖邃之多也世無仙才不得不逃之於鬼世多庸才不得不託之於聖孝立骨有九還之采腹如五色之絲詠古題今考文徵事悉根於氣識之元正蓋飄飄乎其欲仙而洞洞乎其將聖也試以向傖父劣生果能淩駕一篇而縮歸一語否使孝立再得俯首十年老其雄魄於純雜伏雉之後則臣舁奴歷媵嫁眉出俱未可知而惜乎天欲祕之徒使黃泉繡碧已矣是稿也以苧蘿山得名苧蘿山豈獨出佳人哉

國朝毛西河蒼源文集序

吾越自陸佃陸游而後無文人焉若徐渭則邱邑之長豈可與中

原伯叔較先後哉然而概視之天下與吾越同閒嘗北極燕齊南抵甌越東西歷江漢河濟求若雲間白下相見如素渺不可得即或聞名而思通文詞以致慕效亦百不得一二然後知吾越雖乏才仍未嘗少遜於天下人亦有言一隅者四表之則也九有者一方之積也當予出遊時有稱諸暨馮蒼源氏爲吾越著作之雄予嘗思其人而未之見也暨予歸里竊觀蒼源氏所著有叢笥一卷其目列叢說叢記叢問叢對諸條彷彿古諸子家言而不假連類不藉影響直抒諸所見而精警刻核語無旁貸鍥鍥乎論難之能也越數年而介予及門示以平生所著書兼屬予序人有學文不成者去而學藝而藝成曰文與藝等也學文之家不必減於學藝之衆也然而十人學藝而十藝名十人學文而文不得一名豈真藝人贏於才而好文之家率鐵心銖智曠百世而不一覯哉夫操

斥滿前不可謂工倕也把筆者滿家不可謂屑宋與賈晁也藝易習而難精文易爲而難以名然則其所謂無文人者非無文人也謂無文人而如農師如務觀者也蒼源之詩别於文長而文則直與農師相頡頏吾越之人斯居其一矣特予與蒼源相隔祗百里耳其年齒相去亦不過七八歲以下而示我所著則予年七十蒼源幾八十然尚未相見而寄題其篇則猶是四海之大九州之廣所謂聞名而思見所著而起慕效者而又何一方之足云

徐昭華詩集序

閨中傳詩自三百始顧三百多采藍伐肄執殳弋雁之婦而其後班蔡鮑謝下及管李非名門巨閥傳詩頗鮮蓋閭閻夫婦操作不暇何暇與之言文章之事哉獨是金閨窈窕易於作僞故世傳李都御史妻陳懿遺詩半屬贗成而近年女士黃皆令游於諸家知

閨中所作類有藉於補餕者則夫閨詩之易工也始盛徐昭華以詩傳人間者有年其人慧生而產於世家父仲山君席大司馬公遺業著書等身而其母商太君則爲冢宰公愛女稱工詩者然則昭華之能詩豈待詢哉第昭華嬌穉不屑就女傅卽隨兄弄文史亦未嘗斤斤爲學乃驟然搦筆相傳元夕隨諸表觀鐙曲廊向月獨吟遂有詩今集中絶句所謂看鐙者是也乃昭華特好予詩凡繡枰鍼管脂盂黛鬲偶有著筆卽漫寫予詩以當散翫故其後謬呼予師而予得藉是數數課題面試以驗其誠僞嘗窺其落筆時頃刻簇簌如弱羽之翻窠而新花之生樹雖使鄒陽子建强顏伸腕猶不得與之爭新鬭捷矧詠蒲吟絮何足相上予故曰如昭華者可令班昭爲後先古稱妯娌爲先後蘇蘭爲娣姒非諛語也特工詩實難雖曰閨房之文易於見傳顧亦視其工何如耳考風詩有名字

者惟綠衣燕燕白華河廣諸篇其他有其詩而亡其名至若漢唐以後凡史乘所載宮闈書目自班姬左嬪道韞令嫻以下合若干人皆各有集名存於目中多者十卷少亦不下三四卷乃數傳以降殘章斷竹或存或沒甚至通集遺帙有其名而忘其詩即或統爲選輯若顏竣殷淯諸君所爲婦人集若干卷者今藏書之家亦並罕有而團扇一詩千古不蔑則非閨詩之易傳而閨詩而工者之能傳也昭華亦勉爲其能傳者而已矣

山陰羅坤弘載陳章侯遺稿序

昔顧虎頭戴安道王摩詰鄭虔諸君子皆以卓犖名流兼書畫而工詩者也今古才人鍾山川之秀抒筆墨之靈一唱一詠一點一拂莫不絕去風埃淩雲超漢使後世之人想望風采知爲神仙中人豈富貴之所能汙貧乏之所能困乎吾鄉章侯陳先生居諸暨

之楓橋世系華胄自幼能文章攻舉子業天姿高朗喜作書畫法古人最上乘不入吳下一派喜結交以朋友爲性命每文酒高會輒醉醉必歌詠自豪掉頭不輟又常就試南北薙行李車轍所至交游雲集而登臨投贈之作思如泉湧然其落想如煙雲如冰雪逍遙跌宕非塵夫俗子所能道隻字誠詩家逸品也迨甲申之後傺侘無聊益深銅駝荆棘之感幅巾方袍放情於雲門薄隖及西湖三竺之閒懷抱落落遇多不合雖卿相王侯無以奪其孤潔之操故凡忠孝道義慨慷鬱鬱不平之氣一寄之於詩又花晨月夕高士名僧與夫黃衫俠客記歌紅豆之女郎促席銜觴神情酣鬯亦必有詩詩成即揮灑於側理便面或有求書於綾紋箋冊者不可勝紀而其作文亦必名言確論含腴吐華出於至性所關並非泛泛所應酬惜乎其詩文未嘗留稿即偶有存者自頻罹兵火散

漫殆盡嗣君無名抄彙成帙蓋從友朋親串中什襲而收藏者又或於四方舊雨士大夫珍重而遺留者不憚風雨歲年搜求遠僻計得近古各體共若干首文若干篇登諸剞劂以傳不朽嗚呼無名之孝思誠勞且苦矣至於先生之品格生平盡悉於同郡孟遠傳中古人云詩文如其人信斯語也

海甯許汝霖時菴大觀堂文集序

余幼習舉子業即知暨陽有余浣公先生讀其文思其人而未得見也未幾先生出宰封邱治行爲天下最

章皇帝擢置南臺正色立朝嘉猷讜論傳誦中外余益想望丰采而思一見吾先生乙卯秋幸與令嗣靖瀾同舉於鄉時總裁爲徐王兩夫子而易經兩房出西山許先生門者陳介眉等九人出陳幼木先生門者方若翰等八人而予以謭陋倖荷先驅兩門得士

極一時之盛先生喜甚招飲寓舍分韻狂吟武林傳爲盛事既而同榜吴匪菴謁先生一見恨晚語靖瀾曰是科人文俱堪領袖而究其成就則吴與仇庶足與許子竝輝廊廟爲當代典型汝敬事之毋忽謬荷推奬如此乃再上公車至壬戌同成進士因
上幸陪京九月回鑾殿試屆期靖瀾忽辭歸省覲强留之不得至家而先生果病聞旗鼓迎門喜出意外不數日霍然從此承懽膝下旦夕不忍離左右至戊辰先生促之廷對對畢倉猝復回而先生竟於已巳冬告逝養生送死終其身無稍遺憾噫仁孝之所感異矣讀禮既竣經營窀穸辛未春予視學兩江持札招之介然不來余心折不置越乙亥靖瀾以就選抵都余大喜下一榻風雨明晦同卧起者幾一年除龍陽尹遣人至鄉攜家屬抵任清操偉績誓不名一錢期年再得一子曰我願畢矣卽欲解印綬督撫交章

薦剡不得已復强從事卓著之績聲顯朝野余與匪菴聞之喜欲狂謂旦夕此君來吾道不孤矣乃鋒車已召忽以病告叩其故曰吾從事臺省朝夕營營先君子生平文集誰與爲裒輯者遂飄然賦歸同弟瀟友蒐輯授梓辛卯秋余歸田靖瀾以先生集惠示余考其政績閱其奏疏雖龔黄韓范無以過卽其他所著議論如賈董敘事如班范詩歌出入唐宋大家元明以來如先生有幾人哉考亭曰人之傑也鍾靈於地已亥春予與靖瀾同登八袠因渡江一祝獲拜先生墓謁先生祠登先生堂瞻其車服禮器恍然如覿宗黨萬餘人巷滿烏衣而親子若曾元甫四代已一百五十有四猗歟盛已自靖瀾懸車任菴移守惠郡餘皆宦成歸里孫曾輩英英玉立賦鹿鳴入鄉序而貢太學不啻七八十讀書談道皆藏器待時餘雖幼嶄然已見頭角越州爲江左名區王謝以來千餘年

地之靈不鍾於先生也耶更足異者余過楓橋與靖瀾一數晨夕郎抵高湖宿繼明五年兄齋榻外忽產靈芝之三莖遠近驚視者日無算隨構一軒顔之曰芝瑞奇楨異彩流傳奕葉孰非先生至德格天俾八旬兩老人附垂於不朽也因濡毫而記之願世之覩是集者頌其詩讀其書論其世以想見其人大哉觀乎勿徒作文字觀則觀止矣

吳縣葉士寬暎庭諸暨賢達傳序

鄉先生之表著乎一時者今欲道其風流舉其姓氏而竟無有也哉昔者韓信爲漢伐魏望見旗幟輒驚曰魏得毋用周叔爲大將乎西京末牛生者與嚴先生同爲世祖友重比帝下詔求二人子陵出而生終不屈宋靖康時桂人呂先軫偕陳東上書請誅王蔡少陽後贈官賜田畧無人知先軫者以叔之才生之節先軫之忠

非特不見於史雖郡邑書亦終無所採幸不幸若是其懸殊耶古之君子於其鄉賢士大夫有別傳有先賢行狀有華陽國志襄陽耆舊陳留風俗傳諸篇凡皆寸心千古斗室羣賢諸暨越西南境自大夫郢而邑始有名其山水淑清其人秀出未嘗不忠臣良踵孝子連閭而往往有郡邑書所不詳者郭生世勳其有常璩習鑿齒之志乎暨之人不至如叔如生如先軫終泯滅而無稱其諸君子亦有樂於是歟

山陰沈冰壺梅史越中三子詩序

郭君春林料簡劉子鳳岡童子璞巖陳子月泉詩稿擇其言尤近人者如干首約三卷付削氏行世標曰越中三子詩客有啁之者曰此逼逼者篇帙幾何曾何足以炫人乎予笑應之曰詩不貴多也少陵三十年作一千四百首詩一年不滿五十陶元亮一年裁

作一二首自庚戌九月至丙辰八月六年始作一詩又皆穫稻詩吾方以三子才太多著作太夥矜慎或不如陶杜而子乃以少爲病乎更有瞷目攘臂作虓虎聲者曰吾越多才林立奚止三子而特揭三子得無近於阿而誣鄉士之無士乎予又笑應之曰吾越誠多才郭君誠不免阿其所好譏之宜也然王弇州標榜同志有前五子後五子續五子不嫌一續再續則林林者何難位置今試向公先索一人玉映金春軒舉元奪才分氣魄足以陵越三子者則郭君頫首無辭矣因撰次其語爲弁諸首

國朝餘姚邵瑛周官心解序

周官心解者暨陽蔣載康先生自述其心得之作也周官在漢視諸經最晚出故疑義亦視諸經爲最多自臨孝存何邵公以下迄胡仁仲舒國裳等指摘瑕釁移易舛錯不遺餘力均無慮數十家

而攻擊鄭註者或病其汨以緯書如以昊天上帝爲北辰耀魄寶五帝爲靈威仰赤熛怒含樞紐白招拒汁光紀之類或病其司馬法兵制證田制如以四井爲邑至四縣爲都節井十爲通至終十爲同之類或病其以漢官比周官如以小宰謂如今御史中丞之類或病其以末世弊法釋三代令典如以邦賦爲口率出泉以國服爲息爲民貸以治產業者歲計贏受息什一之類殆不可勝紀先生之治是書不墨守經註亦不拘牽宋元諸儒成說惟將全書爛熟融貫於胸中而獨裁以己見故往往有前人所嘵嘵辨論不休者絕不措意祇就文詁之而於義自安有前人所從無辨駁更移者偏能得閒斟酌以求其是有千百年師說相承從無異議者獨翻成案反覆以暢其說一書之中所在多有蓋聖賢學貴心得必如是而後可稱心得也獨是心得之學多患鑿空擺落訓詁獨

研義理以舊說爲淺陋以篤守爲迂拘自洛閩爲之倡極於有明一代學者大槪如是而先生則又不然也湛思頴悟之中未嘗不實事求是梨洲先生嘗稱萬充宗以經釋經先生固嘗以經釋經而尤多以周官解周官如謂掌客醢醢之數有誤字正以膳夫醢人醢人職文掌訝及委則致積及委係及館之誤證以遺人職文玉人殘闕失次參正以典瑞職文小司寇之職掌外朝之政當有建邦二字朝士掌建邦外朝之灋不當有建邦二字通考六官之例自見禁暴氏不當有氏字以上文禁殺戮觀之自見鄭君謂鄉田不井據小司徒大比六鄉四郊之吏考夫屋則鄉中明有井田鄭君以正月爲周正子月正歲爲建寅正月據小司寇憲刑禁於正歲而布憲之布乃在正月之吉明正歲在前而正月在後鄭君謂周天子冕服九章與上公無別賈氏謂其章別小章章依命數

十二爲節鷩毳以下皆然已斡正之矣茲更證以弁師就玉則小章實有依據若此者非全書爛熟融貫於胸中而能然乎荀子勸學篇曰誦數以貫之思索以通之蓋古人之爲學如是若先生者庶幾不愧古人而非吾輩餖飣古義張皇補苴所可企踵者矣願以告世之讀是書者

錢唐朱彭青湖王竹齋集序

嘗讀詩至元之季世得二人焉一曰席帽山人王逢一曰煮石山農王冕是二人者其姓氏同其遭時不偶遯跡山野卒至播遷淪落以死亦無不同至其爲詩則又各抒性靈感時紀事以陶寫其磊落抑塞之氣而不爲元時習尚所囿皆豪傑之士也余嘗客澄江過逢之黄山故里訪其遺詩得梧溪集而誦之及歸而求王冕所著竹齋集不可得後聞越中駱氏家有藏本倩友人訪之亦不

見寄竊嘆古人著作或抑於一時必歷久而始傳或傳矣而未廣必更閲百餘年而始克廣其傳此蓋有數焉今駱氏既有藏本其精神意氣之所注鬱積而不可遏則必有好古之士爲之抉幽剔隱出其書而傳播之譬之金玉沈埋土中雖千百年而必發又安見竹齋集之終於淪沒乎諸暨王君桂公好古者也因購書僑居於杭一日過余抱山堂手一編請曰此余家遠祖竹齋集也訪求數載今得駱氏本於鮑氏知不足齋中多魯魚亥豕之訛幸爲我勘校編次之且乞一言弁其首將付之梓人以傳世焉余欣然應命曰此吾二十年前所徧覓而不可得者不謂今始得之且得之於元章之後裔噫奇矣以此見古今人雖不相及而詩文之傳每曠世相感元章之沒去今四五百年矣其詩篇散佚初賴駱氏之收輯後得顧俠君之選存此皆相感於不自知者況居其里同

其族如王君者乎宜其惓惓於心而必思表見於世也余嘉王君好古不沒其先世之遺文而并望其覓梧溪集而刋之合爲元季王氏兩布衣詩是則余之願也夫

儀徵阮元雲臺是程堂詩集序

予於浙江見文筆三人曰陳白雲曰查伯葵曰屠孟昭白雲文筆清古拔俗伯葵則弘麗矣孟昭學於白雲而友於伯葵故其風骨文采出於其閒年雖少而波瀾老成三人皆館閣才也乃白雲以進士授知縣伯葵不願舉進士以舉人就知縣孟昭成進士入翰林矣復改知縣所治之縣各著循聲是天將使其循良之政早及於民不徒以文學掩少年歲月也儀徵吾邑也地處大江之濱北接淮河繁劇難治孟昭領此邑裕如也邑累於稅孟昭自除之邑有難獄孟昭立斷之邑民貧且惰孟昭以木棉蠶桑耕織爲教而

民化之邑有鹽梟日益横孟昭聚武士擒治之民閒頌聲日騰達聞於遠方其政成矣而其文筆復裒然成集知不以政廢其學且其所以爲學者卽其所以爲政也余早識孟昭之才與學於吳山讀書之時余雖抗顔然今邑民也知其循政親切不誣兹序其集在於甲戌自今以往政績文學懋勉益上者當與年俱進烏得以此百里地十四卷書衡量之耶

海鹽查初揆梅史是程堂集序

古人以文章之妙喻諸花水何也夫芳華似駛不改妍於故姿峻湍乘猋不遷流於曩瀆然而墜葉零而空條萌逝波往而新漲綠物理相代亦固其所故夫撏撦之病爲優施所譏標竊之詞非篤雅所尚豈不諒哉古人以友朋之誼貞諸貧賤何也蓋窮魚茹怨旅雁叫秋一枝吳市之簫半束齊鄰之緼贈韋兹於新知尋耆智

於故吾意氣之盛颷激電流文字之娛波譎雲詭無嵇康不能堪之憤有傅咸不可及之歎然則貧賤之交游抑亦文章之知已乎僕於孟昭十年以長弟畜灈夫一坐之中心驚王粲每當燭花夕泣濤聲薄空雞鳴膠膠風雨不輟其唱鴻飛冥冥江湖以矢其懷引其吭作百年之歌披其肝齎三游之氣琴軫既希酒悲閒作嘗中塊滿耳後風生窮達之故相關哀樂之懷參半故其爲詩如霜竹裂秋朱火敲夏波濤鬱其聽熒徵羽厲其節奏由其靈籟自天結體而已文如其人儒兼乎俠夫光宅之鐸流姑洗之韻碧池之鐵躍蕤賓之音懷嚮者悅風辨邑者嚮燧佳譽自有何暇標目特以釣弋之地熟其游息歌獻之侶習其抗隊君苗有焚研之慨成連有刺船之迎識曲聽眞滋之媿耳秋冬之交僕將索米長安市上孟昭亦將偕計東北行斯時也浴羽鳳池接跡麟囿獻碧雞之

頌演朱雁之詞孟昭且更以和平安雅震攄
皇風僕無能爲役矣

漢軍法式善梧門是程堂詩集序

郭頻伽詩清雄杳梅史詩瑰麗琴隖年減於二君所爲詩則弗減交二君稱莫逆也嘉慶九年二君自刻詩集琴隖牽率鏤板既而悔之然世所傳是程堂詩集四卷洋洋灑灑固已凌厲無前矣六七年來遨遊金陵淮揚兩寓京師與當世賢豪推襟送抱酬和滋多其閒伏居里閈讀書巖寺蕭寥曠放有遺世獨立之概一切富貴寵利若無足動其心者乃過蜀岡誦參軍賦過涼館覲海嶽書過南埭讀荆公詩有餘慕焉方其水行山處檝馬船車襆被盧溝橋大覺之杏花淨業之荷花退谷之櫻桃時時繫念若夫衣冠簪紱伺候奔走未嘗汲汲也昔王輞川畫中有詩後人稱爲詩佛琴

鳴之畫與輞川孰勝詩已寖寖入輞川堂室由翰林改邑令必有實政及民宜不復措意爲詩顧裒其近詩八卷疏淡閒適之作居多乞余敘而請益焉噫嘻余烏能益君哉吾友吴玉松侍御詩人也見余玉延秋館吟卷而曰卷多名作惟屠君押韻確當用事眞切無意求工人皆弗及斯爲極詣陳嵇亭虞部嘗曰客能詩余之心客能畫余之心乎有則吾將隱焉於是求畫師爲桂門圖二三年春明城殆遍一日得琴鳴筆曰斯可矣遂乞休詰朝束裝載圖如拱璧出國門蓋其詩與畫爲世所傾倒愛慕如此吾不知輞川當日有人傾倒愛慕其詩畫能如是否又不知琴鳴之詩畫能令人傾倒愛慕傳於天下後世如輞川否又不知頻伽梅史見琴鳴今日之詩畫亦如吴侍御陳虞部之傾倒愛慕歎爲極詣視如拱璧否第琴鳴年方壯盛彈琴而治上協時雍於變之麻賡歌而颺

拜焉其事業當何如也余豈敢僅以詩人期許之哉

吳江郭麐頻伽是程堂集序

曩予遊越州見其山平遠而逶迤其水澄泓而澹演輕舟孤往二三十里忻然忘返然獨怪所謂南鎮者於諸山雁行耳而其名首載於職方與具區三江五湖等豈大禹之明德因神聖而重歟抑或以其磅礴敦龐回環曼延雖大小齊諸山而氣勢獨傑然有以自異與若然則神聖之遺區山川奇偉之所鍾亦宜有人焉羣萃州處而特立獨行者惜未之遇也去年春始得交於屠君孟昭孟昭故越人而居於杭覯其狀貌言論已於人人中異之既而交且深盡讀其所爲詩而後確然知其爲特立獨行之士無疑也孟昭之詩氣伉以爽音大而宏不名一家之學而發揚蹈厲有幽幷烈士河朔少年之風此其所以異於人人者也不知其無所爲而爲

是與抑有得於中有感於外有不能已於言者而後出於是與夫山非求異於部婁也山之長諸山者非求異於諸山也而固不能無異之至於不能無異之必推求其所以傑然者而後見其爲磅礴敦龐迴環曼延者焉人豈有異於是乎詩文又豈有異於是乎孟昭年少氣盛舉凡人世馳騖爭逐惟恐不勝人之心一返而資以爲詩而又敦行孝弟能急人之急視朋友如性命此其所以傑然者本固立矣充而養之漸以俟之不渝不怠追古人於百世之上欲不自異得乎越州前輩文章學問與武林諸君子時有異同然其能自見者必其特立獨行者也孟昭雖居於杭瞻然有故土之思他日尋問山水訪求文獻其以吾言徵之且以驗子之所自得者斯可矣

國朝仁和馬履泰秋藥是程堂集序

凡人盡不善飯不可不善飲盡不善書不可不善畫盡不善文不可不善詩李杜不聞工畫東坡不能洪飲兼之者難也吾昔見孟昭於京師早知其能詩然彼時方鋭意於畫風日清美閒相過從輒出縹囊錮軸瀹茗欣賞或評泊某氏所弆孰眞孰贋某史所運有工有拙譚藝少輟閒以諧謔忽忽十年前事如一日也無何孟昭出宰眞州吾亦去官浮沈里閈則又日夕從事於詩孤吟獨賞以追逐於蕭疎澹遠之境而未能也一日孟昭送詩至反復讀數日始竟喟然曰其工且妙乃至是哉未嘗不雕繪滿眼而蕭疎澹遠之趣自流溢於簡外豈非其性情之獨抱而胸襟之高曠歟夫雕繪者工也蕭疎淡遠則妙矣吾追逐於蕭疎淡遠之境而反類於枯寂是詩理之妙盡可以追逐而得之乎曩愛孟昭之畫水章墨采氣韻超逸自歎弗及而詩或庶幾今孟昭之詩出窮其所詣

而又退然欲斂手焉吾老矣自謂於此亦復不淺抑何孟昭之使我心折若此也雖然孟昭亦有同余所弗能者乎有之兩人皆不善飲酒

德清俞樾蔭甫諸暨詩存序

宋孔延之知越州蒐輯古來詩文之有關於會稽者八百餘篇爲會稽掇英總集亦云富矣然但取其有關於會稽而不必皆會稽人所作是所以備掌故而非以存其詩且存其人也諸暨爲越州所屬一大縣其地有五洩山俗有小雁蕩之名宅幽而勢阻是多懷材藏穎之士余考自明以來其最著者莫如王元章明史文苑有傳史固稱其爲諸暨人也藝文志載有王冕竹齋詩集三卷而至今殊尠傳本然則諸家之詩其散佚而不可考者固已多矣嗟乎此酈君黄芝所以有諸暨詩存之輯也其書自唐宋以至

國朝得如干人凡詩如干首而詞亦附焉余取而覽之如宋之姚令威明之駱鑽亭固世所共知者其餘姓名則所識者不及十之六七余固譾陋然其名迹之晦亦可見矣苟非酈君編輯是集存其詩以存其人不皆湮滅而無傳哉以此推之則知冥朽蟫斷之中其不可得而采獲者當不止此矣幸而得入此編者不可不流布於世以永其傳也酈君之子方之茂才克承先志稍稍補益錄爲十卷而問序於余余因勸方之集資以刻之異時名公鉅卿有爲掇英集者必有取乎此毋使千載下過苧蘿村者徒流連於浣紗之豔迹也

經窺餘燼序

昔揚子雲好深湛之思蓋必深湛而後有以盡思之用不深不湛猶無思也近世學者多鹵莽滅裂能用思者罕能用深湛之思者

尤罕蔡子臞客殆其人乎余獲交於臞客近十年矣見其每治經義於舊說所未安者或舊說已得之而後人未能申明其意者苦思力索務求其是然入之既深出之亦不能甚顯讀臞客書者非反復研求則亦不能盡得蓋所謂樸學者固如是也往年寓居西湖第一樓不戒於火舊稿積尺許盡付之一炬乃於暇日追錄其所能記憶者凡二百篇題曰經窺餘燼經窺者謙詞也餘燼者紀實也雖然孔門如子貢於夫子之道尚曰窺見之而已吾儕讀其遺經而欲求其大義豈非所謂以管窺天者哉然同一窺也而所窺有淺有深淮南子曰登高使人欲望臨深使人欲窺蓋惟深也故必用其窺而窺者每不能盡其深臞客所窺固有得其深者矣憶其初見也余手書好學深思心知其意八字以贈今果克蹈斯言自此以往益用其深湛之思則其所窺必有更深於是者此一

編也殆由若火之始然而非徒餘燼也夫

切音捷訣序

天下之理自然而已矣君臣父子兄弟夫婦朋友莫不有自然之節聖人懼人之不知循其節也於是制爲升降揖讓之儀宫室衣服之等委曲繁重一似不可究詰者其實無他也使之循此以求其自然之節也推而言之制爲六書以求合乎自然之文制爲五聲六律以求合乎自然之音然則反切之學亦若是而已矣夫反切以一字雙聲一字疊韻合而求其音也然古無韻書則何疊韻之有蓋其初止知有聲焉爾是故關關雎鳩在河之洲疊韻固韻也弓矢既調射夫既同雙聲亦韻也後之人從而加密焉於是參差爲雙聲窈窕爲疊韻而反切之法遂行乎其間而推其原則亦以雙聲爲主惟止用一雙聲字不能定其爲何字於是又輔之以

疊韻字而此字定矣魏晋以來反切之法盛行學者又苦於不得要領而字母之法興焉蓋古人以雙聲取反切而後人又以字母統雙聲字母既行學者或尊之爲絶學或擯之爲梵音不知此特借以管攝衆聲耳三十六字母來自西域行之既久世以爲便則吾人亦姑循而用之不然則取廣韻所有反切以類列之而遞推而上之亦自有可得其母者不必拘拘以見谿郡疑爲也諸暨酈伯行上舍著有切音捷訣蓋爲初學設甲申初夏介蔡臞客問序於余余於反切之學素未究心而其理則固知之故爲書此將使學者循此以求自然之聲也

存眞詩鈔序

光緒己丑春傅君湘秋來肄業於詁經精舍經訓之外雅擅詞章余曾選其詩賦數篇入詁經七集方以玉堂人物期之不圖至辛

卯秋遂赴玉樓之召也其兄曉淵錄其遺詩一冊見示其詩皆自出機杼不落臼窠方之近代詩家殆合隨園甌北爲一手矣天假之年所就當不止此惜之惜之

仁和譚獻仲修野花草堂遺稾序

有文人之文有儒者之文文人以文爲紹業曰體勢曰家數修飾潤色惟人是徇久之而其中無我儒者則不然束性以道歛才於識佔畢讀書以聞諸師友得諸簡編者磅礴鬱積於胷中而又默觀天人之感召風習之遷變好惡憂樂之相尋或三四年或五六年乃至自向學以至垂暮之所得一如古人所謂成誦於心借書於手者若有意若無意初以研討之或疑或信者筆之於文以質於師師亡矣以正於友朋友朋或遠或近或者離羣索居則且上觀以叩古人後顧以詒來者日積月累墨枯筆秃積成卷軸而仍

非有意爲文也諸曁老儒傅書田先生且耕且讀教授鄉里亦就有司之試得失無容心其間久而忘祿利矣又久而忘毀譽矣性之所近老不廢書讀書有得乃有疑有信悠乎有所懷感而不能伸勃然有所蓄積而無所試往往以有韻無韻發攄之今先生往矣子姓之承學者曉淵將以傳之其人流轉而爲獻所寓目焉有如讀漢史讀檀弓原習原禮朱買臣陰皇后諸篇稱心而言怡然理順此無韻之可傳者詩篇編年頗繁富若摘其五言之清妙七言之幽秀者可百數十章亦有韻之可傳者敢一告其子姓再告於後世有讀野花草堂遺草者當求之於儒者勿求之文人則得之已

東埭文鈔序

世之談者何必不曰文士如春華爲天地飾耳何與民物之蕃變風教之升降哉獻曰不然伊古賢達垂空文以自見則以昇讀書

論世者如生其代如見其人民物之故風教之遷往往遇之當世君子冕而衣裳大則謨範之巨製細亦簡牘之公言煒乎郁乎非蓬艾之士敢望若夫潛居守道默不一試於人事而志士畸人披草相見所言非田夫野老所解處乎平世彈琴以樂先王之風稽古載筆發揮名義以告安雅之君子又或不幸陽九兵甲所見聞多激昂亦復蕉萃易感於懷抱叔季之風教且稍稍遠於先王於是婉篤其辭而不傷條鬯其指而不矯惟有道之人乃能爲有道之文彼春華者安足數哉郭君復亭能文章尤好古學超然榮利之外而溫然性情之事自其少逮今垂老與志士畸人屬於文學且淵然於文學之衰亂離既定亡意干進留意於鄉邦文獻禮教盛衰有雜文數十篇於貞一之士孝弟之行閨襜之節概家門之東修三致意焉後之覽者亦可以悲其志矣浙東文儒西河梨洲

河嶽之壯往矣莫追若謝山之堅凝實齋之閎碩得君後起絜靜而縣邈者當亦先正之所許也

東埭詩鈔序

獻弱不好弄溺文字嗜交游未逮辭人而終違聞道猶憶冠年接諸暨酈子蓀生軼才高寄下筆滔滔不自休同聲或然則下風應之因酈子而識郭君復亭內美含焉其爲人溫潤而澤縝密以栗比德於玉由此其選矣當年四方之游北地歸來君賦詩珍重元二之運海水羣飛大越山川迷於燹甲平生故人無相見期一樹婆娑生意殆盡不佞海隅淪落未廢吟詩展篋中叢殘稾草蓀生手筆可數十篇漸江之雲疇與上下亂定再歸令威城郭之感不意猶得與酈子握手西湖煙蔓中問吾復亭無恙也君渡江來遊重接清言想周閱之故事已昌黎有言平居里巷相慕悅握手出

肺肝以相視已而反眼若不相識彼何人與惟夫寂漠物外之交了不與榮利相關文章得失氣類推挹固無遠邇無久近終古之契結於立談久要之言質諸先正合百年於一旦通千里於同堂如暍得陰如醉得醒交遊或僞而文字之交遊無僞云爾逡巡二十餘年人事枯菀訪舊爲鬼噫嗟藜生遂爲異物遺文散落傳之其人復亭抱蜀家街如古琴瑟不必諧於里耳而正聲尚留奇弄閒發哀樂中年有詩十卷可寫定昔者竊聞文如其人所謂溫潤而澤縝密以栗者復亭之詩復亭之爲人二而一者與卷中與藜生唱于往復爲多軼才小異高寄則同抑亦笙磬可調而珩璜並佩也巳

跋

宋永嘉葉適水心題姚令威西溪集

初完顏亮來寇舉朝上下無不喪膽直云虜百萬何可當惟有退走耳獨姚公令威抗論沮止謂歲八月入翼明年七月入軫又其行在已巳東南屏蔽也又推算太乙熒惑所次皆賊必滅之兆未幾亮果自斃江淮復安余嘗歎國不可無智士不智於人當智於天方是時姚公策我能必勝者智於天也公著書二百卷古今同異無不該括豈獨智於天哉惜其盛壯不預採錄晚始召對殿中忽感風眩而死悲夫余不及識公而與其子僅從倔同僚從孫鎔以公西溪集叢語遺余其古樂府流麗哀思頗雜近體詩長短皆絕去尖巧乃全造古律蓋加於作者一等矣至於以易肥遯為飛遯引注說文不若是忿以辨孟子不若是忿尤非余寡見淺聞所能到也夫欲折衷天下之義理必盡考詳天下之事物而後不謬余既不學又不得見如公者而師之徒掩卷追想於百年之外爾

明戴叔能倪夫人遺事跋

蓋自分田制祿之法久不如古而士農工賈之家遂至兼并無藝貧富不均饜飽粱肉者有之操瓢爲溝中瘠者有之於斯之時有能以其所餘惠鄉邦之不及者蓋亦天理人心之所發豈必有爲而爲之哉追其後也天恆報之以福俾其子孫之享有豐盛至於累世而不替者是固理勢之宜然而非若人之所計也已暨陽之西鄙有倪夫人者故宋進士諱丞年母也亦既家富於財遂教其子孫當以惠及鄉邦爲心歲有羨餘必使縮其時直什之二而平糶之以爲常一有不遵其教卽欷歔就寢竟日夕不食子孫肉袒謝罪改之乃已已而倪氏卒以忠厚相傳迨今五世之遠二百年之久而其家之豐盛固自若也或者以爲此皆夫人種德之報而不知夫人於此曷嘗有一毫計望之心哉雖然向使夫人之教其

子孫者一不能以若是吾見德惠之罔施而侵虐之是恣雖欲求其五世二百年之豐盛又可得乎夫人之所以爲子孫計者其亦慮之審矣然亦竊怪夫夫人之在當時不過居處閨門之內勤勞饋食之閒非有詩書之漸染師友之薰陶而其處心積慮之際乃能忠厚之如是則世之以大丈夫名者果皆夫人若哉彼其聞夫人之事其亦少愧矣夫人之四世孫慶予姻也因出余觀光氏所錄遺事以相示故輒書而歸之

國朝祥符周亮工櫟園讀畫錄

陳章侯洪綬字老遲亦字老蓮其稱悔遲則甲申後也方伯公之孫章侯畫得之於性非積習所能致昔人云前身應畫師若章侯者前身蓋大覺金仙曾何畫師足云乎人但知其工人物不知其山水之精妙人但訝其怪誕不知其筆筆皆有來歷有過平陽水

陸社見吳道子眞蹟數十幅歸謂人曰人言章侯杜撰今乃知道子預倣章侯豈道子亦杜撰耶家大人官暨陽時得交章侯數同遊五洩余時方十三齡即得以筆墨定交辛巳余謁選再見於都門同金道隱伍鐵山諸君子結詩社章侯謬好余詩遂成莫逆交余方赴淮章侯遽作歸去圖相贈可識其曠懷矣後十餘年再見湖上冊中所存皆在孤山小閣中爲余作者章侯兒時學畫便不規規形似渡江搨杭州府學龍眠七十二賢石刻閉戶摹十日盡得之出示人曰何若曰似矣則喜又摹十日出示人曰何若曰勿似也則更喜蓋數摹而變其法易圓以方易整以散人勿得辨也初畫楚辭像刻於山陰再刻水滸牌行世及崇禎間召入爲舍人使臨歷代帝王圖像因得縱觀大內畫畫乃益進故晚年畫博古牌略示其意章侯性誕僻好遊於酒人所致金錢隨手盡尤喜爲

貧不得志人作畫周其乏凡貧士藉其生者數十百家若豪貴有勢力者索之雖千金不爲搦筆也一齷齪顯者誘之入舟云將鑒定宋元人筆墨舟既發乃出絹素强之畫章侯科頭裸體謾駡不絶顯者不聽遂欲自沉於水顯者拂然乃自先去挽他人代求之終一筆不施也以此多爲人詬厲年五十六卒於山陰存詩一帙余爲藏之後以歸其子曹秋岳曰老蓮道友作墨有法世人往往怪之彼方坐卧古人豈顧餘子好惡程翼蒼曰老蓮人物深得古法不意山水亭榭蒼老潤潔亦復不讓古人方與三曰北宋閻次平南宋張敦禮徐改之專借荆關而入自脫北傖躁氣然設境未能如老蓮之高曠楊猶龍曰予辛卯于役入閩定交櫟園酒闌鐙炧抵掌天下人物未嘗不首推章侯也歸而索晤於錢塘握手歡然不似初相識者爲予作畫數幅高古奇駭俱非耳目近翫珍藏

篋笥庶幾此遊不虛矣當年陸賈徒橐中千金耳何期神物祕惜世無桓宣武竟爲盜貲可勝歎哉黃仲霖曰予以癸未別章侯於燕明年從金道隱郵筒得章侯書併書畫扇意存諄戒惟此老自無雷同語耳己丑過虎林從南生魯署見章侯爲作寫生圖數十種雄奇凸凹予謂吾黨當爲老遲惜此腕不令復作若令復作者恐遭龍虎鬼物收攝又明年櫟園出畫册四部示余余見章侯畫益夥如見章侯蓬首赤體右手持酒杯左手抓頭足垢撅口張目談天下古今事此而不遭龍雷收攝也者當有神氣元命護持之予薄命人章侯一點一畫俱歷兵火不復僅存異日不向生魯乞圖卽向櫟園乞册耳章侯爲諸君子所歎如此

題陳章侯畫寄林鐵崖

章侯與予交二十年十五年前只在都門爲予作歸去圖一幅再

索之舌儆穎禿弗應也庚寅北上與此君晤於湖上其堅不落筆如昔明年予復入閩再晤於定香橋君欣然曰此予為予作畫時矣急命絹素或拈黃葉菜佐紹興深黑釀或令蕭數青倚檻歌然不數聲輒令止或以一手爬頭垢或以雙指搔腳爪或瞪目不語或手持不聿口戲頑童率無半刻定靜自定香橋移予寓自予寓移湖干移道觀移舫移昭慶迫祖予津亭獨攜筆墨凡十又一日計為予作大小橫直幅四十有二其急急為予落筆之意客疑之予亦疑之豈意予入閩後君遂作古人哉予感君之意即所得夥未敢以一幅貽人乙未難作諸彊有力劫以勢予弗為動即有作據舷狡獪者予亦以石家行酒美人視之丙申春予復入閩以此卷自隨念予負罪大讞者必欲殺予媢人湯燖逼人七尺軀尚非我有況此卷哉又念付託非人負我良友因以寄鐵厓子予友自

章侯外惟一鐵厓而鐵厓獨未交章侯予藉此爲兩家驛騎章侯固可以無憾於地下予亦可免輕棄良友筆墨之罪矣

題章侯畫與林鐵厓

丙申以此卷寄鐵公時公方備瓊海兵戊戌予復自閩赴廷尉質抵西曹不十日而公亦中讒逮至頌繫之地相去數武唾咳皆聞獨不能交語耳當時意吾兩人旦夕且死卽徼天幸而貽此卷與藏此卷者漏其一得不死然已不能竝活此卷歸他人勿論矣使貽者不得脫藏者獨存何以把此耶庚子公旣蒙恩南還辛丑予寃亦雪是年秋值公明聖湖出此相視裝潢有加舊觀頓反觀故人手跋皆爲予抱痛予把此卷盍不禁潸然淚數行下也嗟夫鐵公當時意我兩人卽萬幸一脫耳豈意貽者藏者不隻死乃得竝活復從荷香桂影茗椀爐香閒從容展視如是耶嗟夫鐵公東厓

先生所謂日影之悲山陽之痛予兩人幸免矣第章侯不免作人琴之感予對此滋戚今日章侯第四兒鹿頭涉江過慰一衣帶水便是老遲埋骨處鐵公固因此卷以交章侯者未免有情亦復誰能遣此

題老蓮畫與王竹菴

予與竹菴性情嗜好無不同數年以來交遊亦無少異所異者予長竹菴十有八歲予得交老蓮竹菴不及見老蓮耳竹菴將返里予出老蓮此幅相贈據琴人酷肖老蓮疑是此老自圖其貌竹菴收展之餘應彷彿與老蓮遇也老蓮生平以不登二華爲憾竹菴雲開立馬時其懸此幅於蓮萼峰下使此老一慰生平

陽湖惲壽平南田題老蓮畫二則

陳待詔橅王叔亦有致畫雲用細勾太刻畫耳

待詔寫生雖極工整猶有士氣與世俗所尚大有徑庭然視白石白陽隨筆點染得生動之趣又隔一塵矣此畫共八幀南田題其二幀原冊今在無錫楊蔭伯家

朱竹垞鐘鼎款識跋

宋紹興中秦相當國其子熺伯陽居賜第十九年日治書畫碑刻是冊殆其所集如楚公鐘師旦鼎皆一德格天閣中物也餘或得之畢少董或得之朱希眞或得之曾大中蓋希眞晚爲伯陽客而少董視盱眙榷場因摹款識一十五種標以青箋末書艮史拜呈以納伯陽至今裝池冊内秦氏既敗冊歸王厚之每款鈐以復齋珍翫厚之私印且釋其文疏其藏弆之所後轉入趙子昂家子昂復用大雅章兼書辪尚功考證於曾侯鐘後於時錢伯平柯敬仲王叔明陳維寅均有賞鑒印記隆慶閒項子京獲之近歸倦圃曹

先生康熙戊申先生出示余余愛翫不忍釋手先生屬予跋之未果也辛酉冬余留吳下先生寓書及冊再命余跋余仍不果跋歲乃封完寄焉先生旣逝所儲書畫多散失久之是冊竟歸於余藏之笥十載友人寒中嗜古成癖見而愛翫之猶余之曩日也若秦會之賈師憲嚴惟中物之尤者悉歸之然千人所指其亡可立而待曾不若山林寂寞之鄉儲藏可久則余託之寒中庶其守而勿失也夫冊中所拓鐘七鼎二十有一飲二爵六鬲四卣九敦四簠一甗二壺二刀一槃二鐙一尺一漢器一中有榮次新手書及書林羲叟公輔諸圖記

大興翁方綱覃谿鐘鼎款識跋

款識一冊卅葉凡六十二種其第廿三葉夏壺以下有宋人青箋紙書鐘鼎款識之題目故其冊前亦以此四字篆首也辥尚功鐘

鼎款識法帖廿卷名與此同而辥所集是摹本此則皆就原器拓得者何啻親對齊桓柏寢之陳矣此冊昔嘗與宋拓武梁祠冊同在馬衎齋處前人屢有題記今武梁祠冊歸黃秋盦而此冊歸之吳門陸氏松下清齋予前歲於泲上訪武梁祠闕得借觀其冊今復得借此冊摩挲二旬之久古器精靈森然來會信乎有墨緣耶

阮雲臺鐘鼎款識跋

此冊款識五十九種爲王順伯復齋所輯內畢良史箋識十五器皆秦熺之物此外朱敦儒一器箋識數行以詞意推之亦似熺筆蓋敦儒子爲熺所用宋史本傳所譏舐犢畏逐而節不終者此外周師旦鼎楚公鐘虢姜鼎爲一德格天閣中之物其餘數十種乃劉炎張詔洪邃等人所藏皆非秦氏之物王復齋所輯裝成冊而釋之者也兩浙名賢錄云復齋名厚之字順伯諸暨人乾道三年

進士歷官淮西通判改江東提刑直顯謨閣致仕洪容齋四筆云趙明誠金石錄三十卷在王順伯家順伯別有復齋碑錄已散佚宋陳思寶刻叢編引之又慶元黨禁中興編年皆載復齋與朱子同列僞學之籍其人之行誼學術可以概見三代法物自足萬古不以遇秦氏爲辱不以歸王氏爲幸周孔之書爲趙忠定朱子所讀又何嘗不爲秦檜韓侂胄所讀哉嘉慶七年予得此冊於吳門陸氏加以考識摹刻成書更因諸跋所未及者略識之

平湖朱爲弼椒堂鐘鼎款識跋

周師旦鼎元年八月丁亥元年當是成王之元年何以言之武王克殷不改元故書洪範曰惟十有三祀且其時太公爲師故詩大明云惟師尚父周公爲師當在武王既沒之年考漢志成王元年乃周公攝政七年之明年書洛誥王在新邑烝祭歲鄭本王在新

邑烝句祭歲句注云歲成王元年正月朔日也亦以攝政七年之明年爲成王元年與漢志合特是召誥之作在周公攝政七年見於漢志鄭注云是時周公居攝五年非也召誥曰惟二月既望越六日乙未王朝步自周則至於豐竊意王新卽政故至豐祭告先王且告將營東都史臣特書之猶虞書月正元日舜格文祖之例詩周頌嗣王朝廟訪落求助正在此時故召公之言曰王乃初服又曰知今我初服初服卽政也洛誥周公曰朕復子明辟復還也又曰其朞作民明辟朞始也言成王始爲民君也史記周本紀云周公行政七年成王長周公反政成王北面就羣臣之位成王在豐使召公復營洛邑如武王之意周公復卜申視卒營築居九鼎焉據此則反政在營洛之前周公攝政之七年卽成王親政之元年也漢志成王在位三十年竹書紀年成王在位三十七年以

周公攝政之一年爲元年知不然者時九鼎未定四方未靖武王之志未竟周公踐阼倍依朝諸侯稱成王爲王示天下以有統抗世子之法教成王不爲成王改元示天下以居攝之權亦示成王以世子之道竹書以居攝一年爲元年史記魯世家成王七年皆係後世追書也然則當時史臣紀事當何如書曰周公嘗自言之矣予乃允保大相東土允繼繼武王以出政或繼武王之年以紀年如武王卽位繼文王受命之年之例或直書攝政一年攝政二年亦未可知也竹書云七年周公復政於王春二月王如豐則成王親政必在是年正月矣此鼎元年當是攝政之七年是時周公禋於文武祭器作焉曰受命受成王留己治誥之命也弼不敢臆斷屬江都焦理堂循推算之理堂曰周公攝政七年召誥惟二月既望越六日乙未是爲廿一日三月丙午朏是爲三月三日三統

歷推得二月乙亥朔三月甲辰朔十有二月戊辰晦明年爲成王元年命伯禽俾侯於魯之歲正月己巳朔以是推之攝政七年有閏月在九月十月閒成王元年無閏八月當得乙未朔無丁亥日若謂依竹書紀年以成王元年卽周公攝政元年則自周公攝政五年正月丁巳朔見於三統歷者上推至元年得四年又自七年閏九月上推至元年十月該有二閏共得五十月元年正月約得壬午朔八月約得戊申朔亦無丁亥惟周公攝政七年八月壬申朔是月既望爲丁亥理堂之見亦與鄉合愈知此鼎爲周公作灼然無疑以古證古疑義冰釋今其器雖佚其銘僅存義山詩所謂湯盤孔鼎有述作今無其器存其詞也王復齋云此鼎爲秦檜所得乃流傳數百年拓本尚完好如故非東坡所謂神物義不汙秦垢乎金石之學有裨經史莫大乎是故特爲之說

仁和方薰蘭士山靜居論畫

元明寫生多宗黃要叔趙昌之法純以落墨見意鉤勒頓挫筆力圓勁設色妍靜舜舉若水後之冕叔平沱江各極其妙時人惟陳老蓮能之南田惲氏畫名海內人皆宗之然專工徐熙祖孫一派黃趙之法幾欲亡矣

宗滌樓跋葉去病所遺衞景武公碑

昔吾友葉去病客京師嘗習此帖並令其弟子阮開第輩習之皆能肖也自辛卯冬與去病別越十九年去病辭雲和校官歸余在山陰約來一見不可得其篋中書冊詩文病中多拉雜付祝融矣此本以在雲和時教高才生周錫璜立津作書卽以授之幸存人間其選圈處猶見其遺筆立津其愛護之如存其師而日撫擬焉知靈爽之所遥慰矣

俞蔭甫書草字彙後

余案頭有草字彙一書乾隆間石梁覺菴撰頗爲精好篇首有趙思道序云視前代中書官郭諶所輯草韻辨體體制過之知前乎此者有郭諶之書但云前代人不知何代也明楊愼墨池瑣錄云金時錦溪老人張君用錫集古人名家草書名曰草書韻會趙秉文爲之序精妙神彩不減法帖元時好事者改爲草書集韻洪武初蜀郡又翻刻幷趙序及諸書家姓名皆去之刻又粗惡可重惜也按此書至今猶在四庫全書箸錄在藝術存目中與草韻辨體又非一書也

國朝陶南望有草韻彙編二十六卷輯秦程邈至明朱克誠三百四十一家依韻編次其入聲一類則其又侯昌言等所續書成在康熙間則尚在石氏草字彙之前而石氏亦不知有此書也然諸

家皆依韻編纂而石氏草字彙則依字彙偏傍編纂體例不同石
氏之書成於乾隆五十二年乃不依康熙字典仍依字彙何也

諸暨縣志卷五十五

補遺

桐城戴名世潛虛一字田有別號南山楊千木文稿序

古之論文者多矣吾有取於荀子中子二家之說焉文中子曰言文而不及理是天下無文也今夫天地萬物莫不有理文也者爲發明天地萬物之理而作者也理之不明是已失其所以爲文之意矣而何文之有乎荀子曰君子之言正其名當其辭以務白其志義者也愚者之言誘其名眩其辭而無深於其志義者也夫志義者則理之說焉吾見近世之士本無所爲志義之存也舉筆爲文於理曾未之有當正如荀子之所謂芴然而粗嘖然而不類誻誻然而沸者耳而可以謂之文乎余生平論文多否少可而獨於楊君千木之文竊以爲有君子之心焉楊君之稿踰二百篇余循覽再四而見夫天地萬物之理畢具於其中蓋楊君之志義於是

乎爲深矣楊君深自貶損不遠千里而就余於吳門商決其可否余爲選得若干篇楊君復自割愛去其三之一存者舉以授其弟轂似刻諸江南轂似余門人也屬余再加點定并序之余惟舉荀子文中子兩家之説以證明楊君之爲有道之君子非世俗之所能及而楊君猶不自信謙謙下問於余堅不肯多付雕刻彼夫世俗中刊本累十盈百皆愚者之言耳而盡布之於市肆何爲者哉近日浙東作者輩出以余所見如滇安方君文輈山陰傅君孔木與余千木皆卓然無愧於古人之旨世有深於志義之士必能好之從此言文而無不及理天下之有文也以諸君子爲嚆矢矣

諸暨縣志卷五十六

文徵

詩詞外編

五古

唐義烏駱賓王早發諸暨

征夫懷遠路夙駕上危巒薄煙橫絕巘輕凍澀迴湍野霧連空暗山風入曙寒帝城臨霸涘禹穴枕江干橘性行應化蓬心去不安獨有窮途淚長歌行路難

元天台柯九思敬仲贈雲泉生

白雲滿山谷飛泉流其閒俯以洗我耳仰以怡心顏濫觴其滔滔不見江漢還鞭笞土龍死遲彼霓望艱如何幽人貞依舊霜湄閒

黃晉卿奉府帖賜高年帛宿孝義山中爲吳長卿賦

奉檄去州邑承筐布明恩詎敢期税駕惟知懼乘軒時春雨新巳嘉木蔭正繁農人有耕作羽蟲亦飛翻感及物情適念此王事敦悠悠迫長路靡靡窮郊原庶與遺老逢幸聆長者言持以獻芹曝無慚貢邱園低徊白日晚寂寞蒼山根吾行匪游衍此懷與誰論

浦江吳萊立夫諸暨陳彥理有漢一字石經云是王魏公家舊物予得其六紙剝落者大半紙尾猶存蔡邕馬日磾字

先聖去已久世傳惟六籍後儒各專門穿鑿多變易蔡邕在季漢章句攻指擿八分自爲書刊定乃勒石太學諸老生講論頗充斥遠方競來觀摹倣無不獲東京忽喪亂盜賊恣跳躑古碑四十六兵火空餘迹熹平歷正始洛土重求索衛侯師邯鄲三體精筆畫煌然立其西學者嘗嘖嘖史書竟差舛一字幾不覿北都如遷鼎西國類藏璧砥柱或淪亡隋宫猶作礎於兹特隸科早已等瓦礫

寍知一字遺不與中郎隔唐人試書學小學發光蹟魏公蓄紙本
六紙忍捐釋模糊千莓苔糾結萬蜥蜴聖文空往燼聖髓尚餘瀝
粤從秦以來儒術經五厄到今厄者幾日月愈輝赫甚哉石爲經
爭似經在壁此石不獨存吾心竟誰惕

方景賢回聞吳中水潦甚戲效方子清儂言

客來自吳土示我吳儂言吳儂歲苦水謂是太湖翻太湖四萬頃
三江下流洩疏瀹久無人淤汙與海絕東風一鼓盪暴雪如頹城
屋扉蚌蛤上畦畎魚龍爭嘉種不得入種亦悉爛死民事何所成
食天俱在水富豪僅藏蓄官府更急糧貧窶徒[illegible]餒妻子易徙鄉
散行向淮壖隨處拾稆粟雖然遠鄉土恐可完骨肉東吳本富盛
數歲偶凋殘世非欲繭絲官曷任虎冠國家自充實財賦有淵藪
給復當我及安寍到雞狗何人講平準何人議河渠荒政固有典

水利復有書龍蛇方未敺鴻雁尙在澤縱令可還定何計免溝壑
何時水幸退我得刈稻禾水退泥盡出草屩吏撈鰕我思告朝廷
來歲不可待毋庸水爭地便放江達海客今聽我言我欲解儂憂
所爭但一水民氣庶今瘳自從唐季來吳越無兵械至於宋南徙
淮蜀此都會大田連阡陌居第擬侯王錦衣照車騎玉食溢酒漿
居然甲東南遂以侈濟侈掊克自此多凋瘵亦以起天盜不汝恤
有此水潦淫要令沃土瘠民得生善心豈惟生善心且用戒掊克
悉詩觀民風願踵太史職

崑山朱德潤和楊廉夫遊山詩

靑山倚天高厓谷入晦冥虎豹踞九關無繇閉巖扃企想賢哲士
寥落如晨星寒風健鳥翮暑雨吹魚腥竹枝變韶舞羯鼓如震霆
黃流渾滄源浮塵滓滄溟鳳去幾千載蒼梧山更靑

張伯雨天池石壁爲鐵雅歌

嘗讀枕中記華山閟中吳神泉發其巔青壁繚其隅春風四山來羣綠互紛扶羽觴曲折行浮花與之俱採之搴薜荔洗玉弄蓉芙聱叟頗好名石窪作魚湖鴻乙志草堂挑煙遂成圖而此滌煩磯閱世如摶蒲發興雲林子盥手與我摹居然縮地法挈入壺公壺

毘陵倪瓚元鎮寄楊廉夫

吳淞江水春汀洲多綠蘋彈琴吹鐵笛中有古衣巾我欲載美酒長歌東問津漁舟狎鷗鳥花下訪秦人

明戴叔能楊本初見訪別後卻寄

有客越中來衣帶越溪雨既來還遽辭耿耿不得語譬如東軒月偶此成賓主浮雲一與期清光無定所出門復入門悵望夜將午幾向雨來時念子溪之滸事違人已衰別多心更苦朝來數鬢絲

近復添幾縷

臨海陳基敬初寄申屠彥德

春風浩無蹤綠徧江南草遊子一未歸關山一何杳白日不可留朱顏豈長好按劍歌慷慨憂思結懷抱子桑獨何爲簞食常不飽展禽亦三黜中懷惟直道貧賤豈足憂仁義乃爲寶黃鵠栖崇邱嘉魚詠深藻所希乘風波萬里終可保

袁石公第一洩詩

踏人肩而行次第乃得過射眼風絲飛置足山毛破蹋身縋草移定踹盤泥坐五水勢高低千峰身頓挫路荒雨氣腥樹老班皮裹度嶺羨猨輕投厓愁虎餓常恐決性命歸來始相賀

徐文長哀駱懷遠驗詞

懷遠好詩什近體有佳聲邐余去五洩深衣遠相迎長身而瘦頰

自有山澤清命酒不停斝酒罷有餘情迫予歸來後往往問寢興
飧肩腊松火柹縷霜秋晴寄此遠筐篚兼致倡與賡何時和貍首
聞之使心驚道遠不得往逋此泉下羹

華亭陳子龍臥子浣紗石

越紗出機中翦向春風裏皎若秦川雲飄蕩出淥水佳人臨淺瀨
無言空徙倚不惜紅顏勞素絲誰爲理斂衣入中林澄中皓千里
靑苔日夜生沈思竟難已

浮梁文德翼苧羅山

未至苧蘿山先聞苧蘿女旣至苧蘿山苧蘿女不語茸茸山上薪
曳曳溪中紵寒月照靑冥不見東西處東西蓬戶留西子金屋貯
貴賤何孤迴歲月亦儔侶賤者老苧蘿貴者逐浮胥

國朝惲壽平南田陳待詔撫王叔明畫

天姥亦不近羅浮亦不遠連峰如奔濤蒼翠忽然斷谿聲落葉人不聞秋山夜空待雲滿

山陰錢霍遊五洩

天亦愛我遊五日假晴旭搖蕩金光明羣峰閃如燭嵐翠著衣裾水與人皆綠中有美人峰秀色落雲中美人頭上髻青煙裊九重悠然見五洩如與故人逢故人殊不俗淙淙瀉飛瀑疊作五疋練天孫布杼柚空潭萬仞清渟渟注寒玉清濁久不分用濯纓與足

遊五洩已復入洞巖

青口望五洩五洩入雲裏紫閬望五洩五洩入井底二十里煙霞洞巖已到矣一綫流天目日夜常秉燭蛇行過伏竇曠然蔽平陸火氣上雲巖蒼靄紛相逐塵垢夙已除人世自此無玉趾金齒屐冥邈遊元都石佛眼青嶠粲然顧我笑笑我早還家不得常美少

三生在目成銘骨傳其妙

錢塘孫灝袁杏書先生七十壽詩

青青松柏枝經霜枝彌茂緊惟植根深厥年天所富袁氏本名門簪紱河東舊明德有達人暨陽乃其胄峩峩五洩山鍾英特奇秀洩溪明且清飲之人多壽先生稱白眉異稟殆天授制行追古初讀書鄙飣餖訓子以義方厥名齊王貫鄭公通德門親串蒙仁覆時居小春天南垣燦列宿先生當七旬華堂羅綺繡鳩杖引高年斑衣舞長袖一觥薦椒觴雅曲瓊筵奏

會稽童鈺二樹同陳月泉郭又春錢江觀潮

陡失海門山橫江飛匹練風雲互吞吐天地忽中變人語亂帆檣斜陽拍沙岸

錢唐金虞長孺題鐵厓詩集後

論詩劃詩派定知非詩翁纖兒效鐵體憎主仍彎弓此直畫鼂鬧何足涸乃公公於翰墨場雪爪留孤鴻古音至清奧義與風雅通僞體時別裁療俗伸奇功晚來翫金粟稍稍比絲桐坐掩秋水骨吹香蘭蕙叢筆墨有游戲匪獨羞雷同方公遺陽九息影菰蘆中有使弭青節款戶聲逢逢謂帝衮有闕煩卿綴華蟲公時面牆臥鼻息干長虹自翦赫蹏紙封上蓬萊宮上言今老矣無裨天子聰性復便山野下言恕吳蒙使還天子笑夫不由朕躬乞汝醉吟傳弄笛橫江東豈無五色綫竟以白衣終

錢唐厲鶚太鴻過丁茜園齋觀陳老蓮合樂圖

春陰泥殺人如醉不得醒東風勒花房未破小桃杏竭來過蕭齋款語樂閑靜先生澹蕩姿愛客具佳茗那用嘲水厄頗足勝酩酊自起展標池射目驚秀穎一女鬌兩鬟輕紅掩斜領摻手擪長笛

將吹絳脣冷一女臉如蓮黛色自修整襳褵飄回風輕容曳煙影半扶琵琶肩指撥試俄頃復有兩女奴鴉鬟遮瘦頸腰身十三四背面若相請或是梁綠珠生自雙角井弟子得宋褘吹笛入清迴或是楊阿環合樂最機警鳳紋邏逤槽只有阿蠻省先生木石腸伐性久已憬翻然持此幅儻足娛老境列屋閉蛾眉便娟笑齊癭無須五斛螺簾衣兼可屏

阮芸臺送琴隖之官儀徵

展我泰華碑洗我八甎硯別齋倡和篇舊友共相餞屠君正壯年出宰我鄉縣豈徒尙不陋長江繞芳甸惟以集鹽艘民風少爲變梟徒潁泗來小鬬竟如戰我昔謀增兵元昔議增設揚州鹽標官兵商爲捐餉國家有增兵之益而商民各得所守嗣因制府鹽院會奏立言未善致奉部駁請者議未善爲此多隱憂保障匪易見我早識屠君洗洗吳越彥清名滿湖海高文冠翰苑士元

非百里

帝使其才練孰意赤緊州巧得顏謝選學者所設施豈與俗最殿循吏宋汝陰亦入儒林傳蘇齋敦勉之古誼深眷眷我豈無贈言力行在無倦履之而後艱折獄言難片我於浙士民拊循豈能徧惟不負乃心或不赧於面今日春明門花前競吟讌甘棠思召伯鳴琴慕子賤行矣春江潮勿爲瀛洲戀

翁覃溪送琴鳴之任儀徵

阮公經術手藝圃栽於杭豈惟樹藝圃還樹召伯棠藝圃深經術經術爲文章仍磨八甎硯餞爾嬴詩囊

昔聞陸麟度遺愛邗江澳四焉文具在先子所親目康熙中陸公師治儀徵有政聲載曹諤廷四焉齋文集先君遊揚州時親見其事平湖作宰日嘉定頌盈軸吾嘗手跋之憶爲傳生祝門人傳進士作霖宰嘉定予爲題稼書先生去思頌以餞之傳以循吏稱於時屠生非詩

人政理接前躅他年
國史傳循良補二陸
二年秘省值翻恨未細論臨別題坡卷悵言叩本根艱哉千古事
勿輕浙派援矽白菴主後樊榭與壽門舊時菘坡叟往復共尋源
苟非深杜法何以目道存湖山英靈氣洞壑風水呑渺乎雲日夢
鍥著春潮痕

新城陳用光碩士奉答琴鳴館丈寄懷之作

涼雲照籬菊秋懷當此時自顧無所成爰作伐木詩屠侯富文學
作吏循聲馳除賊如除莠撫民如撫兒所擊必椎埋所教惟耘耔
連塍指桑樹比戶堆蠶絲我行江淮閒軼事傳口碑訪君未得晤
離緒如調飢昨來一詩札慰我京國思欲抒繾綣懷乃使作報遲
人生學實學所貴見設施通籍既從政能不古昔期昔我忝瀛館

舍之衣繡衣雖切補衮頤終慚仗馬譏何如儀徵令惠績人人推
詩中見到語真摯沁肝脾所云治疾法攻補要得宜一邑固宜爾
天下同所治安得如君輩落落佈郊圻今年北方民年豐起哀羸
惟聞東南旱所在多瘡痍君今治何邑曾否繁劇移救災而恤患
荒政周官遺如投薓與蓍以畣軒與羲我雖讀本草酌劑無所知
望君如倉公導我飲上池闡發靈素蘊寄我瓊琚詞

吳縣顧蒓南雅琴隖出宰儀徵姦宄悉捕治之思民知畏法無以裕其生計不可以持久因捐俸治紡織具使婦女習之不一載而城內外機聲相應民始憚其嚴至是戴如父母焉琴隖可謂知本計矣爰寄是詩

真州鹽賈集利在風易澆四圍濱大江萑苻匿輕舸生涯在私販
出沒乘風濤愚民惑所誘子還遭我猶甘佩牛與犢遂令鳩變梟

黃金攫白晝過者莫敢譙詹君下車始歎此莠亂苗五家各相保
四民俾勿淆燭微形在鏡令速風奔潮渠魁已就縛翻鴞傾其巢
邑中走相賀堂上靜不譁慨念羅網者豈不惜膚毛無業遽致此
況乏官甄陶緬想幽俗醇閭中化先操春蘩秋萑葦瑣屑籌盜勞
今有絜使擘今有絲使纚綜捆既素講犖挺亦預料分燭逮鄰女
遺佩嗤漢皋廣陵境相接芍藥紅嬌嬈八仙燦奇麗聲價瓊花高
郊野忽改觀逶迤桑麻交療飢在菽粟定勝粱與膏崇陽蓋藏富
襄城著作標君其行勿怠二子名同標

陽湖劉逢祿申甫題琴隖說詩圖後

古詩無達詁六義貴達政齊魯韓與毛奧義各徵聖漢季微言絕
箋疏紛王鄭孰采秦楚音絃管播清聽三唐兩宋來能事漫相競
善詩不稱詩鍾嶸及表聖（聖字兩押義異）春秋繼王迹雅樂孔所正兩經

久無傳古意誰與定我

朝聲音學妙契三代盛作者森如林覆瓿我心恫屠侯文中豪吟諷出天性謙言宋元學竊比小國鄭而我尤重君推學施教令哀矜省訟篇經緯種桑詠白蘇今所希管產夙所敬君年未强仕亰鮮快馳騁思昔武城宰弱冠操道枋精研在文學燕射習鐘磬風儀千載新勿以小邑病

番禺張維屏南山五懷詩之一寄屠琴隖

工詩復工畫印法精篆籀梅史數相見説君常在口卸裝甫數日訪我意良厚一朝搏扶摇大意君自有惜哉卓犖懷東觀居未久去看江南春一試栽花手簿書有餘閒著述當日富文苑循吏開得一一可不朽

郭頻伽題琴隖所畫三人說詩圖三人者予與琴隖查梅史也三首

之一

身世寡所諧乃覺友朋懽功名恐不立乃思文字傳世俗交口笑此輩良可歎人閒黑頭公於汝方齊年弓刀羅千夫海上乘傳還餘事足辦此大筆擎槃槃豈若寒乞相出口先悲酸歲晏風雪虐百蟲墐其垣行者亦以歇居者謀其安不知有何事將歸復槃桓相見復何語剌剌不得完三唐與兩宋何與汝飢寒聽之心刺促氣塞哽在咽忽然復大笑豈足爲若言不如就我友聊吐胸煩冤依舊鐙腳坐爛醉老瓦盆

題琴隖長君脩伯柧蕪讀書處

道州有惡圓柳州作車說方圓各有宜通介豈容別請看齒舌閒孰存孰先斃自今嶽嶽徒乃爲朱生折屠耶好少年拘翦意不屑所居以柧名若欲自表褐吾爲廣其意處世愼塗轍勿爲公植譏

未妨嬰兒悅亦勿子厚師乃爲悔之計中庸豈無弊真僞要當決
黄金繞指柔終勝錚錚鐵俗學紛議論一爲掃管穴過庭述吾言
定笑老饒舌

山陰王濬哲人重遊清潭二首同吳益高樹增

仲冬天氣好暄和如春暮攜手素心人逍遥策閒步夾徑雜松楠
重厓閟雲霧百頃俯寒溪風水自吞吐羣鳥静不譁潛魚清可數
慨然念前遊流光暗中度

天空巖壑淨葉落積苔磴松風喜我來滿耳奏清聽枕石復漱流
聊以適吾性放意發高詠塵慮一時并微聞樵唱音隔隖遥相應
日夕澹忘歸招提響煙磬

臨海葛詠裳逸仙題傳江峰梅嶺課子圖

湛湛若耶溪寒波澂徹底靈秀鍾美人芳華照青史美人不可追

篤生在畸士結廬梅嶺根盈門植桃李其中有雛鳳鳴聲更清美
啟爾藏楹書誨爾過庭禮遺硯如田疇秉筆皆耒耜良弓豈無傳
業自學箕始作室豈無基肯構由積絫機雲盛文名陸公乃光起
哲匠雖已遥流風信堪紀披圖發遐心凝睇未及已似聞讀書聲
出此素縑裏

固始秦樹聲幼衡莫邪篇贈蓉曙同年歸越中

莫邪躍洪鑪淒切英雄語一身鴻毛輕精魂奉明主拓北事秦皇
征西陪漢武且戰且學仙胡血腥秋雨八紘帝王家千霜無格虜
愔愔屏闥閒把酒歌丁肸白蓮天外花氣作青霞吐言訖大治悲
毋乃不祥買衰周無上策君道法山藪但聞漢和番蛾眉真千櫓
國事倚魏絳槐衮謝張禹若紉汝為箴豈能素絢補奩當挂窮壁
荒苔繡終古去去勿復陳春漲浣谿浦

設餞寓廬蓉瞻以詩留別次韻奉答

道喪人間世田巴扶桑東吾師豈徐劫魯連爲誰雄側足睇溟海行殯蒼龍宮龍宮非我有菟裘明鏡中洞天三十六匊髮睎晴空女蘿媚山鬼頹瀾萬壑同穠李不解語千巖守春風靈谿時一躍矜賞疏𢥞𢥞回首薊門樹細草唬煙叢韓非枉孤憤屈平希蟬蛻誰能躡珠履鼻端伺青虹昔余塞翁馬今君桓氏驄犧牲全樗櫟得失等蠮螉世路方屯剝吾道分宜窮古時夜郎道謫星向人紅覆盃謀一醉祖帳酒千鍾

會稽李慈銘蓴客卜塋西梟寄徵夫

西梟山水窟其美兼田疇朱華與亭山左右相縈糾琵琶玉帶泉四出分湖流遠近村落映高下溪澗周最愛石泉菴曲抱崇岡修兒時每登眺層翠空中浮靚鬟頰明鏡散阜環圓瀰繚靑復紆白

麗矚踰瀛洲，煙雲倏萬變，曠極不可收。下有梅谿祠，淸風企前猷。陽和識題柱，金庭卜眠牛。更有子劉子，手自栽松楸。地有狀元坊，爲明諭德張文恭所造。聞其先壠在焉，前有朱鶴山，有朱文懿之先墓。左爲小亭山，蕺山劉子葬親處。別此三十載，寤夢常句留。吳君習桑郭，芒鞵爲我求。書來喜欲舞，得此遂首邱。亟當挂冠去，傾裝營菟裘。族葬三世畢，我亦行歸休。外題李氏闕中起丙舍，樓楓栩及桃李，種之務令稠。魂魄長繞膝，樂哉及千秋。白雲幸無負，聊補平生遊。書此當圖劵，後人酹椒卣。

唐潁川王建仲初白紵歌

天河漫漫北斗粲，宮中烏啼知夜半。新縫白紵舞衣成，來遲邀得吳王迎。低鬟轉面掩雙袖，玉釵浮動秋風生。酒多夜長夜未曉，月明鐙光兩相照。西施歌舞更窈窕，

宋山陰陸游務觀行牌頭奴寨之間皆建炎時避賊所經也

今朝霜薄風氣和霽色滿野行人多沙平水淺木葉下搖楫渡口生微波建炎避兵奔竄地誰料白首重經過四十餘年萬事改惟有青嶂高嵯峨安得西國蒲萄酒滿酌南海鸚鵡螺侑以吳淞長絲之玉鱠送以邯鄲皓齒之清歌向來喪亂汝所記大地凜凜憂干戈偶然不死到老大爲底苦惜朱顏酡

登鵝鼻山至絕頂訪秦刻石且北望大海山路甚危人迹所罕至也山俗名會稽大山石在諸暨界

街頭旋買雙芒屩作意登山殊不惡蒼厓無罅竹鞭逸崩石欲墜松根絡憑高開豁快送目歷險崎嶇危著腳川雲忽起雨蛟舞瀑水高吹萬珠落大巖空腔誰所劖絕壁峭立端疑削坡平或可坐百人峽束僅容飛一鶴蛇蹊岌岌頭自眩鬼谷慘慘神先愕秦皇

馬迹散莓苔如鐫非鐫鑿非鑿殘碑不禁野火燎造物似報焚書
虐人民城郭俱已非煙海浮天獨如昨

元金華許謙益之送諸暨俞州判

北風蕭蕭吹江蘆清霜在道冰在鬚奚奴束書催上車政成卷旆
歸京都暨陽渺處天一隅里閭凋瘵煩爬梳負戈攘臂衆暴寡探
囊胠篋爭捐軀天民秉彝同好德帶牛端爲飢寒驅倅州寬惠別
淑慝癉惡豈必連妻孥甘棠蔽芾有餘蔭百里寍謠無援桴存心
忠孝本天性爲政固與常人殊壽昌自樂歸河中希文隱憂居江
湖白雲舍近畢至願青霄路迴寍躊躇前年螟旱遍八區一夫不
獲今豈無願君易地盡仁愛返淳敦俗需吾儒

吳立夫陳彥理昨以漢石經見遺今承寄詩索石鼓文答以此作

橫山先生多古玩太學石經分我半魏公世藏貲州本金石錄中

還散亂當時愛奇巧收拾筆畫昭回映雲漢流傳到我乃不遠虬甲鳳毛真可惋自從得此未有報岐右石鼓天下觀昔則敲火今斷臼駱駝載歸石盡爛倉沮以後飹史籀先代遺寶列圭瓚中郎變篆生八分二者不敵何足算先生嗜書出法帖青銅至壁手脫捥漆書科斗不通俗蛇蚓蟠結强塗竄先生博學抱聖經焚膏繼晷日耽翫韋編鐵擿只紙傳鄒魯精髓合淹貫四子門開塵沒城蓬萊閣廢草堆岸春秋徒聞璧可假道德詎信鵝能換古今所重在周典周史面目極數數聖心不死不在石日月行天旦復旦吾家故紙本不惜驪頷有珠吾欲鍛向來見辱亦云然焦尾之餘爭免爨先生安坐幸勿躁歲晚相逢笑拍案屏除許事不須說好與吾儒峙楨榦

諸暨張敬仲家有太一真人蓮葉舟及海上人槎二畫軸胡允文

題子亦效作二首

華山青蓮搖上清白玉巨蕩浸碧泓太一眞人來降精黃鬚紺葉浮滄瀛手披素書悄無聲坐喝明月逆雲行蓬萊鶩羽飆風輕宛渠乘螺島雪縈芰荷裳衣挾仙瓊魚鼈艛御神媧迎大游小游按層城君綦臣綦鎮威猛九宮五福莽縱橫祠官修俎靈爽呈閟殿留鑠光嶽爭欃槍遁芒天路平蛟龍捧趺溘上征卯金校雠鬱萬嶸藜杖吹焌奪目睛扶桑暘谷曉曜赬竈臺石室暮飛霙東公西母擁迴旌望中滅沒忽若驚海祇稽首西南傾曷不從之學長生瑯琊臺上望海門西厭湏洞尋河源神濤八月吐復吞靈槎萬里擁蛟鼉風號雨蝕硬輪囷苔蘚枝節蟲蟻根海人愛奇踏飛掀瓊纓玉弁秋繽繙乾糒熟脯歲饔飧黃龍叱作蝘蜓奔天吳拔首懼卻蹲前窺倒景放光燉高攀鐵鎖拓藩垣彼牽者牛孰烏犍彼織

有女孰嬋媛箕斗龜龍蕩若歎雷公霹靂慘無魂老石支機類瑤琨客星犯漢極怪愕周伯蓬芮歷劫存剛飆浩氣蕩爾痕上帝馮怒罪厥闔叱下直瞰扶桑瞰蜀莊大笑手欲捫及早來歸到崑崙

樂清李孝光季和鐵笛歌爲鐵厓作

鐵厓道人吹鐵笛宮徵含嚼太古音一聲吹破混沌竅一聲吹破天地心一聲吹開虎豹關彤庭跪獻丹扆箴問君何以得此曲妙諧律呂可以召陽而呼陰都將春秋二百四十二年筆削手譜成透天之竅價重雙南金掉頭玉署不肯入直入弁峰絶頂俯瞰東溟深王綱正統著高論唾彼傳癖兼書淫時人不識我不厭會有使者徵球琳貝區下浸三萬六千頃之白銀浪洞庭上立七十二朶之青瑤岑莫邪老鐵作龍吼丹山鳳舞江蛟吟勖哉宗彥吾所欽赤泉之盟猶可尋更吹一聲振我清白祖大鳴盛世載賡阜財

解慍南風琴

張伯雨奔月卮歌答鐵雅作

蜃社明珠奔入月脫殼政似風蟬潔漁網出之不敢視滌盡含沙光不滅文昌四星呑在腹一一金晶大如菽蚤物還來作飲器日夜雄雌繞林一作虹互茅屋一扇桃核寬有餘半葉蕉心卷未舒飲非其人躍入水怪雨盲風生坐隅置之天上白玉盤斗柄挹酒長闌干李白跳下鯨魚背持勸我飲相交歡幽宮馮夷爲子泣酌盡海水百怪出還我平生老蚌胎許君醉臥鮫人室

玉笙謠爲鐵門笙佾周奇賦

我有紫霞想霎聞一作君白玉笙懸匏比竹無靈氣昆邱採此十二莖鳳咮喇明珠鳳翼排素翎金華周郎妙宮徵子晉仙人初教成月下吹參差羣雛亦和鳴緱氏山頭白雲起七月七日來相迎長

謝時人一揮手飄下滿空鸞鶴聲

明錢鼒鐵笛謠爲鐵仙賦

鐵厓仙人冠鐵冠錦袍不著衣褐寬棄官流蕩山水窟胸中奇氣蛟龍蟠手持鐵笛竅有九錚錚三尺青琅玕吹之奇聲絕人世抑揚悲壯凌雲端鐵厓山高高百丈片片吹落梅花寒太湖老漁狎唱清江歌仙人側臥吹回波七十二峰翠鸞舞大雷小雷走深渦君山弄最奇絕一聲草木摧雨聲山石裂三聲蜿蜒躍波起四聲卷海作飛雪五聲山嶽盡動搖六聲百鳥皆噤舌七聲吐氣成虹霓榑桑枝上金烏啼八聲射光凝牛斗丹桂枝邊玉兔吼九聲十聲迸銀河鬼神股慄天差峩河鼓輟瓊耜天孫停玉梭九重震疊開蕩蕩帝閽驚定忘撝訶鈞天大人側耳聽口敕仙吏旁搜羅分甘吹笛樂吾樂芒屨嬾上金鑾坡仙人仙人鐵石腸引喉噴鐵金

琅璫中通外竅直以剛鏌鋣善鳴愁鳳皇底須截竹崑崙岡顧將鐵笛壽鐵厓後天不老凋三光

山陰張憲思廉玉帶生歌爲鐵厓先生作并序

玉帶生端人也事文山丞相爲文墨賓與同館謝先生翱友善宋革丞相殉國死訃聞生與翺哭於西臺之下復憫宋諸陵暴露私相蓋覆識以冬青木而去後翺道卒生今歸會稽抱遺老人與秋聲子輩爲寮中七客初宋上皇以丞相恩賜生紫衣玉帶至今不改其舊服生爲人端厚强記默識不妄開口丞相素重之呼召不以名但曰玉帶生故作玉帶生歌

鸞刀夜割黑龍尾碾作端溪蒼玉砥花鑌鐵面一尺方紫霞紅光上書几銀絲雙纏玉腰圍翡翠青斑繡紫衣金星鴝眼不敢現案上墨花皆倒飛景炎丞相魁龍牓撫翫不殊珠在掌背銘刻骨四

十四文山硯銘丹書小篆四十四字云紫之衣兮綿綿玉之帶兮磷磷中之藏兮淵淵外之澤兮日宣烏乎磨爾心之堅兮壽吾之文傳兮盧陵文天祥造血纇至今猶可想謝公古文今所師西臺一慟神血垂獨持老瓦出門去冬青樹邊書憤詞天翻地覆神鬼怒九廟成灰陵骨露廬陵忠魄上騎箕流落端生何所寓抱遺老人生計拙愛把文章寫忠烈霜毫一夜電光飛不必矮桑重鑄鐵

送鐵厓先生歸錢塘時新除江西提舉

團花染杲吳蠶繭五色文綾出金翦海風吹度滕王宮南浦西山畫簾卷天狗夜吠聲如雷東奎西壁昏煤炲土洲自可駕黃犢鐵箸何用畫寒灰牛酥燭花春未老湖上同誰翦芳草真味酒瀉紫蒲萄金錯刀鐫紅瑪瑙六橋楊柳香霧深吳娃一笑千黃金莫邪不作老龍舞鐵管自成丹鳳吟輭輿送別湖源道江花照人日杲杲長風吹送書畫船先生眼空方醉眠

崑山袁華子英完顏巾歌有序

完顏巾金粟道人所製寄鐵厓先生賦長歌以謝率余同作

混同江流長白東完顏虎踞金源雄身如長松馬如阜蹴踏黄龍城闕空鴛鴦濼上駕鵝雪春水秋山恣遊獵黄河清後聖人生一代衣冠煙霧滅璃玉龍環四帶巾栢袍吐滑裝麒麟錦房芍藥大於斗驊騮坐擁真天人傳自中原文獻家全勝白氎小烏紗金粟道人鬢已禿挾以雙環歸鐵厓鐵厓先生貌如玉繡纓盤花簇朱襮鷓鴣小管沸箏琶春流銀甕葡萄緑日日倒載高陽池落花飄零風滿衣九峰兒女拍手笑月中踏歌歌大隄先生醉筆蛟龍走報以長歌意殊厚脱巾花底一掀髯笑倩椰枝來漉酒

貝廷琚次韻鐵厓先生醉歌

先生愛酒稱酒仙清者爲聖濁者賢清江三月百花合江頭日坐

流萍船左攜張好右李娟紫檀雙鳳鵾雞絃傾家買酒且爲樂老婦勿憂無酒錢白日西沒天東旋秋霜入鏡何當立蓬萊有路不可到祖龍已腐三重泉何時快飲三萬日酒樓卽起糟邱邊願持北斗挹東海月落枕股樓頭眠

豐城蒲菴禪師黄來復見心題胡侍郎所藏王元章梅花圖

會稽王冕雙頰顴愛梅自號梅花仙豪來寫徧羅浮雲脫巾大叫成花癲有時百金閒買東山屐有時一壺獨酌西湖船暮校梅花譜朝吟梅花篇水邊籬落見孤韻恍惚參悟筆花禪我昔識公蓬萊古城下卧雲草閣秋瀟灑短衣迎客嬾梳頭只把梅花索高價不數楊補之每評湯叔雅筆精妙奪造化神坐使良工盡驚詫平生放蕩禮法疏開口每欲談孫吳一日騎牛入燕市嗔目怪殺黄鬚奴地老天荒公已死留得淸名傳畫史南宮侍郎鐵石腸愛公

梅花入骨髓示我萬玉圖繁花爛無比香度禹陵風影落鏡湖水開圖看花真可吁咸平樹老無遺株詩魂有些招不返高風誰起孤山逋

吉水解縉大紳耶溪行

若耶溪畔萬山春施家有女未知名朝朝攜伴浣紗去安識吳宮歌舞情溪邊姊妹兩三行好醜同時未嫁耶松陰古道相偎坐盡說榮華慎莫忘一日西城甲楯起美人潛入花洲裏採蓮處處是名姝莫記當年舊綺旎縹緲錦帆天上遊誰知樵徑有人愁愁成白髮添鴉鬢空見溪頭風月舟日暮青山嘑杜宇煙波隔斷春如許故園羅襪日生塵上苑蘭棹香自舉閒看溪草沒鞍痕幽雨纖纖總斷魂簷外桃花隱籬竹誰人仍訪苧蘿村猶憶柴門惜別時瀕行相勸折花枝花枝不似人心改歲歲茅堂發豔姿豔姿傾國

動君心一擲江山詢美人可憐溪女朱顔老猶向溪頭學採蘋

明歷城李攀龍于鱗白紵歌

華鐙參差月舒光笛簫笙竽琴瑟張館娃窈窕夜未央西施起舞屬君王白紵颯沓零繁霜浮雲綷約凝且翔將絕復引歌爲長迴身急入促管藏揚蹈摩趺匝洞房流風徘徊生繡裳答桴應節蹈鼓行挺釵欲墮復不遑羅袖繚繞滿中堂與志變化無恆常諸工競寫忽已忘遷延就次追羽觴

吳縣唐寅伯虎冬白紵

吳王夜長吳漏短簾幕四垂鐙焰暖西施自舞王自管雪紵翻翻鶴翎散促節牽繁舞腰輭王罷飲蓋覆西施鳳花錦身作牀臂爲枕朝佩瑽瑽從王晏寢醒來閤門報無事子胥死後言爲諱近王之臣諭王意共笑越王恐惴惴夜夜抱冰寒不睡

詠梅次楊廉夫韻

北風著面刮起霜蠟月何處尋紅芳瘦筇曳盡湘竹節雙鞵踏到紅莎芭谿橋兀突田塍裂雪裏開花梅勝雪不妨地上有微冰且是江南好明月羅浮仙子麗風韻廣平才人領花信胸中漫有鐵石腸眼前且看雛雅鬢三更炙鐙雁足紅十千沽酒螃頭觴折節隴頭逢驛使先與天下須春王衲衣結鶉何愁冷醉眼模糊長不醒遊徧西湖夜繼明休把東風負俄頃

袁石公入青口詩三首

入青口青口山何直雲老玻瓈天鬼下空青壁一絡罡風吹地起神禹無功巨靈死

入青口青口山何仄石人立而啼雲吼吼相逼紺巖開老沈香花飛仙失路虎無家

入青口青口山何尋澗色碧琉璃山花紅玳瑁天荒地窖無行處
山頭魍魎紛來去

五洩

銀河夜長天隄綻空中現出琉璃變電布雲奔一派垂山都晝吼
白龍戰四壁陰陰吹雨足晝巒活舞玲瓏玉天孫夜夜踏歌來一
曲飛珠二萬斛

國朝尤西堂擬明史新樂府老客婦曲

老客婦不再嫁老秀才樓嬾下針線讓他家徵書來報罷安車詣
闕謝朝班一代春秋筆削閒白衣宣至白衣還鹿冠鶴氅躡高屐
三弄梅花吹鐵笛仙去還尋九華伯卻笑老臣有危素和州空守
余闕墓

採遺曲

沙棠爲舟緑作索若耶女兒採蓮樂香風淡淡羅衫薄早歸家明
朝出浣紗

山陰徐緘伯調惜别紀事詩贈駱叔夜明府

殘紅收雨斜日昏牛羊下山歸鳥喧主人出門無擁彗一閧破屋東明寺秋色遠隨魍魎來頹牆更值衝風使使君朝發至公堂痛埽羈愁進樂方楚舞吳歈京雒妝游龍飛燕紛迴翔羨爾仁聲徧郊藪那復詩篇氣深厚北地瑯琊早馳名供奉杜陵都上口琵琶珠璣鐙下陳細字麻姑惱殺人我眼生花看不真傍人讀罷三歎息匡廬九子爭嶙峋詰朝風雨重陽近駱侯開筵色懇謹沈湎何須箴太康浮生不啻朝生菌林葉驚飛霜雨天我方薄衣未裝綿相如犢鼻綻已盡文君當壚命似煙念此秣馬思歸旋揮鞭辟人各有贈願保金石萬千年

山陰沈允范陳章侯畫飛白竹歌

國朝畫手難窮數陳子章侯推獨步百篇渾脫寫波濤十指淋漓託豪素大者海嶽圖滿紙細入昆蟲盡形似人物遠過李將軍地獄變如吳道子有才慢世輕王侯稟天豙手皆掉頭必逢知己盡能事鵝溪墨潑三江流與我情親爲莫逆對酒含毫翻逼索金碧丹青技各呈復取瀟湘作飛白數竿矗矗掃太清萬葉翛翛戛寒石皎如玉女臨素秋白雲晻靄蒼梧愁冷疑雪片堆瓊樹積霞瑣碎峨嵋幽天風擊摩吹不休隱几側聽來颼飀湘娥淚點在何處玉箸散落無人收下插厓根苔蘚蔽石豁泆泉流細細蒼筤倒映淇水深浦漵迴瀠元圃翳當年細寫法華山權貴千金購不還三輔張公頗好事名駒換得在人閒珍圖駿馬同銷失爲我揮毫重於邑頭白方悲孰愛才生憎一技人猶惜雨散風流十幾年縹囊

玉軸畫師傳鄭虔墳上高三尺白竹青山竝可憐

山陰呂師濂黍字君不見嘲陳無名

君不見楓橋街南陳六郎少年結客遊冶場最耽麴糵慣使氣復多潔癖上熏香雅有父風畫山水著筆狂呼勢披靡一溪一壑亦幽奇李唐倪瓚恍活起又能換筆寫花草百尺遊絲滿樹繞花間小鳥怯欲嚦薄霧晴雲春正曉爾畫精妙近所無可憐躑躅如雞雛蓮花似貌胡爲乎

山陰周應宿五洩歌送客遊五洩

海上淩三山微茫弱水長迴環越中遊五洩金碧諸峰互明滅五洩嵯峨跨浙東青蓮窈窕摩蒼穹天台雁宕屹相向勢如鼎足來爭雄初泛扁舟越溪曲面面芙蓉鏡中緑長風縹緲吹石帆疏雨霏微洗天目石帆吹不動天目洗更開宛委明霞會稽雪片片飛

入靈泉臺忽然湧出雲錦堆崩厓般谷怒轉雷鬼斧玲瓏削寒玉層陰驅盡前山來仙掌驚濤轉危石倒挂銀河五千尺四時不絕流電光影動斜陽亂相射連蹤走雌霓奮迅翔雄虹星芒日角直上排空白練經天瀉萬壑散爲石氣青濛濛莓苔繡紋碧如磊百折盤渦見光彩攀援絕頂尋靈源直下雲峰噴珠海問君往遊誰相親御風高岸華陽巾空山廓處尠聞見惟餘瀑布萬丈垂天紳此水從何來恐由雲漢津我有扶桑倚天劍一言相贈隨君身

永康程兆選菊叟吟別余楓溪先生先生晚客南皮種菊數百本自號菊叟南歸留別

先生家傍蘿村住宛委山前幾朝暮垂老秋風臥北平廿年不噢耶谿渡南皮卜築清且幽種花滿屋花光浮魏紫姚黃百不愛蕭然獨占人閒秋逸興豪情近無有瀟然高風追五柳依稀紅葉憶楓谿管領黃花稱菊叟枝枝繞楊花作團紅鐙白髮爭斑斕幾度

狂歌花欲舞耳根颯颯霜楓寒先生徑醉花猶醒欹枕花間夢清
冷不知涼月照高檐夢回兩袖堆花影花底尊前奈樂何青山一
髮悲蹉跎子規夜夜叫霜月幾番歸夢迷苧蘿我來三度長安道
雨打槐花秋又老相逢燕市徒悲歌清詩磊落貽芳草即今買舟
歸去來先生亦擬辭燕臺鞭絲帽影悤悤別何時一笑重銜盃世
事花開復花落人生聚首還離索明年此日醉霜秋天涯莫負黃
花約

山陰周大樞元牧余荆帆楓溪垂釣圖

聞君卅歲事遠遊手中竿垂五十牛海大魚兮不可求不如歸去
楓溪滸楓林著霜霜葉赤溪水濺濺鳴琴幽此豈有穴藏鱣鮪徹
底沙石涵清秋罛者罾者宵不休收竿得鱗纔寸脩仰天大笑風
颼颼磻溪老翁師尚父直鉤一朝釣國士江東釣碣繞菰蘆泛宅

浮家弄煙雨畫圖所見無不有兩者於君欲何取升沈得失且勿論披裘獨釣寒江口

會稽宗聖垣价藩喜郭大春林至

門前馬嘶芳草綠有客停鞭語音熟墊巾望見喜欲狂倒屣爭迎手交握喧呶忘御是異鄉頃刻同人滿一屋問君何爲遠到此君亦云然還問僕相看會意忽大笑萍梗無端聚成族二樹山人喜款客見故園友勝親屬蜂衙排列各有房加餐頓頓炊斗粟琴書筆硯詩古文羣居仍不異家塾半閒廬簾與君共一片閒雲對牀宿縱橫上下徹夜談數盡銅壺還換燭五更欹枕夢初醒江湖心事又棖觸披衣起坐常呼君殘月昏黃挂檐角時方炎夏氣不涼何如啟戶散煩燠露濃於雨草苔滑有風戛然響鄰竹樹頭老鴉眠正穩路旁枯柳影全禿鐙魚未動茅菴寂鈴鐸無聲豆槽足鼓

樓街闃少人行一碗鐙明賣臘粥此時萬籟脩脩然但聽雞鳴亦不俗眼前爽塏誰領取能化塵霾作冰玉須知詩境隨處有何必登臨借題目煙雲聚散試回首此會尋常恐難續亟索山人和此詩還須寫入梅花幅

錢唐丁敬身和余蘿村先生杭庠得表忠觀原碑紀事

圜池湛湛清不滑池外柏吹鳴居巢類宮典禮最嚴毖行人過此屏囂哮瓊鐫玖勒徧廊廡尚遺妙蹟爲土包表忠舊碑忽掘得未審何代來南郊表忠觀舊在龍山為南宋祀圜邱處錢王偉績炯可讀怒濤猶覺回强髜坡公大筆抉公是不知六一横訾嘲五百年來有定論久令讀史忘紛呶廣文先生性好古拭洗亟請金石交想當衣苔臥江滸守衞定嚴虎與蛟不然桑海幾變滅豈免入劫鋪堂坳即今重樹非偶爾因緣自是天使教走觀遠近歎奇絕登登打搨費煙膠

較以重刻雖僅半頁龍頭角終磽磽金戈鐵畫神氣旺渴驥奔水饑鷹捎掃墨我待百本祕布氈孰肯萬事拋龍山泮水試品量昔鄰佛老今軒庖大廈深檐與蓋覆盲風怪雹難侵敲何當四石更璧合文連字接如吹篪作詩紀事吾願又未敢藏拙同懸匏

厲太鴻和余舟尹杭郡庠掘地得蘇文忠公表忠觀碑宋刻二石

唐政不綱四海淆朱三作賊過於巢鬬雞牧馬盡黃屋犖雄竝起爭咆哮錢王兩浙爲保障職貢世守橘柚包百年運去識真主自攜圖籍歸汴郊歐九思公幕下客何事作史相譏嘲竊觀私誌皺錢謗酬以尺喙非叹吹表忠賴有坡公筆文如月表楚漢交大書突兀扶屋極餘力入石蟠生蛟誰知楊璉築白塔塔材蒐索填深坳淮南張氏又拆毀新城摩雲防寇鈔是時四石僅存二有人寶惜埋東膠靈芝荒苑蠱祠宇伐山置棟豁且庳墨本重摹失遒勁

譬如蹇足追蒲梢今碑爲明嘉靖中太守陳珂重刻忽驚故物仍出土園丁奔告鵶鷇抛學官弟子共太息苔痕橫臥鄰齋庖千金已免柱下辱野火幸無牧豎敲報功復古有位責移貯祠廡搴長篸豈弟君子神所勞春秋享祀和弦匏

余舟尹原作

杭庠自來多古蹟金薤琳琅滿四壁思陵石經雖缺殘太學遺規尚赫奕歷朝翰墨殊紛綸表忠觀碑尤絕倫此碑舊樹龍山趾不知何年移置此櫺星門北泮池南立處斑斑存舊史走也承乏之歷數年訪求遺蹤終茫然吾友趙君負奇癖嗜好殘碑如拱璧揭來講舍住浹旬剔蘚摩苔忘日夕摩挲瞥見忽驚呼牆陰似有古碑趺爬搜微露元豐字忙呼鍬鍤鳩役夫邪許千聲出片石一索再索如連珠洗磨風骨殊瘦硬波磔稜稜豈墨豬

錢王功德浹吾土坡公手筆邁千古銘功紀績在貞珉忍使典型醫宿莽原碑明世已不傳永陵中葉重鐫橅世人競寶陳珂筆形貌雖全神已失神物顯晦洵有數萬丈光芒神所護莫嫌存二猶不足已見眉山真面目入地且莫恨沈埋出土更將憂暴露甃頓疇能復舊規千尺長廊禦風雨

吳縠人題琴鳴小檀欒室讀書圖

青山如几江如帶擱住白雲八徑外一林但放竹身高萬卷能撐茅屋大郭兒井畔舊禪居瓶鉢蕭條歷劫餘門掩夕陽惟鳥下隴荒寒菜少僧鋤壞牆一讀五君詠始歎賓朋此時盛彌勒禪邀酒客參涙仙佛展詩人敬殷兒張丈孰原多短李髯孫過即哦狂甚學爲蒼鶻舞豪來唱出夜叉歌三間淨埽藤蘿裏醉日扶持此君徒相非食肉俗狀捐文有彈蕉直聲起滿窗涼氣風修修簟文帖

地湘波流徐搖書葉千番綠直接潮聲一片秋影裏鳳凰青不歐縹緲誰知故宫在銅駝早泣玉華門老樹徒傳建炎載梵宇幢留繡綠苔即今過此重徘徊鐘殘飯罷闍黎去月上天寒措大來當年巒嶂層層裹日擁百城南面坐得爭千古定輸君悔不十年同住我展卷蒼茫想見之雲煙咫尺樹迷離煮茶但莫忘前約煨芋終須踐後期

吳江潘眉稺韓和琴隝花朝日祀潛園花神歌

衆香國羣玉山司花使者菩薩鬘蘭爲心兮蕙爲質芳爲魂兮豔爲魄生來不著五銖衣帝女遺之雲十尺裁爲百摺裙隨風聚襞積臂胛袒露冰雪瑩半是天宫見月孛（所繪神像如此）修鍊知在句芒前羣芳管領八萬四千年一年一笑憨且顛妖紅姹紫隨心造繚白縈青恣意妍姓名未許人天曉眷屬端居福地好誰傳生日是今

辰妙相莊嚴長不老下土蟣虱臣來作潛園賓區區別有寸草心敢託飛廉附耳上告持幢人潛園園中花萬枝朱朱白白惟神司當晴而晴雨而雨當落毋早開毋遲一年三百六十日一日十二時慎勿東遊蓬島西瑤池妨他酒滌鐙紅候誤我春風秋月期琴隝原作見詩話

題琴隝畫與周南卿雪屋譚詩圖

曉來照鏡添白鬚形容非為吟詩臞端居合口椒不如啞羊僧坐香積廚三年客枕心羈孤舊交落落殳范胡新雨周子高陽徒我初識周介紹屠屠侯筆力雄萬夫周子風調傾三吳兩君詩格今韓蘇雕肝剔腎充囊儲客冬〻大雪雪滿衢周子踏溼晨款閭高譚雄辨忘夕晡甲乙時輩遞黃初如弗貫肉頂灌醐文章境實聲律虛詩之為道虛實俱毛傳鄭箋靠實疏沈約聲病毋乃拘匡鼎一

去無通儒賞詩誰是司空圖天妃下聽白鳳輿從萬玉女真珠襦琪枝瑤樹紛瓊琚寶花璀璨高低鋪是時悔不參座隅二子以外三則無立而旁侍皆僕奴僕奴淩兢風刮膚鼻涕一尺猶行沽仕宦不進滑澾魚飢寒傍人朝暮狙定有何樂長嬉娛此情此景誰解摹屠侯興到粉墨塗圖成徵詩先及余余方日日愁妻孥妻膹腰襻兒澀書何不歸同喫飧蔬自冬及夏暑復徂催詩嚴若持軍符迄今行將別西湖得不悉索枯腸枯不然謂我逃詩逋烏虖我亦胡爲乎書生結習老未除秋風颯颯雨點麤屠雖常見周闊疏安得共倒羊羫壺醉請二子評瑕瑜

大興舒位鐵雲琴隖招集湘靈館觀梅花髹几歌

寫花著紙花生筆鏤花入几花有骨不知原是此花身漆城蕩蕩飛明月使君本是木天來五雲閣畔吟官梅刻畫雖非刀筆吏游

戲乃成几案才孤山風雪村前植滄江書畫船中得沾丐應留一瓣香摩挲不覺三分入畫工花工歸一家攻木之工更足誇媿我三年空刻楮愛君一縣盡栽花湘靈館裏秋無暑座上樽中各有所爲燒高燭照妝成忍當酒籌折枝舞夜深人靜去遲遲脩到梅花此一時若教别撰梓人傳更與重題隱士詩

侯官伊秉綬墨卿題琴隖是程堂集

秋水園中不堅卧來上江城倚江閣真州刺史玉局蘇再莅人稱細侯郭苦心詎識魚鹽利仁政先除莠稂惡嘑烏秋夜心常驚納粟太倉淚爲落詩通於政作者誰畫諫成圖民命託般般保赤膺上考敝俗終能晉康爵交君未遇心期驗歎我投閒旅食作宋梅訪古仙乎仙夏麥登場槃復樂湘靈奇峰石戌削二客題名事如昨城西巨石子與阮中丞刻名其上 倘栽修竹蓋茅亭用餉詞人動春酹故人老

矣百不求附集而傳所貽博

海鹽吳蹇兎牀琴隝舊廬畫壁歌

濛濛淞淞嶺頭霧夭夭矯矯巖腹樹厓傾斧劈疑路絕直下飛泉生鐵鑄壁雷殷殷轟百里磔殺阿香呼不起撇空雨腳橫江來欲與青鸞洗煙尾禿龍暗舞鱗而張墨花打面松花香元氣淋漓溢軒榭意匠慘澹經營忙道玄思訓疇短長一開一闔兼倪黃獨木橋九曲岡鐵生當日走且僵疎鐘杳杳雲蒼蒼中有太上不死之舊鄉待我他年五老三姑采藥罷攝衣還復升君堂

嘉興錢儀吉衎石題琴隝青藤老屋圖卽以贈別

藤花開時君臥病我來看君花正盛蟠根贅癭自飛動絡蔓垂珠轉妍靚悠悠四月春事闌忽忽好花飄落竟負汝屋中愁獨吟招余花下時難更人生出處非偶然卽此蓬廬亦關命萍踪浪值且

流連尊酒相娛暫清淨六街不入塵上昏三伏能遮日輪正不須愁歎花寂寥絶愛盤空枝掩映君行去矣君奈何崛强風霜堅汝性清陰留庇後來者他日重逢我詩證老藤老藤應太息此別知非子爲政百年忽結畫中緣數子須爲藤下盟

陽湖劉嗣綰芙初雨窗琴隖索詩即用其體并示衎石

有肩不聳秋山高有口不學秋蟲號秋來戒詩意良適不意乃與屠生遭屠生畫癖一生苦一畫成來一詩補三間寓壁皆漏痕醉墨淋漓自飛舞朝來走僕折柬呼向我索詩如索逋我詩一字著不得此意君須畫中識畫中鄰樹蒼煙堆雙扉日爲錢郎開錢郎詩狂亦君匹使我欲往先徘徊雨窗兀兀但枯坐聊復朝吟忍朝餓從君畫中拾君唾不如招君故山臥

琴隖寓消寒小集題壁間太白裘馬換酒圖

人生不著萬里裘號寒之聲徧九州人生不識千里馬伏櫪之歌聞四野我官長安今二年眼底裘馬徒翩翩無裘無馬豈足惜酒債朝來苦無值酒人十輩半已埋痛飲只造屠生齋屠生齋壁畫圖畫中有白也真吾儕丹邱生岑夫子將進酒歌不止千金之裘馬五花先生當日眠酒家五陵輕肥盡年少坐看驪山烽火照春江化酒百斛强先生一日醉一場酒酣不見四明客酒醒但識汾陽王人言先生之詩千首樂我恐先生淚應落一千年客無酒腸畫裏須眉亦蕭索長星寒綠搖向天先生爾合登豪筵座無吳姬誰勸酒拉得錢郎謂衎石狂拍手酒痕墨瀋互淋漓恨不先生傾一斗屠生屠生興未闌我已頹然如玉山起爲先生脫幘舞騎驢出門氣如虎

郭頻伽琴隝舊廬畫壁歌

屠郎作詩如作畫真宰淋漓腕底瀉屠郎作畫如作詩興到自吐胸中奇作詩與畫皆偶爾中有元氣乃不死旁人謬許擅衆長摯率此君作名士琴隖舊廬廬有廊廊下聿矾一堵牆客來偃蹇不敢唾酒酣睥睨於其旁十日五日我不知千山萬山誰所移奚奴掩口竊相笑昨磨斗墨今無遺天公好事亦好嬉梅雨一月如散絲昔侵蝸蝕蠣粉脫忽覺雲氣盤旋之屠郎大笑自詫絕此畫不復今能爲乞我作詩不稱意謂我長句空當時我詩不得長無謂但逞平生意所快方才從教五嶽生咫尺猶論萬里外我題君畫原不惜君爲我詩畫亦得草堂今歲又移居已埽新泥雪色壁

國朝錢唐陳文述雲伯同人集玉連環室餞別琴隖

西湖山水甲天下靈秀往往生異才樊榭蕭澹董浦博鈍丁鐵筆尤無儕梁書奚畫並卓絶海內屈指誰追陪吾家大謝謂曼生頗兼

擅到處不讓前人佳一官落拓去東海漸恐顏色生塵埃屠侯秀骨出天表聲華久已馳江淮豈惟藝事追老輩多情亦復工徘徊三載聞名未得見碧雲日暮心悠哉今年把臂鳳城陌相逢一笑心顏開玉連環室夜開讌海棠花下共棊罍譚鐙祇覺燭花短沈沈官鼓城頭催新詩許我百回讀規摹韓杜師歐梅春宮下第不得意投筆翩然歸去來我亦春明屢顛蹶低頭真欲隨駑駘名山絕業君自寶劍光肯使浮雲埋芳草連天送君去落花吹滿黃金臺

題瓠菴詩

瓠哉瓠哉瓠不瓠舉世瓦合無真儒屠生文采鳳之雛瘦削亦似鶴骨臞乃翁畫筆今倪迂讀書瓠菴菴有圖安仁說瓠文筆殊高者瓠稜埤瓠盧我展讀之心嗟吁北遊燕代南楚吳人皆集苑已

集枯名場嶮巇無坦途宦海傾仄無亭衢君獨何爲觚其廬水清
無魚人潔無徒大信不約大方無隅與爲嚴霜烈日世所憚何如
光風霽月心所愉黄老之學殊有味夷惠之閒亦可居我涉世久
言非誣廣此意者頗不孤持此試問瀛翁瀛謂頻伽
全椒吴鼒山尊題陳西亭鈉家藏老蓮文姬歸漢圖
班氏蔡氏兩才女一適士人一從虜大家終續父兄書中郎絶筆
何時補李家蔡家兩文姬李文姬李固女見范史一存弱弟一棄兒破巢完
卵信快事胡雛抱頸何其悲卻倚曹瞞費金璧兩世徇知皆漢賊
賜書休問四千篇變調先傳十八拍笳聲略勝琵琶聲朔漠竟有
家來迎明駝直指故鄉送快馬又乞新人生此用救董祀事家既迎兮當歸甯託命於新人皆悲憤詩中語也老遲偏寫塵沙色氈幕𦆭漿惜離別春風識面鬢先
秋韋莊詩明妃去日花應笑蔡女歸時鬢已秋歸國傷心如去國歸去兩章悲憤詩讀

者誰題黃絹辭胡中二子當無恙不似蘇卿歸漢時

武陵楊彝珍送余小頗出守雅州兼簡姚石甫

帝城殘霰融春泥連翩五馬新鑿蹏行將出峨岷西留之不得涕交頤憶我落拓長安羈中朝鵷鷺紛相隨就中與君尤參追共尋高妙追嵒巇吐棄凡有如唾洟夜漏語及晨鐘微聳冠踞几危如箕高談兀睨蒼靈低竈傭狂怪恣詆娸小頗有竈傭詩江天慘淡橫旌旗沙蟲浩莽猿鶴飛引杯相對歔以欷有淚憤屑如綆縻拂衣我徑棲巖扉不才自合違明時君方出入隨郎司朝朱夕墨勞句稽筆語灑灑生華滋臺省驚爆咸嗟咨朅來剖竹向巴氐水鱗山莽吏人稀狖嘷猿嘯聽麗悲霾雲漲天白日虧春陽徐與蒸暄熙邛花僰樹滋芳菲桐城姚叟天下奇羣毀不仆　皇扶持君往從之成驂騑平驅峻阪夷如逵襜帷行部交光輝雙旌望望青天陲清

風已逐朱輪馳延頸不少貧與羸我今送子從民祈爲子則善自爲非文史疇與時娛嬉高歌幾動傾城知和者雖衆喻者誰悵然分袂郊之圻蒼茫獨立將何歸

杭州僧一如贈壽子家孝廉

振衣曉上萬松巔突然有客來我前頻年不過遇猶識呼之卽應喜且癲中途幾度至失交臂大笑擬拍洪厓肩立談俄頃遽分袂鬢眉意態追宛然憶昔偕君客都館悲歌我亦驚四筵車茵吐激顯者怒狂名動地衆口傳文成難奪棘闈命賦就特賣相如錢歌兒舞女恣游狎青衫烏帽殊翩翩彼此飢驅作賓客豬肝半累諸侯賢君走秦關我入豫奇氣勃發因山川華岳雲高崧岳壯胸懷曠拓萬古先故交屈指存者幾升沈顯晦紛變遷劉伶失意韓翃死惟我與爾長流連山邱華屋發感喟眴息幻滅如輕煙君博一第

亦偶爾我遺塵世偏逃禪賈島容爲佛弟子僅餘瘦骨空生憐罷公說偶獲我心毋以婚嫁增煩煎良朋邂逅快如此詎非石上三生緣門閭夕照闢精舍遲君煮茗歡周旋一訪再訪意良厚足音何幸光林泉同時在座抒妙議吴蔡兩君俱少年臨風玉樹皎無匹英姿氣象具萬千高談雄辯情頗愜舊雨今雨同蟬聯所言未暢起欲别無計留客心懸懸知君指日舍我去短衣奮著金臺鞭解嘲但漱老牙齒佳餅飽啖紅綾鮮歸來大好賦招隱西湖共放煙波船

善化許瑶光雪門　阻飢行　有序

諸暨賊所過所居不留完物雖經克復而室無粒米野無寸草父母兄弟妻子相對飢餓無可逃真奇荒也第飢易爲非古今恆轍自嘗兵苦甯死無他宇宙之元氣日剝民心之信義常存

作阻飢行

掇草草已盡，望麥麥未黃，阻飢不可耐，悠悠春日長。日長無所去，徙倚門前樹，青青榆樹皮，我行剝作糜。皮盡榆亦死，人飢無已時，慙愧雲中鷃，飢能攫黃雀。相彼梁上鷰，飢能啄沈鰌，弱肉飽強腹，恃力非吾謀。茹苦度荒亂，自分塡深溝。昨日入東市，路逢縉紳子，探懷出寶珠，易米無人理。自道南阡北陌田，於今都沒蓬蒿裏。

膠州柯紹忞鳳孫送陳蓉曙同年南歸

黃塵蕭蕭白日闇，疾風捲地如頓撼。經時不到海王村（君寓琉璃廠），陋巷車聲來坎坎。我才君才兩犖犖，蹤迹雖疏氣相感。更爲窮愁嗜我詩，政似芹葅與昌歜。幡然告別不敢留，君先我去能無憾。見大先生古君子，獨立東南頎且儼（年伯蒓齋先生時年八十自號見大居士）。膝前交度萬里歸，登堂起居朋盍簪。要將綵服博驩娛，不用修名嗟顑頷。烏服搆鮮難未已猛士東征虓虎鬬金繒款敵我已愚壇坫要盟渠更棼況聞召募徧東南盜起江淮連頻湛倚方請劍言太戇漆室倚柱心愈憯可憐進退負明時縱忤權強非勇敢鄰家有酒近可沽雨勢滂滂雲黮黮留君共覆掌中盃解衣請作漁陽摻

桐廬袁昶爽秋題蓉曙太守峰泖宦隱圖

人倫東國太邱老一麾出守承明廬夙聞郡將奏循績千里示我宦隱圖光輝符竹時未久政平訟理恩威俱文翁之化首興學禮殿石室闓規模羅廣才俊集橫舍講授六藝宗鴻儒桑疇新成勸蠶織農政先務疏河渠亂繩一一理渤海桴鼓衰息民害除龐參拔薤去奸惡董宣臥虎鋤頑愚廉泉獨酌常介立召父杜母稱非虛臨行借寇爭上牒攀留載道僉喁喁因思海國號難治左言詭異窮毗趨火林蜃市工射利誰革頹俗廓康衢良二千石治行古

發硎已見臨民初艱難時局待伐濟祿隱自與展禽殊
朝廷深知弱翁矣遂初一賦胡爲乎我蠡祝蕪已五稔如以泥橇
疲駑騎民風盜課兩無補艮驥奔軼愧不如才非兼濟合充隱扁
舟分擬求蓴鱸期公歘歷典台省發攜經術拯時痛蘭陵蕭僎初
試郡夷險涉歷乘堅車東中雖有山水樂文許豈得爲公徒金門
辟世迹已改玉帳拯溺真艮圖知公不肯自退逸戲題畫冊神遷
遷雲閒手植桑萬株歲久名與甘棠俱淞民思公爲頌石不辭鋃
管爲真書

俞蔭甫題蓉曙館丈泰山訪碑圖

秦碑舊在玉女池後又移之元君祠存者二十有九字後昧死請
前臣斯乾隆五年一炬火遂令殘石無留遺惟君好古有奇癖今
之劉跂江鄰幾不惜危巖走犖确欲將古蹟搜瑰琦究竟秦碑不

可見但見沒字碑巍巍今君移官到江左倘發高興如前時建業郡庠試一訪劉摹李刻猶未劉建業郡庠即今江寧縣學有李處巽刻劉跋所摹本今未知存否

五律

唐蒲州盧綸允言送姨弟裴均尉諸暨

相悲得成長同是外家恩舊夢廢三畝弱年承一門城開山日早吏散渚禽喧東閣謬容止予必冀君言

宋陸放翁贈楓橋化城院僧

老宿禪房裏深居罷送迎鑪紅豆萁火糝白芋魁羹毳衲年年補紗鐙夜夜明門前霜寸半笑我事晨征

邵武吳處厚伯固自諸暨至剡

吏猶雙槳去暮不辨東西夕照偏依樹秋光半落谿風高一雁遠雲薄四海低莽蕩孤舟卻水村楊柳隄

元黃晉卿送胡允文紹興錄事

斯文千載後一髮渺存亡向喜衣冠舊能傳翰墨香春秋嚴助對富貴買臣鄉莫厭官曹劇諸生在雁行

烏程張羽來儀山陰曉發寄暨陽舊友

水漲官河遠西風去棹輕四山猶暝色萬木盡秋聲村近聞雞犬天寒憶弟兄故園歸未得漂泊若爲情

張伯雨午日簡楊廉夫

客有擁琴至吾盧折簡招足音垂谷口雨氣截山腰酒倩紅泉瀉花爲絳節朝不嫌泥濘極一舸段家橋

明張思廉次鐵笛道人韻

翠黛鎖眉山穠愁無處安玉環雙鳳叶珠髻九龍盤花落夢初斷鸎唬春未闌檀槽兒女語昵昵向誰彈

義烏王褘子充送許時用歸越赴諸暨任

舊擢庚寅第新題甲子篇老來諸事廢歸去此身全煙樹藏溪館霜禾被石田鑑湖求一曲吾計尚茫然時用名汝霖嵊人至正中爲諸暨州判官

上虞倪元珙過苧蘿村懷西施

祕計無人問孤蹤自遠還當筵歌白苧倚劍看青山治邑何曾遜愁心未得閒鏡中動業在忠義出朱顔

國朝毛西河題諸暨傅貞女圖畫

誰畫松和竹能分珉與玒烏羊安用匹黄鵠不曾雙冰鏡窺蘿石清流繞浣江清宵思彼髧長自對銀釭

周元亮贈陳章侯

浣紗溪上過頗憶爾能文熱客紛相逐閒鷗冷自羣伊人依白露妙畫擭紅裙清酒三升後聞予所未聞

章侯聞予將返湖上預成一詩次韻答之

地入蠻鄉去誰留湖上居相期彊善飯悔不早焚書送別湖聲闊懷人雁影疏贈予山怪甚帝見亦唏噓

陳章侯喜元亮至湖上

獨脫烽煙地同尋菡萏居半年兩握手十載幾封書人壯吾新老兵銷會不虛此來難久任一笑一欷歔

太倉吳偉業梅村過鐵厓墓有感

天馬龍爲友雲山鳥自飛定愁黃紙召獨羨白衣歸長卷心同苦狂歌調已非悲來吹鐵笛莫笑和人稀

山陰朱用調送陳無名歸暨陽

歸去楓溪好千山如畫圖花邊欹老屋竹裏見晴湖送爾惜芳草到時聞鷓鴣應憐浣紗石酒能明月孤

崑山葉方靄認菴弔鐵厓墓

先生不可見遺冢自斜暉無復攜紅袖還聞葬白衣才銷明主忌
老幸故人依鐵笛吹雲起猶疑踏月歸

山陰錢霍送駱叔夜之官崇仁

才子西江去桃花春水船知君文賦好爲憶謝臨川王稅金絲布
臣心玉斧泉芳辰追勝賞染翰墨池邊

贈駱叟

魯公不覺老頭白興陶然剝栗拈櫧子傾尊桂樹前當成武塁檄
莫種暨陽田月出花香散同衾地上眠

楓橋見何奕美說蕙開於二月北遊遙寄此詩

令弟傳消息春明放客船桃紅寒食雨柳綠楚州煙舊館徂徠下
新妝泗水邊贈行不及面寄此託纏綿

駱叔夜招飲湖船時初解三原令

汝到古長安山川聚米看口垂鄽衍近掌擘巨靈寬宦與知漁父

交情憶歇冠春湖千頃月浸向一杯寒

無錫秦瀛小峴題琴隝是程堂集

已歸武林櫂花落閑門居之子遠相訪停帆過敝廬門開三徑竹

室有五車書老去百無戀簞瓢常晏如

投我是程集近詩尤可傳人如元刺史世誦恤漕篇百姓久疲瘵

長官誰復賢東南財賦地昨歲已無年

如君有官事孤負碧山春三月花風裏悠悠江上人遙思翠屏路

適與焦山鄰欲訪椰村去夢懸揚子津（曾訂他日同遊焦山及翠屏洲）

錢唐汪遠孫小米題琴隝潛園吟社圖後

淸德如君少蕭然屋數椽樽開問字酒囊賸賣文錢空院閒調雀

斜陽坐聽蟬忘言有眞趣獨抱白雲眠

味道希夷外游心遂古初理參齊物論功倍活民書先生刊潛園集錄一書以勉人生意憐春草餘情種晚蔬隨緣都自足不厭狎樵漁

聞說潛園勝今從尺幅窺竹深風過爽樹密月來遲文讌聯諸老騷壇冠一時西泠能嗣響儒雅本吾師

盛代需賢守公偏住故山此才爲世重因病得身閒舊書庭前曝新詩枕上删平泉歸臥好容我一躋攀

五言排律

國朝毛西河觀徐昭華書幛

吾郡閨房秀昭華迥出塵書傳王逸少畫類管夫人紫水和泥染青山帶露皴蝶衣聯繡褶花片滴朱脣閣上煙雲曉階前草木春祇愁頻對鏡圖作洛川神

山陰劉鳴玉鳳岡陳月泉招同人雅集謝氏湖莊歸舟戲占

出郭望煙火繞村松竹陰雪晴山倒玉日落水涵金精舍分齊贅（時璞巖同月泉近贅居）高軒款越吟迴廊藏曲折低幌徹蕭森遲客燃紅燭（趙芃若數君入夜方至）留賓展綺衾散行茶漫啜密坐酒勤斟筍脆初離斸魚鮮甫脫砧瓜齋將蜜漬鵝炙用湯燖索果嬌兒健擎盤小婢欽踏歌人盡醉喚渡夜偏深爨弄嗹巴舞擲彈愛鄭音鐙輝遺廟壁花簇看場簪（是夕過謝氏家廟觀劇）霜重垂貍唱塵輕拂翠襟洗樽還勸飲放箸更難任疲劇身時倒談多語欲瘖頭銜慳似石手令細於鍼筆格游玄蟻經楪養白蟫刀壼堪御鼠帖妙本來禽芳草堂前夢（月泉所居顏曰夢草）香匳卷裏心（月泉工香匳體）八叉才獨捷三唖法同尋都作禪閒蝕誰憐竈下琴對牀衣不解共被足相侵合眼雞爭唱披帷月正臨歸舟雲意慘判袂岸容沉風片微飄浪冰絲亂織林（次日復雪）鬢

眉供畫勇同行任君善繪予欲倩作湖莊雅集圖齒舌付詩淫郭春林謝凌雲二君近方謀刻月泉璞巖并予詩草託跡憑書檝時亦堂月泉璞巖俱將就館謀生挈劍鐔予復將出遊明朝好乘
興來就邑中黔

諸暨縣志卷五十六